Albanische Identitätssuche im Spannungsfeld zwischen nationaler Eigenstaatlichkeit und europäischer Integration

Strategische Kultur Europas

Herausgegeben von August Pradetto

Band 4

PETER LANG

Frankfurt am Main · Berlin · Bern · Bruxelles · New York · Oxford · Wien

Peter Schubert

Albanische Identitätssuche im Spannungsfeld zwischen nationaler Eigenstaatlichkeit und europäischer Integration

PETER LANG
Europäischer Verlag der Wissenschaften

Bibliografische Information Der Deutschen Bibliothek
Die Deutsche Bibliothek verzeichnet diese Publikation in der
Deutschen Nationalbibliografie; detaillierte bibliografische
Daten sind im Internet über <http://dnb.ddb.de> abrufbar.

Gedruckt mit Unterstützung der VolkswagenStiftung.

ISSN 1612-975X
ISBN 3-631-52933-3
© Peter Lang GmbH
Europäischer Verlag der Wissenschaften
Frankfurt am Main 2005
Alle Rechte vorbehalten.

Das Werk einschließlich aller seiner Teile ist urheberrechtlich
geschützt. Jede Verwertung außerhalb der engen Grenzen des
Urheberrechtsgesetzes ist ohne Zustimmung des Verlages
unzulässig und strafbar. Das gilt insbesondere für
Vervielfältigungen, Übersetzungen, Mikroverfilmungen und die
Einspeicherung und Verarbeitung in elektronischen Systemen.

www.peterlang.de

Inhalt

Vorbemerkungen — 7

I. Einführung — 9

II. Historische Wurzeln und nationale Identität der Albaner — 15
   1. Identitätsstiftende Wurzeln — 16
   2. Identitätsfördernde "Nationale Wiedergeburt" (Rilindja kombëtare) — 21
   3. Religiöse Vielfalt und nationale Identität — 24
   4. Unabhängigkeit und neuerliche Fremdbestimmung — 30
   5. Nationalismus und Ethnozentrismus — 33
   6. Die ungelöste albanische Frage — 37
   7. Nationale Identität in der Gegenwart — 42
   8. Identität in der Diaspora — 46
   9. Zwischen Orient und Okzident — 48

III. Politische, wirtschaftlich-soziale, kulturelle, regionale und mentale Indikatoren für die Identitätsbildung — 51
   1. Bürger-Staat-Verhältnis — 51
   2. Albanisches Selbstimage und objektive Identität — 54
   3. Politische Kultur und mentale Faktoren — 58
   4. Wirtschaftliche und soziale Identitätsfaktoren — 63
   5. Veränderungen in der sozialen Schichtung — 68
   6. Identität nach gesellschaftlichen Indikatoren — 74
   7. Kulturelle Aspekte — 78
   8. Religion heute — 81

IV. Herausbildung von Normen und Werten für die Integration — 83
   1. An der Schwelle des neuen Millenniums — 83
   2. Herausforderungen für die Zukunft — 85
   3. Albanische Frage und europäische Integration — 89
   4. Die Albaner in der Region, regionale Identität — 93
   5. Albanien und Europa — 96

V.	Fazit	103
VI.	Albanische Aussagen zur Identität: Zusammenfassung einer Befragung unter Bürgern in Albanien und ausgewählten albanischen E-migranten in Deutschland	107
VII.	Ergänzungsstudien albanischer Partner	113
	Ethno-politische Identität der Albaner Makedoniens (Teuta Arifi)	113
	Zur Identität der Albaner im Kosovo (Selajdin Gashi)	139
VIII.	Literaturverzeichnis	153

Vorbemerkungen

Gegenstand der Untersuchung sind Formen und Wege der albanischen Suche nach Identität im Hinblick auf die Einbeziehung in den Prozess der europäischen Integration. Die Bandbreite der Bestimmung kollektiver bzw. individueller Identität unter Gesichtspunkten nationaler, ethnischer, geschichtlicher, politischer, sozialer, kultureller, religiöser, regionaler und mentaler Determinanten erfordert die Konzentration auf das Spezifische in der albanischen Identitätsbestimmung. In der Vergangenheit ließ sich das vor allem aus dem Fehlen des einheitlichen Staates, der Langlebigkeit patriarchalisch-archaischer Sippenordnung, einer religiösen Vielfalt und des Zusammenhalts unter Bedingungen fast ununterbrochener Fremdbestimmung ableiten. Mit dem Aufbruch in Überwindung der Folgen einer besonders rigiden Diktatur in Albanien nach 1990 und dem Aufbegehren der Albaner gegen die Missachtung ihrer Rechte im Kosovo bzw. in Makedonien vollzieht sich Identitätssuche heute im Spannungsfeld zwischen nationaler Bestimmung und sozialem, ökonomischem und kulturellem Wandel auf dem Weg in eine reformorientierte demokratische Gesellschaft. Die "Rückkehr nach Europa" ist hierbei Metapher für eine Zukunft im integrierten Europa, ist Vision und Aktion zugleich unter Prämissen, die die Verankerung in einem geographisch-historisch bestimmten Kulturkreis zwischen Okzident und Orient nicht aufheben können. Zugleich besteht die Herausforderung, durch die Gestaltung innerer funktionierender Demokratie und Rechtsstaatlichkeit eine solide Basis für Annäherung und Angleichung zu schaffen.

Auf Albanien bezogen steht nationale Eigenstaatlichkeit, folglich auch nationale Identität, nicht in Frage, sofern sie nicht durch innere Krisen erschüttert wird. Auf dem Prüfstand ist vielmehr der Reifegrad der Reformprozesse, um zu den eigenen Identitätswurzeln neue Identitätsmerkmale aus der Teilhabe an der europäischen Integration hinzuzugewinnen. Die ungelöste Statusfrage des Kosovo und das Ringen um die Rechte der Albaner in den ehemaligen jugoslawischen Territorien geben hingegen der ethnisch-politischen Komponente Vorrang vor demokratisch-reformerischen und integrativen Faktoren.

Während sich ethnisch-kulturelle Identität in vielfältigen Bindungen Albaniens zu den Albanern im Kosovo bzw. in Makedonien oder Montenegro widerspiegelt, die Merkmale einer regionalen albanischen Identität aufweisen, ist in politisch-administrativer Hinsicht von zunehmender Eigenprofilierung auszugehen. Das Ohrid-Abkommen vom August 2001 für Makedonien und die Übergangsregierung im Kosovo haben dafür Zeichen gesetzt. Damit sind zugleich neue Fragen für das Zusammenleben in der Region aufgeworfen. Unter dem Gesichtspunkt sozial-politischer Unterschiede sind Spannungen unter den Albanern nicht ausgeschlossen, die auch ihre Rückwirkung auf die Identitätsbestimmung haben werden.

In Rechnung zu stellen ist die Veränderlichkeit von Identitäten. So bewirkte die komplizierte Umbruchphase in der Region Identitätskrisen unter den Albanern (wie auch unter anderen Balkanvölkern). Nur deren Überwindung und die Bereitschaft, eine Symbiose überkommener Identitätsmerkmale mit neuen Normen und Werten in der Wahrnehmung nationaler und internationaler Interessen herzustellen, wird letztlich Wege zur europäischen Integration erschließen.

Identitätsbildung als Prozess in Veränderung erfordert, die für größere Bevölkerungsgruppen typischen Merkmale herauszufiltern. So bestehen zwischen den Albanern des "Mutterlandes" und ihren Brüdern in den angrenzenden Siedlungsgebieten zum Teil stark differierende Sichten, die aus historischen und aktuellen Lebensbedingungen resultieren (vgl. Umfrageergebnisse). In nicht unerheblichem Maße bewirken sie ein unterschiedliches Tempo bzw. einen verschiedenartigen Reifegrad für die Teilhabe an der europäischen Integration.

I. Einführung

Das 21. Jahrhundert hält Herausforderungen bereit, die in einem integrierten Europa nicht nur die Ausprägung und Verflechtung zunehmender Gemeinsamkeiten der "Kernländer" betreffen, sondern auch der Einbeziehung der Randstaaten bzw. der "Nachzügler" im europäischen Einigungsprozess Platz und Gestaltungsrahmen gewähren müssen.

Die Ambivalenz von Nation und Integration reflektiert in dem mit den 90er Jahren eingeleiteten Epochenwandel einerseits staatenübergreifende wirtschaftliche und politische Integration im Westen Europas bei Verlust/Aufgabe von Bestandteilen kultureller und nationaler Identität sowie andererseits Freisetzung nationaler Energie durch den Zusammenbruch der osteuropäischen Gesellschaftssysteme.[1] Der Rückgriff auf verdrängte kollektive Identitäten, die sich insbesondere im Widerstand gegen "das Andere" oder "den Anderen" ausprägten, hält den neuen Herausforderungen nicht stand. In das entstehende Vakuum drängt eine Vielzahl konkurrierender Kräfte, und es entsteht die Notwendigkeit der Ausprägung neuer kollektiver Identitäten unter Bedingungen der nationalen Formierungs- und sozialen Transformationsprozesse. Probleme der Identität erlangen "in einer Epoche, in der ethnische und nationale Selbstidentifikationen zunehmen, in der neue Nationalstaaten entstehen, besondere Aktualität".[2] Im Ringen um Akzeptanz und Aufnahme in die europäischen Strukturen wird so Identität zu einem "Pfeiler des Sicherheitsempfindens". Dabei sind die Wechselwirkungen von Identität in Bezug auf Nation, auf das Verhältnis von Demos und Ethnos, Kultur und Gesellschaft sowie auf das Verhältnis nach außen von wesentlicher Relevanz.

"Europäische Identität" ist, wie Werner Gephart unterstreicht, bisher mehr eine Wunschvorstellung als europäische Realität. Seiner Auffassung nach liefert Europa weder als Wertegemeinschaft noch als Erinnerungs- oder Kommunikations-Gemeinschaft eine greifbare kollektive Identität und er bezweifelt, dass eine

---

1 Vgl. Berding, Helmut: Vorwort, in: Berding, Helmut (Hg.): Nationales Bewußtsein und kollektive Identität. Studien zur Entwicklung des kollektiven Bewußtseins in der Neuzeit 2, Suhrkamp Taschenbuch, Frankfurt/M. 1994, S. 9-11; hier: S. 9.
2 Wolff-Poweska, Anna: Identitätskrise in der Wendezeit, in: Koszel, Bogdan/Maretzki, Hans (Hg.): Länder Mittel- und Südosteuropas auf der Suche nach neuer Identität, Brandenburgische Landeszentrale für politische Bildung, Internationale Probleme und Perspektiven 8, Potsdam 1998, S. 27-40; hier: S. 27 f.

solche herbeigeredet oder herbeikonstruiert werden könne.[3] Dieser die europäische Integration insgesamt beeinflussende Tatbestand lässt somit die Partizipation der Reformstaaten eher in einem pessimistischen Licht erscheinen. Nach Bernhard Sutor verläuft die Grenzziehung zwischen "Wir" und den "Anderen" heute weniger über die traditionellen nationalstaatlichen Frontstellungen, als vielmehr über die Wahrnehmung ethnischer Minoritäten, die sich mitten in der "Festung" Westeuropa herausgebildet haben. Aber bedeutet das, die eigene Ausländerpolitik durch Exklusivitätsansprüche zu belasten und in den Außenbeziehungen immer neue Pflöcke einzurammen? Sutor empfiehlt, den Begriff der Identität nicht zu sehr zu strapazieren, zumal in pluralistischen Gesellschaften immer mehrere "Identitäten" miteinander konkurrieren.[4] Außerdem sei die Öffnungs- und Kooperationsbereitschaft prinzipiell von allen Seiten im Sinne "politischer Bereitschaft, die der Einsicht in geschichtliche Zusammenhänge entspringt", einzufordern.[5]

Die westliche Balkanpolitik wird unter Bedingungen des vorhandenen Konfliktpotentials und der Konfliktbereitschaft in der Region daran erinnert, dass "nicht alle Menschen, die zur selben Zeit leben, auch in der selben Zeit leben". Es handelt sich um eine nicht selbst verschuldete Ungleichzeitigkeit, bei der sich im Unterschied zur postnationalen Zeit Westeuropas die Völker des Balkans in unterschiedlichen Stadien nationaler Selbstfindung befinden und dementsprechend auch andere Prioritäten setzen.[6] Das Wirken vor Ort setzt voraus, geschichtliche Ursachen, kulturelle Prägungen einschließlich unterschiedlicher Mentalitäten zu ergründen und westliche Modelle und Werte nicht pauschal aufzupfropfen. Es geht um die Erreichbarkeit der Akteure.

Südosteuropa als historisch-geographische Kontaktzone christlich-katholischer, orthodox-byzantinischer und islamisch-orientalischer Einflüsse weist stark durchmischte Siedlungsgebiete südslawischer, griechischer, romanischer und albanischer Bevölkerungen auf. Nach dem Untergang der antiken Hochkulturen geriet diese Zone durch 500jährige osmanische Besetzung in eine agrar-gesellschaftliche Rückständigkeit, die feudal-patriarchalische Bindungen konservierte,

---

3 Vgl. Gephart, Werner: Zur sozialen Konstruktion europäischer Identität. Symbolische Defizite und europäische Realitäten, in: Gephart, Werner/Saurwein, Karl-Heinz (Hg.): Gebrochene Identitäten. Zur Kontroverse um kollektive Identitäten in Deutschland, Israel, Südafrika, Europa und im Identitätswettkampf der Kulturen, Leske und Budrich, Opladen 1999, S. 143-168; hier: S. 157.
4 Vgl. Sutor, Bernhard: Nationalbewusstsein und universale politische Ethik, in: Aus Politik und Zeitgeschichte, 10/1995, S. 3-13; hier: S. 7.
5 Ebd.
6 Lamers, Karl: Bemerkungen zu einer Südosteuropäischen Union, in: 'FAZ' 18.7.2001.

bürgerlich-kapitalistische Umwälzungen hemmte und bürokratisch-etatistische Herrschaftsverhältnisse in der Neuzeit verfestigte.[7]

Die Hinterlassenschaft willkürlicher Einschnitte von außen ist bis in jüngste Zeit spürbar. Der Ausbruch ethnisch-nationaler Konflikte geriert dabei zu einer Identitätssuche, die sich als historischer Nachvollzug nationaler Formierungsprozesse darstellt. Es erweist sich, dass ganze historische Entwicklungsetappen nicht ohne Schaden übersprungen werden können.

Seit Jahrzehnten haftet den Albanern das Stigma des zu spät gekommenen, des benachteiligten, immer wieder von außen bedrohten und überdies getrennten Volkes an, dem es nicht vergönnt war, sich in einem einheitlichen Nationalstaat nach ethnisch-geographischen Gesichtspunkten zu vereinen. Schwere Erblasten aus lang andauernder Fremdbestimmung und halbfeudalen Verhältnissen mit patriarchalisch-vorbürgerlichen Denk- und Verhaltensweisen wirken nach.

Unter den Bedingungen strikter ideologisch-politischer Abgrenzung konnten die in der sozialistischen Gesellschaftsphase propagierten Grundwerte nationaler Identität, sozialer Homogenität und politischer Einheit nur zeitweilig Wirkung zeitigen. Anfangserfolge nachholender Modernisierung wurden im Verlauf der Jahre unter der Diktatur in zunehmendem Maße entwertet. Der politische und wirtschaftliche Verfall ließ am Ende kaum Raum für die Herausbildung eines positiven Selbstwertgefühls der Bevölkerung. Es war dem politischen System immanent, mit der zentralistischen Kommandowirtschaft Triebkräfte für die Individualitätsentwicklung und damit für Identitätsformierung zu behindern.

Die langjährige Selbstisolierung mit fast totaler geistiger und physischer Abschottung sowie technologische Rückständigkeit schufen somit äußerst ungünstige Startbedingungen für den Umbruch nach 1990. Weniger als etwa Rumänien oder Bulgarien konnte Albanien auf Erfahrungen einer frühkapitalistischen Entwicklung und einer sich formierenden Bürgergesellschaft in der Zwischenkriegszeit zurückblicken. Historische Vorlagen für den Sprung in ein pluralistisch-demokratisches Gemeinwesen waren nicht gegeben. Albanien geriet gegenüber den anderen osteuropäischen Reformländern in deutlichen Zeitverzug. Außerdem blieb die sich formierende neue politische Elite stark dem überkommenen Clandenken verhaftet und baute sich nepotistische Herrschaftspositionen auf, die vorrangig der eigenen Macht dienen und die Reforminhalte vernachlässigen. Das Fehlen einer soliden sozialen Basis für die auf die politische Bühne gelangten gesellschaftlichen Kräfte begünstigte diese Entwicklung.

---

7   Vgl. Kalbe, Ernstgert: Historische Aspekte nationaler Identitätssuche und nationaler Konflikte in Südosteuropa, insbesondere im ehemaligen Jugoslawien, in: Osteuropa in Tradition und Wandel. Leipziger Jahrbücher, Bd. 3, Leipzig 1996, S. 37-53; hier: S. 42.

Albanische Identitätssuche vollzieht sich somit in einer Gesellschaft, die sich ihrer neuen Ziele noch nicht sicher und mit ihrer Geschichte nicht im Reinen ist. Unzweifelhaft ist, dass Geschichte und Identität zusammengehören. Aus einer Behinderung albanischer Nationsformierung ergaben sich auch Versäumnisse in der Ausprägung der Identität. Romantische Vorstellungen aus der Bewegung der "Albanischen Nationalen Wiedergeburt" (Rilindja Kombëtare – im Folgenden: Rilindja) konnten zwar patriotische Gefühle und einen nationalen Zusammenhalt befördern, aber sie reichten nicht zur Staatsformierung bei der Aufteilung der osmanischen Erbmasse auf dem Balkan aus.

Die im letzten Jahrzehnt des 20. Jahrhundert in Albanien eingeleitete politisch-gesellschaftliche Wende zu Demokratie und Marktwirtschaft bzw. die Selbstbehauptung und Selbstbestimmung im zerfallenden Jugoslawien hat den Albanern andererseits Wege erschlossen, die sie der europäischen Integration näher bringen und ethnisch-nationale Fesseln überwinden lassen. Die angeheizte Konfliktmasse um das Kosovo und Westmakedonien erschwert und verzögert diesen Prozess beträchtlich. Das Kriegsgeschehen hat die ein Jahrhundert begleitende nationale Konfliktmasse der Albaner schmerzhaft in Erinnerung gebracht. Ethnisch-nationale Reibungen verdrängen den sozialen Umbruch und beschwören neuerliche Spannungen herauf. Identitätssuche ist vorrangig auf das Nationale konzentriert und fördert zunächst mehr Abgrenzung als Integration.

Das zeitliche Zusammentreffen der Überwindung enormer Rückständigkeit, vorhandener Demokratiedefizite und ungefestigter nationaler Bestimmung in einem krisengeschüttelten regionalen Umfeld drückt den Albanern die Etikette einer unfertigen, wenig berechenbaren und von gravierenden Rückschlägen bedrohten Gesellschaft auf. Zugleich stellen sich Fragen nach dem Selbstverständnis, nach dem Stellenwert solcher Kategorien wie individuelle und kollektive Identität in Bezug auf staatsbürgerliches Verhalten, nach moralischen, kulturellen und sozialen Normen und Werten.

Identität ist nicht nur im Maßstab der für größere Teile eines Volkes prägenden Merkmale – etwa Heimatliebe, Familienzusammenhalt, Gastfreundschaft und Überlebenswille oder auch Xenophobie und Misstrauen aus langdauernder Isolierung – erklärbar. Sie bedarf der Differenzierung nach jeweiligen Gruppen und Schichten: Stadt- oder Landbevölkerung, Bewohnern der Ebenen bzw. Bergzonen, nach Altersstruktur, Geschlecht oder Dialektunterschieden, Unterschieden zwischen dem abgeschlossenen rauen Norden und dem offeneren mediterranen Süden. Soziale Umschichtungen haben für viele Albaner neue Lebensbedingungen gebracht. Der ideologisch motivierten Abschottung gegen die kapitalistische Welt, gegen den östlichen "Revisionismus" und gegen die Kirche ("Albanien als erster atheistischer Staat der Welt", "Albanien ringsum von Feinden umgeben") folgte nach dem Umbruch eine Phase des Suchens nach neuen identitätsstiftenden

Werten, die durch die zahlreichen Krisen und inneren Reibungen nur langsam vorankommt.

Horst Möller bezeichnet die "Identität einer Nation" als vereinfachte Darstellung, da schon die Identität eines Individuums sehr kompliziert sei. Er räumt jedoch ein, dass sich die Identität jedes einzelnen Menschen "aus dem Schnittpunkt ganz verschiedener Rollen und Rollenerwartungen individueller, sozialer, regionaler und nationaler Provenienz" ergibt und zählt dazu die Zugehörigkeit zu einer bestimmten Generation, Konfession, Nation, sozialen Gruppe bzw. zu einem Bildungsstand im Wandel der eigenen Lebenssituation.[8]

Es bedarf demnach einer Eingrenzung auf die Identitätsmerkmale, die das Spannungsfeld zwischen nationalen Leitbildern/Nationalbewusstsein und Ansätzen integrativer Einbindung in die europäischen Strukturen sichtbar machen und die albanische Identitätssuche als Entwicklungsprozess charakterisieren, der sich noch in den Anfängen befindet. In Rechnung zu stellen ist, dass im europäischen Maßstab das Verhältnis von Nation, Nationalstaat und europäischer Integration weder eindeutig noch vollständig geklärt ist und dass sich der Bürger nach wie vor in erster Linie mit dem Nationalstaat identifiziert. Das muss man auch den Albanern zubilligen. Eine andere Frage ist, wie sie damit umgehen.

Die albanische Sicht "von außen" wird durch Aufsätze aus dem Kosovo und Makedonien ergänzt (siehe Abschnitt VI).

---

8 Möller, Horst: Erinnerung(en), Geschichte, Identität, in: Aus Politik und Zeitgeschichte, 28/2001, S. 8-14; hier: S. 11.

II. Historische Wurzeln und nationale Identität der Albaner

Das Europa der Gegenwart sieht sich mit instabilen nationalen Identitäten auf dem Balkan konfrontiert, die zum einen auf den widerspruchsvollen Weg der Herausbildung von Nationen und Eigenstaatlichkeit weisen und zum anderen "Ergebnis der willkürlichen Grenzziehungen und der Verpflanzung von Bevölkerungsgruppen in Regie der Großmächte seit Beginn des 19. Jh." sind.[9] Wenn in der derzeitigen Umbruchphase in Südosteuropa die dissoziative Form der Staatenbildung oft mit "Balkanisierung" umschrieben wird, reflektiert das m.E. jedoch nur ungenügend den Emanzipationsdrang der sich unterdrückt fühlenden kleineren Nationalitäten.

Nationale Identität als "Gemeinsamkeit geschichtlichen Erinnerns, der Abstammung und Kultur mit der Vorstellung einer Solidargemeinschaft, die den Mitgliedschaftsstatus an für alle geltende Handlungsrechte und Pflichten innerhalb eines Territoriums bindet"[10], ist für die Albaner mit zwei Einschränkungen zutreffend: erstens die erhebliche Verspätung der Herausbildung einer albanischen Nation und Eigenstaatlichkeit trotz weitreichender historischer Wurzeln und zweitens die nicht erreichte Formierung eines einheitlichen, alle albanischen Siedlungsgebiete umfassenden Staates aufgrund äußerer und innerer Hemmfaktoren. Anders als bei den Griechen, Serben, Bulgaren oder Italienern, die auf die alte hellenische Kultur, auf mittelalterliche Großreiche bzw. die Römerzeit mit Zeugnissen der Weltkultur zurückblicken können, war es um die Formierung einer albanischen Nation nicht so einfach bestellt. Vor 200 Jahren gab es keine albanische Nation und somit konnte sich zunächst auch ein Nationalbewusstsein nicht herausbilden.

Dennoch entwickelten die Albaner durch die Jahrhunderte ein ausgeprägtes Bewusstsein ihrer Eigenständigkeit und ihrer Zusammengehörigkeit nach ethnischer Abstammung, Sprache, Kultur und Glaubensrichtungen mit Merkmalen einer sich verspätet formierenden nationalen Identität. Das Ringen um nationalen Zusammenhalt war zunächst Widerstand gegen Identitätsverluste aus einer Jahrhunderte währenden Fremdherrschaft. Die markantesten Zeugnisse dafür lieferten die legendären Schlachten Skanderbegs gegen die osmanischen Eroberer im 15.

---

9   Glenny, Misha: The Balkans, 1804-1999: Nationalism, War and the Great Powers, Granta Books, London 2000.
10 Smith, Anthony D.: National Identity, Reno, Las Vegas, London 1993, S. 14.

Jh., die Ende des 19. Jh. aufkommende Bewegung der Rilindja sowie der nationale Befreiungskampf gegen die faschistische Besetzung im Zweiten Weltkrieg. Die Formierung albanischer nationaler Identität im 19. Jh. hatte aber auch eine regionale südosteuropäische Dimension. Diese war einerseits gekennzeichnet durch den gemeinsamen Widerstand der Balkanvölker gegen die osmanische Herrschaft, andererseits durch die Betonung der eigenen Identität in der Abwehr von Ansprüchen auf albanische Siedlungsräume seitens der sich etablierenden Nachbarstaaten.

1. Identitätsstiftende Wurzeln

Identitätsstiftende historische Wurzeln reichen auf die Ursprünge der Albaner als wahrscheinliche Nachfahren der Illyrer zurück, die die zentrale und westliche Balkanhalbinsel bevölkert hatten. Belege dafür finden sich bereits bei den deutschen Gelehrten Leibniz und Thunmann.[11] In den Blütezeiten hellenischer und römischer Kulturen und nachfolgender byzantinischer Imperien wurde die illyrische Zivilisation mehr und mehr verdrängt. Auch die Mittlerstellung albanischer Ansiedlungen zwischen Ost und West, die zu Zeiten des Römischen Reiches durch die "Via Egnatia" geprägt war, ging verloren, so dass albanische Siedlungsgebiete allmählich in eine Randstellung gerieten.[12] Sie fielen nach der Reichsteilung im Jahre 395 unter byzantinische, serbische und bulgarische Herrschaft.[13]

Die ersten albanischen Fürstentümer im Mittelalter standen unter dem politischen Einfluss Venedigs, Neapels bzw. serbischer Dynastien. Voraussetzungen für einen einheitlichen albanischen Staat waren nicht gegeben. Erst Skanderbeg gelang es, im Widerstand gegen anrückende türkische Eroberer in der "Liga von Lezha" (1444) einen losen Bund albanischer Fürsten zu schaffen, der jedoch noch zu seinen Lebzeiten (1405-68) zerbrach. Es folgten fünf Jahrhunderte osmanischer Herrschaft. Mit dem Aufbegehren gegen das zerfallende Osmanische Reich gewann mit der Bewegung der Rilindja auch unter den Albanern die nationale Thematik schärfere Konturen. Dieser Aufbruch stand jedoch hinter dem der anderen Balkanvölker zurück. Diese hatten bereits ihre Unabhängigkeit erstritten

---

11 Vgl. Thunmann, Johann: Über die Geschichte und Sprache der Albaner und Wlachen, Nachdruck der Ausgabe von 1774, Hamburg 1976, und Reiter, Norbert: Leibniz'ens Albanerbriefe, in: Zeitschrift für Balkanologie, 16/1980, S. 82-97.
12 Vgl. Lienau, Cay: Geographische Grundlagen, in: Grothusen, Klaus-Detlev (Hg.): Südosteuropa-Handbuch VII: Albanien, Göttingen 1993, S. 1-25.
13 Vgl. Schmidt-Neke, Michael: Geschichtliche Grundlagen, in: Grothusen, Klaus-Detlev (Hg.): Südosteuropa-Handbuch VII ..., a.a.O., S. 26-56.

(Griechenland 1829, Serbien, Montenegro, Bulgarien und Rumänien 1878) und unter den europäischen Mächten starke Verbündete gefunden.

Identitätsformend blieb einerseits der Stolz, zu einem der ältesten Völker des Balkans zu gehören, während wiederholte Fremdbestimmung, vor allem die 500jährige osmanische Herrschaft, Kontinuitätsbrüche bewirkte. Hinzu kommt, dass sich im albanischen Siedlungsraum über die geschichtlichen Zeitläufte römisch-christlich-katholische, byzantinisch-christlich-orthodoxe und osmanisch-islamisch-orientalische Einflüsse ausbreiteten, die ihre Langzeitwirkung bis in die Gegenwart bewahrt haben.

In ihrem Bemühen um nationalen Zusammenschluss hatten die Albaner immer zwischen zwei Übeln zu wählen – der Obhut einer der europäischen Mächte oder der Unterwerfung unter die territorialen Ansprüche ihrer Nachbarn. Ein Interessenausgleich oder eine Verbindung von inneren und äußeren Faktoren gestaltete sich denkbar ungünstig. Fremdes, da es nicht in friedlicher Absicht eindrang, wurde kaum aufgenommen oder verarbeitet. Die Akteure mussten sich auf die jeweils wechselnden Bedingungen unterschiedlicher äußerer Interessen- und Machtansprüche einstellen und lavierten, da sie über die schwächeren Positionen verfügten. Die scheinbare Ausweglosigkeit, mit eigenen Kräften grundlegende Änderungen zu erzielen sowie der allgemeine, vor allem durch den Koran gespeiste Fatalismus, verdrängten national-politische Motive und Ziele. Über lange Zeiträume rückten individuelle oder Familien- bzw. lokale Interessen in den Mittelpunkt. Die Folge waren mehr oder weniger isolierte Gemeinschaften, die kaum aus der Stagnation herauskamen und die nur schwerfällig nach Modernität und Einigung strebten.[14] Das Fehlen einer politikfähigen bürgerlichen Elite erschwerte die Ausprägung allgemeiner gesellschaftlicher Vorstellungen und Werte.

Albanisches Nationalgefühl entwickelte sich eher im Geiste einer von außen bedrohten Schicksalsgemeinschaft als im Verständnis eines aufgeklärten Bürgerbewusstseins. Der Glaube an die gemeinsamen Wurzeln verband die Albaner in der Vergangenheit mehr als heute, wo individuelle soziale Interessen in Überwindung der ererbten Rückständigkeit dominieren.

Die historischen Wurzeln albanischer Identität deuten somit auf einen Komplex widersprüchlicher Entwicklungen hin, die verspätete sozialökonomische und nationalkulturelle Formierung, Abhängigkeiten und Rückständigkeit ebenso einschließen wie deformierte gesellschaftliche Entwicklungsprozesse in einer verkürzten bürgerlichen wie forcierten realsozialistischen Geschichtsperiode.

Die aktuelle albanische Geschichtsbetrachtung unterliegt einer Pluralisierung von Geschichtsbildern, die die Erschließung der Wurzeln für albanische Identität

---

14 Vgl. Fischer, Bernd Jürgen: King Zog and the Struggle for Stability in Albania, East European Monographs 159, New York 1984, S. 44.

erschweren. Es überwiegen einseitige und wenig differenzierte Darstellungen, die der jeweiligen politischen Konjunktur angepasst sind. Auch wenn die Albaner in den letzten Jahrhunderten kaum Möglichkeiten hatten, zwischen Freiheit und Besetzung zu bestimmen, so verstellt das Bild überbetonter Fremdbestimmung, dass durchaus längere Phasen der Zusammenarbeit mit den slawischen bzw. griechischen Nachbarn, etwa im Widerstand gegen die Osmanen, bestanden haben. Andererseits gab es auch eine Willfährigkeit von Albanern, mit den Türken gegen die Balkannachbarn vorzugehen. Die osmanische Zeit selbst übte im Positiven wie im Negativen ihre Einflüsse auf albanische Identitätsbildung aus. Das von dem albanischen Historiker Hysamedin Feraj gegebene Erklärungsmuster, wonach nur die balkanischen Nachbarn die Existenz der Albaner gefährdeten, während dies den außerbalkanischen Mächten, "was sie auch Böses anrichteten", nicht unterstellt wird, kann nicht überzeugen.[15]

Mythen und Legenden über die Ursprünge des Albanertums dienten und dienen vor allem der Selbstbehauptung gegen Vorurteile der Nachbarn. Sie sind Bestandteil der kollektiven Selbstidentifizierung und haben historisches, subjektives und symbolisches Gewicht. Mit ihrem historischen Umfeld und einem starken moralischen Stellenwert banden und binden sie Menschen in ihrem Glauben und Gefühlen und füllen Lücken in der Geschichtsdeutung. In der Zeit des nationalen Aufbruchs – der Rilindja – war es durchaus nachvollziehbar, Mythen und kollektive Erinnerungen in Form von Sagen und Heldengesängen (Këngët kreshnike) als identitätsformende Elemente zu nutzen.

Der Mythos von der Herkunft der Albaner als "älteste Rasse Südosteuropas" in direkter Abstammung von den Pelasgern geht auf die Wegbereiter der albanischen Rilindja[16] Ende des 19. Jh. zurück. Spätere Autoren leiteten daraus gar die These ab, dass "Philipp und sein Sohn Alexander der Große so wie die anderen Makedonier keine Griechen, sondern Urahnen der Albaner" gewesen seien.[17]

Es gibt den Mythos von den permanenten nationalen Schlachten gegen fremde Mächte (von Enver Hoxha in das Konzept eines dreitausendjährigen erfolgreichen Überlebenskampfes eingepasst mit dem viel zitierten Satz: "Das albanische Volk hat sich seinen Weg durch die Geschichte mit dem Schwert in der Hand gebahnt"). Dabei wird übersehen, dass über weite Zeiträume ein nationales Be-

---

15 Feraj, Hysamedin: Skicë e mendimit politik shqiptar (Skizze des politischen albanischen Denkens), Tirana 1998, S. 145.
16 Frashëri, Sami: Shqipërija ç'ka qënë, ç'është dhe ç'do të bëhetë (Albanien, was es war, ist und sein wird), in: Albanisches Lesebuch I, Verlag Harrassowitz, Leipzig 1948, S. 122 f, und Malcolm, Noel: Roli i miteve në historinë e Shqipërisë (Rolle der Mythen in der Geschichte Albaniens), Tirana 1999.
17 Dako, Kristo: The Albanians, in: 'Ylli i Mëngjesit', 3/1917, S. 67-73.

wusstsein nicht bestanden hat und dass es auch Phasen gehorsamer albanischer Kriegsdienste im Zeichen osmanischer Eroberungen gegeben hat.

Auch der Mythos von der ethnisch reinen Identität ist wissenschaftlich nicht fundiert. Er übersieht die vielfältigen ethnischen Durchmischungen auf dem Balkan mit ihren sichtbaren Einflüssen auf die Herausbildung albanischer Gesellschaften und albanischer Kultur vom Altertum bis in die Neuzeit.

Gewichtiger und in der praktischen Verwendung annehmbarer erscheinen Mythen, die aus relativ gesicherten Erkenntnissen von geschichtlichen Ereignissen und Zäsuren herrühren. So stellt Skanderbeg zweifellos die zentrale Identifikationsfigur aller Albaner dar. Er verkörpert nach Michael Schmidt-Neke das "historische Kapital" der albanischen Nation, "den Punkt, an dem sich die Geschichte eines kleinen, erst seit kurzer Zeit und auch nur zu einer starken Hälfte staatlich unabhängigen Volkes mit der europäischen und Weltgeschichte verbindet".[18] Mit Skanderbeg ist die albanische Symbolik – die rote Flagge mit dem schwarzen Doppeladler und der Helm mit dem Ziegenkopf – verknüpft. Gjergj Kastrioti, wie sein eigentlicher albanischer Name lautet, war übergreifend die nationale Leitfigur sowohl für die Vorkämpfer der Rilindja, aber auch für die Königsdiktatur in den 30er Jahren und selbst für die profaschistische albanische "SS-Division Skanderbeg" im Zweiten Weltkrieg. Der Nationalheld Skanderbeg wurde auch weidlich durch die kommunistische Propaganda genutzt, um die albanische Kämpfernatur zu belegen. Dazu diente auch der Mythos von der albanischen Festung, die – wie einst Skanderbeg den Heeren des Sultans – nun dem "imperialistisch-westlichen und revisionistisch-östlichen Feind" trotze. Allerdings rangierte Skanderbeg in dieser Zeit hinter Enver Hoxha, "dem größten Mann, den die albanische Erde hervorgebracht hat"[19], dessen Mythos von der Unfehlbarkeit und Allwissenheit den düstersten Zeiten des Stalin-Kultes bzw. der Vergötterung von Führern in anderen Ostblock-Ländern in nichts nachstand. Das von ihm verordnete "marxistisch-materialistische" Geschichtsbild war eine Abfolge heldischen Überlebenskampfes – von der eigenständigen illyrischen Kultur in der Zeit der Sklavenhaltergesellschaft, dem Kampf Skanderbegs in der Feudalepoche, der Bewegung der Rilindja als albanischer Version der bürgerlichen Revolution und der Antifaschistischen Nationalen Befreiungsbewegung als Widerstandskampf und Volksrevolution in einem.[20]

---

18 Schmidt-Neke, Michael: Skanderbeg. in: Staatliches Museum für Völkerkunde München (Hg.): Albanien: Reichtum und Vielfalt alter Kultur, München 2001, S. 52-63; hier: S. 58.
19 Alia, Ramiz: Fjalime e Biseda (Reden und Gespräche), Bd. 1, Tirana 1986, S. 20.
20 Vgl. Schmidt-Neke, Michael: Politisches System, in: Grothusen, Klaus-Detlev (Hg.): Südosteuropa-Handbuch VII ..., a.a.O., S. 169-242; hier: S. 211.

Dem Mythos von der angeblich "stählernen Einheit Partei – Volk" wurde auch von Hoxhas Nachfolger Ramiz Alia gefrönt, um sich gegen westliche und östliche Einflüsse abzuschirmen. Die Fluchtbewegungen und die Studentenunruhen 1990 machten allerdings deutlich, dass auch Albanien gegenüber einer Pluralisierung und Demokratisierung nicht immun bleiben konnte.

Neuere Mythen, so die von Fatos Nano 1997 geprägte Formel von "verlorenen 555 Jahren" – 500 Jahre türkischer Herrschaft, 50 Jahre Kommunismus und 5 Jahre unter Präsident Sali Berisha – sind irreführend, weil auch die Zeit danach unter sozialistischer Mitte-Linkskoalition keinen echten Neuanfang für Stabilität und Prosperität gebracht hat. Auch der Mythos vom Westen – geschürt durch den Slogan von Berisha "Wir regieren – die Welt hilft uns" (Ne qeverisim – bota na ndihmon) – war trügerisch, weil damit die eigene Mobilisierung vernachlässigt blieb. Zudem wurden viele albanische Emigranten in der unmittelbaren Berührung mit dem Westen desillusioniert. So äußerte ein ehemaliger Botschaftsflüchtling, der 1990 in die Bundesrepublik gelangt war, voller Enttäuschung: "Wir hatten gedacht, dass man im Westen die Menschen nach ihren persönlichen Werten beurteilt. Aber dem ist nicht so. Man fragt dich, woher du kommst, und sobald du sagst, dass du ein Albaner bist, verspürt man Kälte und Distanz, ohne dass der Wunsch besteht zu erfahren, wer du als Person bist".[21]

Irrational musste auch der für den kulturell-sprachlichen Bereich strapazierte Mythos von der Überlegenheit der albanischen Sprache gegenüber anderen Sprachen gelten, indem diese als eine der ältesten der Welt dargestellt wird. Ismail Kadaré, international bekanntester albanischer Schriftsteller und respektierte Autorität in allen die albanische Problematik betreffenden Fragen, bedauert, dass die Albaner "unter dem Komplex der geringen Größe Albaniens leiden und vergessen, dass der albanische Staat, unabhängig vom Abtrennen von eigenen Gebieten keineswegs klein ist". Er argumentiert mit der These, dass "die Albaner Schöpfer und Träger einer der hauptsächlichen Sprachen der Menschheit" seien und "als eine der ersten Bastionen des Christentums in Europa den Nährboden für die westliche europäische Zivilisation" geschaffen hätten.[22] Unabhängig von den bislang nicht hinlänglich nachgewiesenen historischen Wurzeln des Albanischen wird hierbei vergessen gemacht, dass schriftliche Zeugnisse der albanischen Sprache relativ spät zu belegen sind: Das erste bekannt gewordene albanische Buch "Meshari" (Messbuch) des katholischen Priesters Gjon Buzuku stammt aus dem Jahre 1555. Auch ist anzumerken, dass es erst 1908 gelungen war, ein ein-

---

21 Lubonja, Fatos: Referat vor dem Zeitgenössischen Kulturforum in Barcelona, Juni 2001 (alban.).
22 Kadaré, Ismail: Die albanische Nation an der Schwelle des dritten Jahrtausends, in: Kombi (Die Nation), Tirana 1997, S. 232 f.

heitliches Alphabet und 1972 die einheitliche standardisierte albanische Literatursprache festzulegen, über deren Endgültigkeit nach 1990 neuer Streit entbrannt ist, weil dabei von den beiden Dialekten das Toskische Übergewicht gegenüber dem Gegischen in Nordalbanien erhalten hatte.

Die angeführten Beispiele verdeutlichen, dass den Eliten als Sachwaltern nationalen Bewusstseins große Verantwortung zukommt, den Schwierigkeiten des Transformationsprozesses nicht durch konstruierte Ersatzidentitäten auszuweichen, die auf Mythen basieren. Deshalb wird die Dekonstruktion von Mythen und Geschichtsbildern da erforderlich sein, wo unter dem Einfluss politischer Willkür und selektiver Wahrnehmung Ereignisse oder Figuren eine Überhöhung erfuhren, unbotmäßige hingegen totgeschwiegen oder diffamiert wurden.

Zu unterstreichen ist allerdings, dass die Albaner in der Zeit nach dem Umbruch nicht in eine kollektive Wahrnehmung nationalistischer Mythen wie etwa Kroaten oder Serben verfielen. Das Nachwirken albanischen Nationalismus in Vermischung mit kommunistischer Ideologie hatte mehr zerstörerische denn bindende Folgen, indem sich viele Menschen plötzlich entwurzelt und führungslos wähnten, weil weder der Staat noch die Kirche den notwendigen Halt gaben. Es bleibt ein Phänomen, dass Albaner einerseits ihren in der Geschichte bewiesenen Zusammenhalt hervorkehren, andererseits unter den postkommunistischen Bedingungen diese Gemeinsamkeit durch inneren Bruderzwist bzw. Abkehr von der Heimat bis zur Verleugnung ihrer Herkunft untergraben. Die Antwort ist in erster Linie in den sozialökonomischen Verwerfungen und den Folgen instabiler Entwicklung nach 1990 zu suchen.

2. Identitätsfördernde "Nationale Wiedergeburt" (Rilindja kombëtare)

Unter der osmanischen Herrschaft erfolgten "Überformungen bereits entstandener sozialer und kultureller Merkmale, die teil- und zeitweise einen weitgehenden Identitätsverlust bzw. die ständige Gefahr solcher Veränderungen bedeuteten".[23] Das implizierte Einflüsse auf Sprache, Religion, Alltagskultur und Mentalität. Wolfgang Geier empfiehlt, "die Spuren nicht als ahistorische, anachronistische, irrationale Verirrungen und Verwerfungen" abzutun, sondern als "besondere Erscheinungen in der Geschichte zur Kenntnis zu nehmen und vergleichend zu un-

---

23 Geier, Wolfgang: Vergleichende Kulturgeschichte Südost-, Ost- und Ostmitteleuropas. Zwischenergebnisse der Entwicklung und Anwendung eines methodischen Ansatzes für Lehre und Forschung, in: Osteuropa in Tradition und Wandel. Leipziger Jahrbücher, Bd. 4, Leipzig 2002, S. 95-127; hier: S. 108 f.

tersuchen, inwiefern es durch sie zu einer (Wieder-)Gewinnung kultureller und nationaler Identität kam".

Es erscheint somit zweckmäßig, den vielschichtigen wechselseitigen Zusammenhang von äußeren und inneren Faktoren für Identität nicht willkürlich aufzubrechen. Zu Recht verweist Erwin Lewin auf die Notwendigkeit differenzierter Wertung, zumal sich albanische Identität auch unter dem Joch der Fremdherrschaft nicht verlor und mit der Rilindja neu formierte.[24]

Eingeordnet in den osmanischen Vielvölkerstaat, der Bestrebungen der nationalen Autonomie mit Gewalt begegnete, entfaltete sich in den albanischen Siedlungsgebieten der europäischen Türkei eine nationalkulturelle Aufklärungs- und Bildungsbewegung, die erst spät in eine nationale Unabhängigkeitsbewegung hinüberwuchs. Ihrer sozialen Struktur nach bewertet sie Lewin als kleinadlig-intelligenzlerisch und handwerklich-händlerisch. Beeinflusst von der europäischen Aufklärung, die allerdings seiner Auffassung nach gebrochen rezipiert wurde, durchlief die albanische Wiedergeburt verschiedene Stufen einer aufklärerischen Bildungsbewegung, flankiert von kirchlichen autokephalen Bestrebungen und einer Bewegung in Form bewaffneter Abteilungen von Freischärlern und Aufständischen. Ihre Basen und Rückzugsgebiete waren die Zentren der albanischen Emigration in Süditalien (Arbëreshe), in Rumänien, Bulgarien und Ägypten sowie Istanbul, in denen albanische Bildungsvereine und patriotische Gesellschaften eine rege Aktivität entwickelten.

Identitätsstiftend bewährte sich die Rilindja in ihrer Wirkung für die Ausformung der albanischen Sprache als kulturellem Gedächtnisspeicher, in der Begründung einer eigenständigen Literatur und in der Formulierung politisch-programmatischer Visionen für die Zulassung einer autonomen Selbstverwaltung. Als erste Aufklärer, die die Bedeutung von Sprache und Schrift als Träger nationaler Identität formulierten, erwiesen sich Naum Veqilharxhi (1767-1846), der mit seinen Fibeln ein eigenes Schriftsystem entwickelte (das einheitliche albanische Alphabet besteht erst seit 1908) und Konstandin Kristoforidhi (1827-1895) mit grammatischen Arbeiten, Bibelübersetzungen und Wörterbüchern als Fundament für eine gemeinsame Literatursprache. Die historisch-vergleichende Sprachwissenschaft fand in den Sprachwissenschaftlern Franz Bopp (1791-1867) und Johann Georg von Hahn (1811-1869) Protagonisten, die die Zugehörigkeit des Albanischen zur indoeuropäischen Sprachfamilie nachwiesen. Erst 1887 konnte die erste nationale albanische Schule in Korça eröffnet werden. Mit der Rückbesinnung auf den Widerstand Skanderbegs gegen die osmanischen Erobe-

---

24 Lewin, Erwin: Identitätsstiftende Wurzeln der albanischen Wiedergeburt und des antifaschistischen Widerstandes in Relevanz zu heute (nicht veröffentlichter Aufsatz zum vorliegenden Projekt).

rer vermittelten die namhaftesten Vertreter der Rilindja, die Brüder Naim Frashëri (1846-1900) und Sami Frashëri (1850-1904) sowie Thimi Mitko (1820-1890), Pashko Vasa (1825-1892) und später Andon Zako Çajupi (1844-1922) und Filip Shiroka (1859-1935) mit ihren Gedichten, Prosawerken und Folkloresammlungen ein Gefühl kultureller Identität und schufen den Grundstock für nationales "Wir"-Bewusstsein und für den Zusammenschluss der Albaner ohne Glaubens- und Stammesunterschiede.

Naim Frashëri's Epos "Geschichte Skanderbegs" (Historia e Skënderbeut) stellte den Widerstand gegen die türkischen Heere als eine erste gemeinsame und erfolgreiche historische Aktion dar, die somit auch gemeinsame Identität prägen sollte. Pashko Vasa forderte seine Landsleute in seinem Gedicht "Oh, mein Albanien" (O moj Shqypni) auf, die innere Aufspaltung zu überwinden und sich zusammenzuschließen.[25] Zum eigentlichen Manifest der Rilindja wurde die Schrift von Sami Frashëri "Albanien – was es war, was es ist und sein wird?" (Shqipërija – ç'ka qënë, ç'është dhe ç'do të jetë). Anknüpfend an Pashko Vasa sah er in der Idee des Albanertums (Shqiptarizmi) das einigende Band über alle religiösen und sozialen Schranken hinweg und konzipierte Konturen für ein zukünftiges eigenes Staatswesen. Das fiel umso leichter, als er der tolerantesten der vorhandenen Glaubensrichtungen – den Ideen der Bektashi – verbunden war.

In der Liga von Prizren 1878 fand das erwachende Nationalgefühl ein Forum, um neben den kulturellen und bildungsmäßigen Anliegen eine Verwaltungsautonomie mit der Option der späteren Loslösung von der Türkei zu erreichen. Ihr Appell an den Berliner Kongress fand jedoch nicht die erhoffte Unterstützung. Für Bismarck als Wortführer einer Neuordnung auf dem Balkan stellte Albanien lediglich einen geographischen Begriff dar.[26] Erst nach der Jungtürkischen Revolution von 1908 führte ein allgemeiner Volksaufstand 1912 zur Unabhängigkeit Albaniens. Der Prozess der Nationwerdung und Eigenstaatlichkeit wurde durch die Hegemonieansprüche der damaligen Großmächte, insbesondere Italiens und Österreich-Ungarns, und durch die Balkankriege 1912/1913 weiter behindert. Dennoch ist es bleibendes Verdienst der Rilindja, dass die kulturell-geistige Formierung schließlich in die Ausprägung des albanischen Nationalgefühls hinüberwuchs, das die politisch-staatliche Emanzipation einschließt.

---

25 Vasa, Pashko: Dem geknechteten Albanien, in: Lambertz, Maximilian: Albanisches Lesebuch II, Verlag Harrassowitz, Leipzig 1948, S. 23 f.; hier: S. 23.
26 Vgl. Medicott, William Norton: Bismarck, Gladstone, and the Concert of Europe, University of London Historical Studies 4, London 1956, S. 75.

3. Religiöse Vielfalt und nationale Identität

Die Albaner unterscheiden sich von ihren Nachbarn durch die Vielfalt des Glaubens innerhalb der eigenen nationalen Identität. Als die Vorfahren der Albaner im 11. Jh. von dem byzantinischen Geschichtsschreiber Michael Attaliates erstmals als "Arvaniten" in einer Chronik erwähnt wurden, waren sie bereits christianisiert.[27]

Bei der Reichsteilung 395 kam das albanische Territorium politisch zu Byzanz, kirchlich blieb es jedoch unter der Jurisdiktion von Rom. Erst das Schisma von 1054, als sich die katholische Kirche (die westliche) endgültig von der orthodoxen (östlichen) Kirche trennte, bezeichnete die erste Trennung der Anhänger der katholischen Rituale von denen der orthodoxen Bräuche. Letztere gewannen in der Folgezeit überwiegenden Einfluss, weil sie den Rückhalt starker orthodoxer Mächte besaßen, die für eine lange Zeit den größten Teil der albanischen Siedlungsgebiete beherrschten (das Byzantinische Reich, die bulgarischen und serbischen Reiche). Dennoch blieb das katholische Christentum im Mittelalter auf einem guten Teil albanischer Territorien präsent und verfügte über eine relativ große Anzahl von Gläubigen und Institutionen.

Das Vorhandensein unterschiedlicher christlicher Rituale unter den Albanern war ein Spezifikum im Vergleich mit den anderen Balkanvölkern, die hinsichtlich der religiösen Struktur geradezu homogen waren. Beginnend mit dem 15. Jh. erhielt aber mit der Errichtung der osmanischen Herrschaft auf dem Balkan auch die religiöse Struktur der Albaner eine wesentliche Veränderung. Die christliche Zugehörigkeit der Albaner (teils orthodoxen und teils katholischen Glaubens) wurde durch die Verbreitung des Islam, der offiziellen Religion des osmanischen Staates, verdrängt.

Der obere Teil der gesellschaftliche Pyramide, der albanische Adel, wurde als erster erfasst. Bereits seit der zweiten Hälfte des 14. Jh., mit dem osmanischen Vordringen auf dem Balkan standen die albanischen Fürsten unter dem Druck, die Oberhoheit des Sultans anzuerkennen und als dessen Vasallen die eigenen Söhne als Geißel an den Hof des Sultans zu senden. Hier wurden sie, nachdem sie zum Islam konvertierten und die entsprechende Erziehung genossen hatten, mit bestimmten militärischen und zivilen Diensten beauftragt. Nicht wenige unter ihnen erreichten hohe Ämter, so auch Gjergj Kastrioti (Skanderbeg).

Nur ein Teil des albanischen Adels konnte bis zu Beginn des 16. Jh. die eigene christliche Identität bewahren, weil er über Lehensgüter (timaret) verfügte. Die christlichen "Timariotët" existierten damit zeitweilig als gesellschaftliche

---

[27] Vgl. Bartl, Peter: Albanien – vom Mittelalter bis zur Gegenwart, Verlag Friedrich Pustet, Regensburg 1995, S. 39.

Kategorie. Ihre Duldung durch den osmanischen Staat war nicht nur ein Zeichen religiöser Toleranz, sondern auch ein Weg gradueller Integration in das bestehende Lehenssystem mit dem Ziel zukünftiger Islamisierung.

Zu Beginn des 16. Jh. war die **Islamisierung** der feudalen Klasse abgeschlossen. Mitglieder der bedeutendsten albanischen Feudalfamilien wie die der Arianiti, Dukagjini und Muzakaj hatten sich entweder aus Albanien entfernt bzw. begünstigten durch ihren Übertritt zum Islam das massive Vordringen des Islam auch in andere Schichten der albanischen Bevölkerung. Der Islam erfasste vor allem die Städte. Hier befand sich das administrative und militärische osmanische Personal, hier saß auch der islamische Klerus mit den sich schnell verbreiternden Kultinstitutionen.

Eine sichtbare Eigenheit des religiösen Gepräges der städtischen Bevölkerung im 16.-17. Jh. war auch die Tatsache, dass die Handwerker den Hauptteil der islamisierten Bevölkerung ausmachten, was von der bedeutenden Rolle des Handwerks im wirtschaftlichen Leben der Städte nach der Errichtung der osmanischen Herrschaft kündet. Dieser Bevölkerungsteil wird in den osmanischen Registern klar gekennzeichnet, indem vor oder nach den Namen registrierter moslemischer Einwohner die Bezeichnungen der entsprechenden Handwerke eingetragen sind.

Die Annahme des Islam durch einen beträchtlichen Teil der christlichen albanischen Bevölkerung war nicht ein Prozess ohne Reaktionen und Hindernisse. Eine der Formen des Widerstandes gegen den neuen Glauben war das geheime Christentum (Kryptochristentum). Es kam zu einem Doppelglauben, bei dem die Christen den Islam nur formal akzeptierten, um sich der Steuerzahlung (haraç) zu entziehen und sich im gesellschaftlichen Leben mit der muslimischen Bevölkerung gleichzustellen. In der Öffentlichkeit zeigten sich diese als Muslime mit Namen aus der islamischen Sphäre, besuchten die Moscheen usw., übten aber in den Familien heimlich die christlichen Rituale aus.

Die Haltung der orthodoxen Kirche zu den Kryptochristen war gemäßigter als bei der katholischen Kirche. Im Prozess der Islamisierung gab es auch unter der orthodoxen albanischen Bevölkerung islamisierte Individuen, die heimlich die christlichen Rituale befolgten. Somit konservierte der osmanische Überschichtungsstaat viele Elemente des byzantinischen Erbes "wie unter einer Käseglocke" und "die orthodoxe Kirche und die Geistlichkeit bewahrten die christlichen Untertanen des Sultans vor dem Verlust ihrer kulturellen Identität".[28] Nach Holm Sundhausen "ist hinreichend belegt, dass auch die Konstrukteure der postosmanischen Nationen und ihrer Identitäten am vorosmanischen, d.h. am byzantinischen

---

28 Sundhausen, Holm: Was ist Südosteuropa und warum beschäftigen wir uns (nicht) damit?, in: Südosteuropa Mitteilungen, 5-6/2002, S. 92-105; hier: S. 99.

Erbe und seinen Varianten anknüpften, dass sie Kontinuität zu stiften oder zu erfinden suchten, selbst dort, wo diese nachweislich nicht existierte".[29]

Der Islam verbreitete sich in den albanischen Gebieten nicht nur in seiner sunnitischen Hauptvariante, sondern auch in der Form verschiedener Sekten wie die der **Bektashi**. Zeugnis für das Bestehen dieser mystischen Sekten waren die an verschiedenen Wohnorten errichteten Derwischklöster (teqe). Unter den islamischen Sekten erfuhren die Bektashi eine beträchtliche Popularität und Ausdehnung. Die Begründer der Bektashi verwarfen doktrinäre Ausschließlichkeit und erklärten sich für die Liebe zu allen, für Brüderlichkeit und Zusammenschluss. Im Unterschied zur islamischen Tradition entwickelten sie eine eigene religiöse Literatur. Die liberale und eklektische Natur der Bektashi machte sie in einem Raum anziehend, wo die christliche Religion mit starken Elementen heidnischen Erbes aus der vorchristlichen Zeit nebeneinander existiert hatten.

Das Osmanische Reich akzeptierte als islamischer Staat das Existenzrecht nichtislamischer Glaubensrichtungen auf dem von ihm beherrschten Territorium, sofern sie die Macht des Sultans anerkannten und ihre Steuern als Kompensation für den "Schutz" zahlten, den sie unter dem osmanischen Souverän genossen. Unter diesem Aspekt war die Politik des osmanischen Staates gegenüber den Völkern christlichen Glaubens, also auch gegenüber dem albanischen Volk, im Prinzip tolerant. Die osmanische Besetzung Albaniens war nicht von organisierter staatlicher Gewalt zur Auslöschung der existierenden christlichen Religion und dem Aufdrängen des Islam begleitet. Das Überleben der christlichen Gemeinden in Albanien bestätigt das, unabhängig von ihrer Minimierung infolge massiver Konversion zum Islam.

Die im frühen Mittelalter vollzogene Trennung zwischen Westrom und Ostrom beeinflusste somit nicht unwesentlich die Geisteshaltung der Albaner. Es entstand ein katholischer Norden mit stärkerer Affinität zum "westlichen Rationalismus" und ein orthodoxer Süden, der dem "östlichen Fatalismus" zugeneigt war.[30] Das spiegelt sich in einer parallelen, zum Teil sogar gegensätzlichen kulturell-geistigen Entwicklung wider, wobei die religiösen Unterschiede von zweitrangiger Bedeutung blieben.

Das Vordringen der islamischen Religion im albanischen Volk ist auch mit einigen Eigenheiten ethno-psychologischer Natur verbunden. Wie Ferit Duka konstatiert, "ist der Albaner für seinen Stolz, sein Ehrgefühl und den Ehrgeiz ausgewiesen, in jedem politischen und gesellschaftlichen System eine soziale und annehmbare materielle Position einzunehmen. Von seiner Natur her fiel es ihm

---

29 Ebd.
30 Vgl. Qosja, Rexhep: Shqiptarët dhe Evropa dje dhe sot (Die Albaner und Europa gestern und heute), in: 'Rilindja Demokratike', 5.6.1991.

schwer, Missachtung und einen Status als Bürger zweiten Ranges zu akzeptieren".[31] Diese Eigenheiten veranlassten viele Albaner während der osmanischen Herrschaft, den Islam als Möglichkeit zu nutzen, um der Gefahr gesellschaftlicher Diskriminierung zu entgehen und sich politische und wirtschaftliche Vorteile zu verschaffen. Die militärischen Neigungen und Fähigkeiten der Albaner offerierten zudem unter den Bedingungen der militärischen Erfordernisse des Reiches große Möglichkeiten, die eigenen wirtschaftlichen Bedingungen zu verbessern und ein Überleben zu sichern. Zur Charakterisierung der albanischen Einstellung zur Religion erinnert der Sprach- und Kulturwissenschaftler Robert Elsie an die von Sami Frashëri gegebene Charakterisierung: "Wo sich das Schwert befindet, ist auch die Religion" (Ku është shpata është feja).[32]

Die Praxis wiederholter Glaubenskonversion aus politischem Pragmatismus hatte bereits im Mittelalter bestanden. Bei den albanischen Prinzen war es üblich, ihre religiöse Zugehörigkeit den Allianzen mit verschiedenen Staaten des Ostens oder Westens anzupassen. Allein Gjon Kastrioti, der Vater Skanderbegs, änderte innerhalb von 40 Jahren viermal den Glauben vom katholischen in den orthodoxen bzw. umgekehrt. Nach dem Eindringen der Türken war er unter dem Namen "Hamza" islamisiert worden, um sich 1438 erneut dem katholischen Glauben als Verbündeter Venedigs zu verschreiben, den er bis zu seinem Tode 1443 beibehielt.

Der Umstand, dass das geistliche wie weltliche Leben im islamischen Staat wesentlich durch den Koran bestimmt war, der das Gesetz schlechthin regelte, gab Konvertiten die Möglichkeit, die höchsten Würden zu erlangen. So ist belegt, dass vom 15.-17. Jh. von den 92 Großwesiren 25 albanischer Abstammung waren.[33]

Neben den politischen, wirtschaftlichen und ethno-psychologischen Faktoren spielten im Prozess des Übergangs zum Islam die Besonderheiten der religiösen Situation in den albanischen Gebieten eine bestimmende Rolle. Im Unterschied zu den anderen benachbarten Balkanvölkern verfügten die Albaner nicht über eine eigene nationale Kirche. Das albanische Territorium befand sich geopolitisch an der Grenzlinie zwischen zwei universalen Kirchen jener Zeit – der katholisch-römischen und der orthodoxen. Fehlende Harmonie, die Auseinandersetzungen und Spannungen zwischen den kirchlichen Institutionen und hinsichtlich

---

31 Duka, Ferit: Religiöse Vielfalt und nationale Identität der Albaner (nicht veröffentlichter Aufsatz zum vorliegenden Projekt).
32 Elsie, Robert: Handbuch zur albanischen Volkskultur. Mythologie, Religion, Volksglaube, Sitten, Gebräuche und kulturelle Besonderheiten, Balkanologische Veröffentlichungen 36, Verlag Harrassowitz, Wiesbaden 2002, S. 100.
33 Vgl. Bartl, Peter: Albanien ..., a.a.O., S. 52.

der kirchlichen Rituale begünstigten die Schwächung des Christentums und erleichterten das Vordringen des Islam.

Von der **katholischen Kirche**, deren Gläubige rund 10 Prozent der Bevölkerung ausmachten, gingen insbesondere in dem von ihr dominierten Norden Albaniens starke Impulse für die geistig-kulturelle Identitätsbildung aus.[34] Außer der geistlichen nahm sie im begrenzten Umfang auch Aufgaben der Schulbildung wahr. Albanische katholische Priester wie der bereits erwähnte Gjon Buzuku mit seinem im Jahre 1555 als erstem bekannt gewordenen albanischen Buch "Meshari", Lekë Matranga 1592 mit dem ins Albanische übersetzten Katechismus sowie Pjetër Budi (1566-1622), Pjetër Bogdani (1625-1689) und der Skanderbeg-Biograph Frang Bardhi (1606-1643) hatten dazu wichtige Beiträge geleistet. Mit Ausnahme der auf theologischen Kollegien Italiens ausgebildeten höheren Geistlichkeit bestanden auf der niederen Ebene jedoch beträchtliche Mängel im Bildungsniveau und hinsichtlich der Einhaltung der Kirchenordnung. Es gab nicht wenige Fälle, da Klerikale mit Frauen zusammenlebten, die Liturgien missachteten und sich wenig an die Regularien für Hochzeit, Geburt und Tod hielten.

Anders als die katholische Kirche entwickelte die **orthodoxe Kirche** in den albanischen Gebieten ihre Aktivitäten unter günstigeren Bedingungen. Das Ökumenische Patriarchat in Konstantinopel hatte auch unter der osmanischen Besetzung Möglichkeiten, eigene Privilegien zu bewahren. Jedoch erwuchsen mit der aufbrechenden Rilindja Spannungen in Zurückweisung von Hellenisierungsbestrebungen, die bis zur Schaffung der autokephalen orthodoxen Kirche Albaniens im Jahre 1922 führten. Wegbereiter dafür war der 1908 in Boston/USA zum Priester geweihte Fan Stilian Noli (1882-1965).

Es kann jedoch nicht außer Betracht bleiben, dass die religiöse Vielfalt auch Defizite und Brüche für die Identitätsfindung mit sich brachte. Es war zunächst das Religionsbekenntnis in Ausübung der Rituale und Bräuche, das die Menschen band, ohne damit nationale Identität zu begründen; die Vielfalt der Glaubensrichtungen behinderte sogar die nationale Formierung. Auch war durchaus die Gefahr vorhanden, mit dem Islam ethnisch assimiliert zu werden (später kamen Bestrebungen der griechisch-orthodoxen Kirche hinzu, albanische Orthodoxe als ethnische Griechen zu vereinnahmen). Lewin konstatiert, dass "aufgezwungene fremde Identität dazu führte, dass bei vielen Menschen der Wille, sich zum eigenen Volk respektive zur entstehenden albanischen Nation zugehörig zu fühlen, kaum oder nur schwach ausgebildet war".[35]

---

34 Vgl. Rocca, Della: Kombësia dhe feja (Nationalität und Religion), Tirana 1994, S. 65 f.
35 Lewin, Erwin: Nationale Idee und Religion in Albanien aus historischer Sicht, in: Osteuropa in Tradition und Wandel. Leipziger Jahrbücher, Bd. 4, Leipzig 2002, S. 63-83.

Erst während der albanischen Rilindja stellten die Aktivisten der nationalen Bewegung die Formierung und Stärkung des nationalen Bewusstseins in den Mittelpunkt ihrer patriotischen Tätigkeit. Der Ruf "Die Religion des Albaners ist das Albanertum" wurde zur gemeinsamen Parole im Kampf für die nationale Befreiung und die Gründung des unabhängigen albanischen Staates 1912. Dieser Aufruf, den der albanische Patriot Pashko Vasa zum ersten Male verbreitete, galt dem Zusammenschluss der Albaner und begründete das säkulare Prinzip für albanische Religionsgemeinschaften.

Die gemeinsame Teilnahme der Albaner, sowohl der Christen als auch der Muslime, an der antiosmanischen Befreiungsbewegung spricht klar für die lockere religiöse Bindung gegenüber einem auf ethnischer und nationaler Gemeinsamkeit basierenden Bewusstsein.

Mit der Errichtung der Monarchie 1928 unterstützte König Zogu die Schaffung der autokephalen albanischen orthodoxen Kirche, um damit fremden Einfluss (insbesondere griechischen) zu schwächen. Ebenso verbanden die albanischen Katholiken, als deren Führer Gjergj Fishta gilt, ihre religiöse Tätigkeit mit der politischen zugunsten der nationalen Frage. Das epische Poem Fishtas "Laute des Berglandes" (Lahuta e Malësisë) hymnisiert die Kämpfe der Albaner gegen serbisch-montenegrinische Ansprüche im Norden.

Auch im Kosovo, wo über 90 Prozent der Albaner Muslime sind und wo die islamische religiöse Zugehörigkeit eine bedeutendere Rolle als in Albanien gespielt hat, überwog dieser Geist, um die Albaner von den christlichen Serben zu unterscheiden. Die katholische Minderheit der Albaner fühlte sich während der gesamten Periode des 20. Jh. als Teil des Kampfes der muslimischen Albaner des Kosovo um Unabhängigkeit von den orthodoxen Serben.

Sowohl die christliche als auch die islamisierte Bevölkerung bewahrte ungeachtet ihrer religiösen Unterschiede die ethnische albanische Zugehörigkeit in Sprache, Brauchtum, Traditionen und einer insgesamt gemeinsamen geistigen Konstitution. Die Kraft der traditionellen Bindungen unter den Albanern, die sich im Verlaufe ihrer Geschichte gestärkt hatten, neutralisierte eine mögliche Spaltung auf Grund religiöser Unterschiedlichkeit. Anders als bei den anderen Provinzen des osmanischen Reiches, wo die Menschen auf die Frage, wer sie sind, mit "Türken" oder "Christen" antworteten, überwog in albanischen Gebieten das Bekenntnis, Albaner zu sein.

Resümierend ist anzumerken, dass sich die nationale Emanzipation der Albaner im Übergang zum 20. Jh. wesentlich auf die vier religiösen Glaubensrichtungen stützte, die sich sowohl von der serbischen als auch der griechischen unterschieden. Das drängte eher zum Islam, aber sie musste sich auch von der türkisch-muslimischen Identität unterscheiden – es war klar geworden, dass sich das Osmanische Reich im Zerfall befindet und dass die Albaner Gefahr liefen, mit ihm unterzugehen. Andererseits behinderte die Verankerung des größten Teils der Bevölkerung im Islam die Annäherung an die Religionen des Westens. Die Herausbildung der albanischen Identität jenseits der ethnisch-sprachlichen Identität, also der religiösen, war somit ein Prozess, der sich anders als in den übrigen Balkanländern vollzog. (Zur aktuellen Situation der Religion in Abschnitt III.8.)

4. Unabhängigkeit und neuerliche Fremdbestimmung

Die 1912 ausgerufene Unabhängigkeit Albaniens blieb ein Torso, weil die Hälfte der nach Abstammung, Sprache und Kultur, gemeinsamen Gesetzen und Bräuchen geprägten Albaner sowie deren Siedlungsräume außerhalb der Grenzen dieses neuen Staates verblieb. Die Londoner Botschafterkonferenz 1913 hatte eine Zerstückelung albanischer Territorien verfügt und Albanien nicht in seinen ethnischen Grenzen anerkannt. Das Kosovo und albanische Siedlungsräume in Makedonien gerieten unter serbische Verwaltung, die Tschameria (Çamëria) wurde Griechenland einverleibt. Das albanische Kernland war mit den Balkankriegen 1912/1913 zwar der osmanischen Macht entrissen, stand aber nunmehr unter Kuratel der europäischen Mächte, die den deutschen Prinzen Wilhelm zu Wied als Regenten bestimmten. Dieser konnte seine Herrschaft in Albanien nur ein knappes halbes Jahr (März-September 1914) ausüben.

In den Jahren 1914-1920 war Albanien Durchmarsch- und Besatzungsgebiet von nicht weniger als sieben Heeren: denen der Franzosen, Serben, Montenegriner, Griechen, Italiener, Österreicher und Bulgaren.[36] Die Folge waren fortgesetzte Spannungen und Konflikte. Erst mit dem Nationalkongress von Lushnja 1920 gelang die Wiederherstellung der Integrität des albanischen Staates, der Ende des gleichen Jahres in den Völkerbund aufgenommen wurde. Die Rahmenbedingungen für nationale Formierung und Identitätsfindung blieben aber auch nach der internationalen Anerkennung des albanischen Staates ungünstig. Die inneren Machtkämpfe rivalisierender Feudalclans verhinderten jegliche Stabilisierung. Die 1924 unter Fan Stilian Noli gebildete erste bürgerlich-demokratische Regierung amtierte nur kurz. Ihr fehlte der Rückhalt im Inneren und von außen. Ende 1924 erlangte der nordalbanische Feudalherr Ahmet Zogu die Macht. Er ließ sich 1928 zum König der Albaner krönen. Seine Reformpläne blieben im Ansatz stecken, zumal sie nicht an den Stammesstrukturen rüttelten. Die bedingungslose Anlehnung an Italien schuf die Ausgangsbasis für die Okkupation durch die Mussolini-Truppen 1939. Zogu floh daraufhin ins Ausland. Ansätze für eine Demokratisierung und Modernisierung des Landes blieben weitgehend un-

---

36 Vgl. Schmidt-Neke, Michael: Geschichtliche Grundlagen, a.a.O., S. 26-56.

genutzt. Die politische Kultur blieb in starkem Maße von patriarchalischen Traditionen geprägt. Nationale Identitätsmuster wurden nur partiell ausgeformt, etwa mit der Institutionalisierung der autokephalen orthodoxen albanischen Kirche und der Trennung von Staat und Kirche.

Der mit italienischer und ab 1943 mit deutscher Besetzung verfügte Zusammenschluss Kosovos mit Albanien wurde von der albanischen patriotischen Bewegung als Erfüllung des Traumes von einem Albanien aller Albaner empfunden. Die Besatzer sahen darin die Möglichkeit, ein Gegengewicht gegen die erstarkende Partisanenbewegung in Jugoslawien und Albanien zu schaffen. Es war eine Lösung auf kurze Dauer im Rahmen der faschistischen Neuordnung. Die Antihitler-Koalition hatte bereits auf die siegreichen Partisanen Titos gesetzt, die enge Verbindungen mit der albanischen "Antifaschistischen Nationalen Befreiungsbewegung" (Lëvizja Antifashiste Nacional-Çlirimtare) unterhielten.

Das Festhalten der von den Kommunisten (Gründung der Albanischen Kommunistischen Partei am 8.11.1941) dominierten Widerstandsbewegung an den von der "Nationalen Front" (Balli kombëtar) geforderten neuen ethnischen Grenzen währte nicht lange. Infolge jugoslawischen Drucks rückten die albanischen Kommunisten vom Vertrag von Mukje (1943) ab, mit dem sie gemeinsam mit den Nationalisten die Nachkriegsordnung für ein vereinigtes Albanien vorgezeichnet hatten. Im Kosovo setzte nach der Konferenz von Bujan (1943/44), die die Lösung der nationalen Frage im Sinne des Selbstbestimmungsrechts der Albaner mit der Option des Anschlusses an Albanien vorgesehen hatte, eine restriktive Politik der jugoslawischen Kommunisten ein, der sich auch die albanische KP anschloss. Unter dem Vorwand, konterrevolutionäre Umtriebe auszulösen, wurden Tausende national-patriotisch gesinnter Kosovo-Albaner vertrieben oder umgebracht.[37]

Die Besatzungszeit hinterließ in Albanien wie in den anderen okkupierten Ländern traumatische Erinnerungen. Der Widerstand gegen die faschistischen Eroberer war zum integralen Bestandteil des nationalen Bewusstseins geworden. Zumindest für Vertreter der älteren Generation sind schmerzhafte Erinnerungen selbst erlebter Ereignisse dieser Zeit präsent.

Eine Besonderheit bestand darin, dass sich der Kampf gegen Krieg und Besatzung mit dem Zwist zwischen den verschiedenen Akteuren mischte, der schließlich in seiner extremen Form im Bürgerkrieg zwischen Nationalisten und Kommunisten gipfelte. Hintergrund dafür war neben unterschiedlichen politisch-gesellschaftlichen Zielen auch die Reflektion der ungelösten "albanischen Frage" bei den jeweiligen Protagonisten, d.h. die beschriebene Aufteilung des albani-

---

37 Vgl. Historia e popullit shqiptar (Geschichte des albanischen Volkes), Tirana 1994, S. 206 und S. 221.

schen Siedlungsgebietes. Für die kommunistisch geführten Partisanen gab es keine Alternative zum bewaffneten Kampf, während die nationalistischen Kräfte danach strebten, das unter faschistischer Vorherrschaft in den ethnischen Grenzen geschaffene größere Albanien zu erhalten.

In der Debatte um die Neubewertung der jüngeren Geschichte erfolgt eine Entlastung der Vertreter des "Balli Kombëtar" von dem in der offiziellen Geschichtsschreibung über Jahrzehnte kolportierten Verdikt des Verrats und der Kollaboration mit den Okkupanten.[38] Auch die Bewegung der "Legaliteti" (Monarchisten) bemüht sich um eine Rehabilitierung der führenden Köpfe des Nationalismus aus der Königszeit und aus dem Krieg. Diese werden zu "Vätern der Nation" (baballarët e kombit) hochstilisiert. Das erbittert die Veteranen des Nationalen Befreiungskampfes, die sich nach ihrem opferreichen Widerstand gegen die faschistische Besetzung um ihre gesellschaftliche Akzeptanz betrogen fühlen. Es wird der historischen Wahrheit nicht gerecht, nun in Umkehr der kommunistischen Führung Verrat an der nationalen Sache zu unterstellen, ohne eine objektive Beurteilung der inneren und äußeren Bedingungen vorzunehmen. Das betrifft insbesondere den Vorwurf nationalistischer Kreise, Enver Hoxha habe mit Übernahme der Macht durch die Kommunisten in Albanien (29.11.1944) die Möglichkeit verspielt, Kosovo mit Albanien zu vereinen. Als Bestandteile des von den Siegermächten akzeptierten Nachkriegs-Jugoslawien konnten weder Kosovo noch Teile Makedoniens von Albanien verkauft oder abgetreten werden.

Der gesellschaftliche Aufbruch nach dem Zweiten Weltkrieg eröffnete neue Chancen für die nationale Entwicklung in Albanien. Die mit dem Sieg der kommunistisch geführten Partisanen eingeleiteten gesellschaftlichen Veränderungen waren auf ein – zunächst am jugoslawischen Vorbild orientiertes – volksdemokratisches Modell fixiert. Die Umwälzungen waren tiefgreifend. Die Agrarreform vom August 1945 beseitigte den Großgrundbesitz. Durch Nationalisierung und Enteignung des Auslandskapitals entstanden unter Nutzung der im Lande gewonnenen Rohstoffe wie Kupfererz, Chromerz, Eisennickel und Erdöl Voraussetzungen zur Umwandlung von einem rückständigen Agrar- in ein Agrar-Industrieland. Das Analphabetentum – es betrug 1945 bis zu 80 Prozent der Bevölkerung – konnte bis 1955 überwunden werden. Im Jahre 1975 öffnete die Staatsuniversität Tirana ihre Pforten. Ab 1970 wurde die obligatorische 8-Jahresschule eingeführt. Die neue Sozialstruktur war geprägt von einer wachsenden Arbeiterschaft und einer jungen Intelligenz. Die vorbürgerlich-bäuerliche Gesellschaft war im Wesentlichen aufgebrochen. Aber die zunehmend extensive Entwicklung behinderte

---

[38] Vgl. Dezhgiu, Muharrem: Shqipëria në luftë 1939-1944 (Albanien im Krieg 1939-1944), Tirana 2001.

wirtschaftliche Effektivität. Mit der Zwangskollektivierung in der Landwirtschaft setzte eine Landflucht ein, die demographische Verwerfungen auslöste.

In der Hoxha-Ära (1944-85) waren nationale Identität, soziale Homogenität und politische Einheit als Grundwerte des politischen Systems definiert worden.[39] Lewin spricht von "innerer Integration" mit Bezug auf das bereits erwähnte Albanertum.[40] Nach jedem Bruch mit einem der Bündnispartner (Jugoslawien ab 1948, Sowjetunion ab 1961, China ab 1978) verstärkte sich dieses nach innen gekehrte und in sich nicht stimmige Konzept durch radikale Abgrenzung nach außen. Ab Ende der 1970er Jahre kann von einer fast totalen und aggressiven Selbstisolierung gesprochen werden. Markantester Beleg dafür war der Bau von etwa 800 000 Bunkern, begleitet von der Schürung einer Kriegspsychose in der eigenen Bevölkerung.

Letztendlich war der Anteil, der unter den Bedingungen des Realsozialismus albanischer Prägung zur Identitätsfindung erbracht wurde, überwiegend negativ.

Andere politische Kräfte außer den machtausübenden Kommunisten hatten keinerlei Einfluss auf die Gestaltung der Gesellschaft. Wenigstens 5 157 Menschen verloren in dieser Zeit aus politischen Gründen ihr Leben. Es gab 17 900 politische Gefangene und über 30 000 Menschen waren im Rahmen einer rigiden Sippenhaft für Jahrzehnte in abgelegene Gegenden verbannt worden.[41] Das Vermächtnis der Rilindja, religiöse Vielfalt im Sinne nationaler Einigung zu nutzen, wurde mit dem Verdikt des Religionsverbotes 1967 und der Proklamierung Albaniens als erstem atheistischen Staat der Welt mit Füßen getreten. Der von der Einparteiendiktatur der Partei der Arbeit verursachte wirtschaftliche Verfall, die gravierende Verletzung menschlicher Freiheiten und demokratischer Grundrechte ließen keinen Raum für die Herausbildung eines positiven Selbstwertgefühls der heranwachsenden Generationen. Übersteigerter Zentralismus, Kommandowirtschaft und die Militarisierung des öffentlichen Lebens behinderten eine Individualitätsentwicklung, die Identität im Verständnis eines aufgeklärten Bürgers hätte begründen können.

5. Nationalismus und Ethnozentrismus

Der wiederholt beschworene Rückfall ins Nationale stellt sich im postkommunistischen Raum weniger als blinder Nationalismus dar. Es handelt sich eher um den

---

39 Vgl. Schmidt-Neke, Michael: Politisches System, a.a.O., S. 203.
40 Lewin, Erwin: Identitätsstiftende Wurzeln ..., a.a.O.
41 Vgl. Daum, Werner (Hg.): Albanien zwischen Kreuz und Halbmond, Staatliches Museum für Völkerkunde München, München, Innsbruck 1998, S. 11.

Ausdruck eines Mangels aus nicht vollendeter Selbstbestimmung. Nationale Identität soll dabei das Wir-Gefühl gegen die Kräfte abschotten, die fortdauernde oder neue Fremdbestimmung bezwecken. Die politisch-kulturelle Woge nationaler Bewegungen und nationaler Identitätssuche im Gefolge der vorrangig selbstverschuldeten Implosion des Realsozialismus und zugleich als Wertersatz für enttäuschte sozialistische Ansprüche sieht Kalbe nicht einfach als Wiederkehr atavistischer Nationalismen.[42] Neben dem vielfach belasteten Erbe macht er auch Faktoren wie langdauernde Fremdherrschaft, unvollendete bürgerliche Nationwerdung und den gescheiterten sozialistischen Modernisierungsversuch verantwortlich. Abgeleitet davon setzen "rasch gewendete nationale Eliten jetzt verstärkt auf die Integrationskraft nationaler Identifikation". Kalbe nennt das einen Nachvollzug von Nationwerdung in zivilisatorisch rückständigen Gesellschaften.

Albanischer Nationalismus hatte über die geschichtlichen Zeitläufte unterschiedliche Gesichter. Im Unterschied zu benachbarten Ländern wie Serbien und Griechenland, wo der Nationalismus als antitürkische Bewegung entstand und die Religion bis zu jenem Punkt zur Hilfe gerufen war, dass der serbische und griechische Nationalismus und die serbische respektive griechische orthodoxe Kirche schwerlich voneinander zu unterscheiden waren, entstand der albanische Nationalismus in einem anderen historischen und religiösen Kontext. Er erstarkte als politische Bewegung vor allem als Erfordernis des Zusammenschlusses der Albaner zum Schutz vor der Gefahr der Aufteilung ihres Territoriums unter Serbien und Griechenland. Im Aufbruch der Rilindja war es zunächst ein verspäteter emanzipatorischer Nationalismus, der sich unter aktuellen Bedingungen im Widerstand der Albaner im Kosovo bzw. Makedonien fortsetzt.

Der abgrenzende Charakter des ethnischen Nationalismus entspricht der historisch geprägten Bedrohungsperzeption (Schicksalsgemeinschaft). Konkreten Ausdruck findet dies in antislawischen und antihellenistischen Schriften und Parolen als Reaktion auf antialbanische Ressentiments der Nachbarn. Aversionen gegen "die Serben" sind vor dem Hintergrund der Diskriminierung zu sehen, die die Albaner im ehemaligen Jugoslawien und insbesondere in Serbien erfuhren und die sie als "die Skiptari" (Albaner) zu einem Schimpfwort machten. Die Erinnerungen an Massenvertreibungen von Albanern aus dem Kosovo in die Türkei bzw. der Tschamen (Çamen) aus Nordgriechenland durch griechische Chauvinisten sind wach. So, wie die Albaner von außen oft undifferenziert als Masse wahrgenommen werden, so betrachten auch sie selbst ihre slawisch-orthodoxen Nachbarn im Allgemeinen undifferenziert.

---

42 Vgl. Kalbe, Ernstgert: Methodologisches und Historisches zu Nationwerdung und nationalen Konflikten in Osteuropa, in: Osteuropa in Tradition und Wandel. Leipziger Jahrbücher, Bd. 4, Leipzig 2002, S. 9-54; hier: S. 11.

In der Hoxha-Ära kann von einem "trotzigen Nationalismus" mit einer ausgeprägten "Belagerungsmentalität"[43] gesprochen werden, die aus ideologischen und machtpolitischen Gründen die Abgrenzung nach außen kultivierte ("Albanien ringsum von Feinden umgeben", "Albanien bewahrt seine Unabhängigkeit gestützt auf die eigenen Kräfte, mit der Hacke in der einen und dem Gewehr in der anderen Hand"). Seinem Charakter nach blieb er defensiv, auf Selbstbehauptung ausgerichtet und zielte nicht auf Annexion fremder Territorien ab. Heute geht ein Streit darum, ob man tatsächlich die Politik Hoxhas als nationalistisch bewerten kann, da er die Kosovo-Albaner über weite Strecken im Stich ließ, ja zeitweilig sogar politische Flüchtlinge aus dem Kosovo an das Tito-Regime auslieferte bzw. mit dem Verdikt des Religionsverbotes 1976 geistige und materielle nationale Werte (kirchliche Baudenkmäler) in Albanien zerstörte. Wenn man albanischen Nationalismus allein auf den Zusammenschluss der von Albanern bewohnten Gebiete bezieht, ist Hysamedin Feraj Recht zu geben, dass Hoxha mit seiner Bunkermentalität panalbanischen Bestrebungen zuwider handelte.[44] Aber seiner Begründung, dass diese Politik ausschließlich von außen über die Komintern (Kommunistische Internationale) und Stalin hineingetragen worden sei, muss widersprochen werden. Enver Hoxha schuf vielmehr einen Synkretismus von kommunistischer Ideologie mit nationalistischem Beiwerk. Dabei waren ihm Sprache, Folklore, Geschichte willkommene Elemente, um sich nach außen in Politik und Kultur abzuschirmen und ein doktrinäres albanisches Eigenleben zu kreieren, das selbst die Abgrenzung von den "revisionistischen und bürgerlichen" Einflüssen auf die Albaner im ehemaligen Jugoslawien bezweckte. Verarmung des kulturellen und bildungsmäßigen Niveaus und Xenophobie waren Merkmale dieses engen Nationalismus.

Die ab Ende der 70er Jahre dem Volk suggerierte "äußere imperialistisch-revisionistische Umkreisung" (rrethim i jashtëm imperialisto-revizionist) mündete in eine Doktrin der "absoluten Souveränität" (sovraniteti absolut), die der Führung jegliche Vollmacht für die Gestaltung des politischen und gesellschaftlichen Systems und für die Außenbeziehungen einräumte.[45] Shpëtim Çaushi wertet sie als Fortsetzung des Jahrhunderte langen Kampfes der Albaner um nationale Identität, die unter den Bedingungen der schroffen Abgrenzung von den beiden Weltblöcken als "absolute Souveränität ideologisch und politisch die Selbstisolierung von der internationalen Gemeinschaft mit ideologisch-marxistischem Inhalt und

---

43 Grothusen, Klaus-Detlev: Außenpolitik, in: Grothusen, Klaus-Detlev (Hg.): Südosteuropa-Handbuch VII ..., a.a.O., S. 86-156; hier: S. 87.
44 Vgl. Feraj, Hysamedin: Skicë ..., a.a.O., S. 204.
45 Buda, Aleks u.a. (Hg.): Fjalori enciklopedik shqiptar (Enzyklopädisches albanisches Wörterbuch), Tirana 1985, S. 976.

originären albanischen Akzenten rechtfertigte".[46] Mit dem Zusammenbruch des Regimes verschwand dieser Pseudopatriotismus.

Ethnizität und Nation sind nicht gleichzusetzen. Eine besondere Form des Nationalismus bildet hingegen der Ethnozentrismus. Ethnonationalistische Engstirnigkeit und auf Ausgrenzung abzielende Gewalttätigkeit kann im Streben nach nationaler Identität extreme Formen annehmen. Zu Recht verweist Conrad Schetter darauf, dass "eine ethnische Lösung nicht funktionieren kann, da Konflikte, in denen Ethnizität instrumentalisiert wird, immer von einer Überhöhung der Bedeutung und Anzahl der eigenen Ethnie geprägt sind, die keinen Interessenausgleich zulassen. Auch übersehen ethnische Lösungsversuche, dass lediglich eine kleine, militante Gruppe im Namen einer Ethnie Politik betreibt, während das Gros der Bevölkerung dieser Politik passiv oder ablehnend gegenüber steht."[47] Es handelt sich demnach um partikulare Identitätssuche, bei der die Machtansprüche einer Gruppe über die Interessen der Gemeinschaft gestellt sind. Die Folge sind Desintegration, Rückzug in ethno-nationale und kulturelle Selbstdefinition – eine rückwärtsgewandte und den gesellschaftlichen Diskurs vergiftende Politik.

Mit Exklusivitätsansprüchen auf ein ethnisches Albanien (Menschen und Territorien) tangiert der Ethnozentrismus Souveränitätsrechte der Nachbarn. Seine Wortführer verkünden, dass "das ethnische Albanien als natürliches Gegengewicht auf der Balkanhalbinsel gegen die aggressive slawisch-byzantinische Barbarei entstehen wird".[48] Abdi Baleta, ehemals UNO-Botschafter unter Enver Hoxha, bedient diesen Extremismus, indem er feststellt, dass "heute eine Wiederbelebung von Doktrinen und Erscheinungen zu beobachten ist, die der ethnischen Zugehörigkeit Vorrang einräumen", und dass "die Menschen in ihrer ethnischen Zugehörigkeit bessere Möglichkeiten finden, sich in der modernen und urbanisierten Welt zu orientieren".[49] Die von ihm begründete "Partei der nationalen Erneuerung" (Partia e Rimëkëmbjes Kombëtare) setzt zur Verwirklichung dieses Anspruches auf alle Mittel, einschließlich den Einsatz von Gewalt. In der albanischen Gesellschaft findet das allerdings keinen Widerhall.

Stärkere Anzeichen eines Ethnonationalismus sind unter den Kosovo-Albanern auszumachen. Er wurde durch die Erfahrungen eines "zweitrangigen" Volkes im sozialistischen Jugoslawien geprägt, das den Albanern lediglich den

---

46 Çaushi, Shpëtim: Diplomacia shqiptare në normalizimin e marrëdhënieve me Gjermaninë (Die albanische Diplomatie zur Normalisierung der Beziehungen mit Deutschland), Verlag Ombra, Tirana 2002, S. 51.
47 Schetter, Conrad: Das Zeitalter der ethnischen Konflikte, in: Blätter für deutsche und internationale Politik, 4/2002, S. 473-481; hier: S. 480.
48 Bajraktari, Myrteza: Interview in: 'E djathta', 8.7.1994.
49 Baleta, Abdi, in: 'Republika', 15.12.1995.

Status einer Nationalität und nicht einer staatsbildenden Nation zuerkannte. Unter den Bedingungen der Abgrenzung von den Serben entwickelte sich ein Gefühl für eigene nationale Identität und Kultur. Bindungen zu Albanien in Bildung und Kultur waren zunächst spärlich, entwickelten sich aber mit den Lockerungen seitens der Belgrader Administration ab Ende der 1960er Jahre. Nach 1990 wurden sie vom Milošević-Regime wieder gestört. Wenn heute ein friedliches Zusammenleben der Albaner als nichtslawisches Volk mit den Serben geradezu ausgeschlossen erscheint, wird vergessen gemacht, dass die Balkanvölker in ihrer unterschiedlichen geschichtlichen Prägung durchaus auf längere Perioden friedlichen Zusammenlebens zurückblicken können und nicht nur gegeneinander existierten. Das war so in der fernen Vergangenheit im gemeinsamen Kampf zum Schutze des Christentums gegen die einfallenden osmanischen Heere, und auch im Widerstand gegen die Okkupation des Balkans im Zweiten Weltkrieg standen jugoslawische und albanische Partisanen in einer Front.

Die Entwicklung der letzten Jahre hat erwiesen, dass sich ethnischer Nationalismus als Ausdruck gemeinsam empfundener Furcht und gewollter Abgrenzung gegenüber anderen Ethnien aus Wurzeln speist, denen vor allem rückwärtsgewandte und restaurative Tendenzen eigen sind, die den Zugang zur Kultur und den Werteansprüchen integrierter europäischer Gemeinschaften verbauen.

6. Die ungelöste albanische Frage

Die Geburtsstunde der albanischen Frage war die Abspaltung der neuen Balkanstaaten vom Osmanischen Reich, bei dem das Siedlungsgebiet der Albaner zerstückelt wurde und das Kosovo unter serbische Herrschaft geriet. Sie ist somit – wie Holm Sundhausen schlussfolgert – "ein Produkt der modernen Nationalstaatsbildung".[50] Sie ist auch heute präsent. Bisher besteht für sie jedoch keine klar definierte einheitliche Strategie der Albaner. Das Gemeinsame bündelt sich vor allem im Ringen um stärkere internationale Wahrnehmung als historisch Benachteiligte. Der Wunschtraum der Albaner, als Volk vereint zu sein, ist nicht neu und hat seine Wurzeln in ethnisch-nationalen und politischen Ansprüchen. Mehr als um Mythen und Wahrnehmungen, die unter den Albanern nicht weniger als in benachbarten Balkanvölkern um historische Siege und Niederlagen auf dem Weg der Nation- und Staatswerdung kultiviert werden, handelt es sich um Visionen. Sie werden vornehmlich über emotionale, romantische Vorstellungen

---

50 Sundhausen, Holm: Kosovo – 'himmlisches' Reich und irdischer Kriegsschauplatz: Kontroversen über Recht, Unrecht und Gerechtigkeit, in: Südost-Europa, 5-6/1999, S. 237-257; hier: S. 245.

von der Korrektur eines zu Beginn des 20. Jh. von äußeren Mächten verursachten Unrechts artikuliert. Die Erweiterung Albaniens mit ca. 3,5 Mio Einwohnern und 28 750 km² um die von Albanern besiedelten Gebiete rings um Albanien käme einer Verdoppelung an Bevölkerung und Territorium gleich. Sie wird von extremen Nationalisten propagiert und findet in Albanien nur wenig Befürworter.

Im Fokus der nationalen Bewegung steht die Hoffnung, die in der Geschichte nicht erreichte Vereinigung der ethnischen Albaner im nationalen wie auch im staatlich-politischen Sinne im Zuge einer Neuordnung auf dem Balkan nachzuvollziehen. Mit der im Kosovo 1999 entstandenen Lage verbindet der Großteil der Albaner die Vorstellung von einem Sieg, der Weichen für den visionären Zusammenschluss stellt. Aber selbst eine Unabhängigkeit des Kosovo würde nicht nolens volens einen Zusammenschluss mit Albanien einschließen. Eher käme es zu einem "Groß-Kosovo"[51], das auf die Einverleibung der albanischen Siedlungsgebiete in Makedonien abzielt und sich nicht von Tirana bevormunden lassen möchte. Nicht auszuschließen wären auch Reibungen zwischen Tirana und Prishtina (Priština) um den Rang der Kapitale.

In den Auseinandersetzungen um das zerfallende Jugoslawien in den 1990er Jahren geriet die Forderung nach Verwirklichung des Selbstbestimmungsrechtes durch Sezession der Kosovoalbaner jedoch in Widerspruch zum international anerkannten Souveränitätsrecht der Titularnation. Die Albaner verweisen auf eine Reihe von Präzedenzfällen der jüngeren Geschichte und argumentieren, dass mit dem Entstehen neuer Nationalstaaten auf dem Balkan als drittem Zyklus von Staatsbildungen im zu Ende gehenden 20.Jahrhundert die kroatische, die slowenische, die makedonische und die serbische Frage ihren Abschluss gefunden hätten. Lediglich dem einzigen nichtslawischen Volk – den Albanern als drittgrößter Nationalität im ehemaligen Jugoslawien – sei ein solcher Weg verschlossen geblieben.[52]

Die These von der verspäteten Nation ist nicht stimmig, da es für Nationbildung kein Schlussdatum gibt und nicht jede Identitätsformierung in einen Staat mündet. Allerdings kann nachholendes nation-building nicht völlig geleugnet werden, wenn man den massiven Anspruch einer kompakten, in der Vergangenheit durch Fremdbestimmung und fortwährende Diskriminierung behinderten Selbstbestimmung in Rechnung stellt. Die Frage ist nur, ob das eine Staatlichkeit auf Kosten der Rechte der Titularnation (im Falle Kosovos Ex-Jugoslawien bzw. Serbien) wird oder ob es um ungehinderte nationale Identität im zukünftigen

---

51 Vgl. Calic, Marie-Janine: Sicherheitsrisiken und Konfliktpotentiale in Südosteuropa. Ein Überblick über Entwicklungen in Bosnien-Herzegowina, der BR Jugoslawien und Makedonien, Stiftung Wissenschaft und Politik (SWP), Ebershausen 2000, S. 48.
52 Schubert, Peter: Zündstoff im Konfliktfeld des Balkan: Die albanische Frage, Verlag Nomos, Baden-Baden 1997, S. 15.

Verbund multiethnischer Gemeinschaften geht. Die Kulturnation ist demgegenüber breiter gefasst und besteht über nationalstaatliche Grenzen hinweg. Das sind ethno-kulturelle und ethnisch-linguistische Bande der Albaner, die durchaus auf eine gemeinsame Identität verweisen.

Großalbanische Ansprüche sind ohne neue kriegerische Auseinandersetzungen nicht realisierbar. Durch sie würde die gegenwärtige instabile Ordnung der Region noch nachhaltiger erschüttert. Sie würden die benachbarten Balkanstaaten, darunter auch Griechenland als NATO-Mitglied, involvieren und zu einer europäischen Krise mit gravierenden Auswirkungen auf die Integrations- und Sicherheitspolitik der EU, OSZE und der NATO führen. Deshalb ist die Politik der europäischen Gemeinschaft auf Unveränderlichkeit bestehender Grenzen fixiert, solange sich nicht beide Partner einvernehmlich auf eine Korrektur einigen.

Wesentlich für das äußere Engagement bleibt eine kohärente Strategie der Konfliktverhütung, die nicht wie bisher auf ad hoc-Lösungen setzt, sondern präventive Konzeptionen entwickelt. Das impliziert, sich nicht allein auf politische Machthaber zu konzentrieren, während andere gesellschaftliche Kräfte vernachlässigt werden. Einflussnahme von außen muss den gemäßigten und realistischen Kräften Auftrieb geben, damit sie sich dem Druck extremer Nationalisten widersetzen und Vertrauen in die eigene Kraft gewinnen. Es bedarf einer Entmythologisierung und Demokratisierung der Geschichte, um Vorurteile der Akteure abzubauen, die zum Teil kritiklos im Ausland übernommen wurden.

Fatalistisches Fixieren auf die Unvermeidlichkeit großalbanischer Lösungen trägt ohnehin den tatsächlichen Gegebenheiten nicht Rechnung. Unabhängig von den international vorgegebenen Barrieren bestehen gegenwärtig albanischerseits keine Voraussetzungen für einen staatlichen Zusammenschluss als ethnisches oder Groß-Albanien, das albanische Siedlungsräume über das heutige Albanien hinaus umfasst. Ein politisch und wirtschaftlich desolates Groß-Albanien hätte wenig Überlebenschancen und wäre zugleich eine potentielle Bedrohung für die Sicherheit in der Region. Nachholende nationale Emanzipation und Identitätsfindung wird vielmehr in einem Umfeld, das das Demos vor das Ethnos rückt, eher vorangehen als durch Abkapselung und Fixierung auf Feindbilder.

Die Gleichsetzung von Groß-Albanien und albanischer Frage ist somit irreführend, da es bei letzterer um die Lösung durchaus unterschiedlicher Probleme geht. Sie splittet sich auf in das auf dem Weg gesellschaftlicher Umbrüche mühsam vorankommende Albanien, das in die europäischen Strukturen drängt und das Stigma einer Drehscheibe für mafiose Machenschaften verlieren möchte, in eine sich der serbischen Umklammerung entziehende albanische Bevölkerungsmehrheit im Kosovo und in die um rechtliche Gleichstellung ringenden Albaner in Makedonien mit einem Bevölkerungsanteil zwischen 25-30 Prozent. In zugespitzter Form kommt es im gewaltsamen Widerstand extremistischer Kräfte zur Explosion.

Wiederholte innenpolitische Krisen einschließlich der daraus für die Regierbarkeit des Landes erwachsenden Gefahren schufen aber auch Freiraum für andere Gesellschaftsmodelle bis hin zur Rückkehr der Monarchie in Albanien, für die sich im Referendum von 1997 immerhin ein Drittel der Bevölkerung ausgesprochen hatte. In dem vom Kronprätendenten Leka, Sohn des ehemaligen albanischen Königs Zogu, dazu vorgelegten Programm war die Vereinigung der Albaner in einem Staat nach dem Prinzip "Eine Nation – ein Staat" konzipiert worden. Leka, der seine Abstimmungsniederlage 1997 nicht akzeptieren wollte und in militärischer Montur provozierte, musste das Land wieder verlassen, kehrte aber Ende Juni 2002 mit dem gleichen Anspruch als "König der Albaner" nach Albanien zurück, obwohl ihm lediglich die albanische Staatsbürgerschaft mit den Rechten eines normalen Bürgers zuerkannt wurde. Einem ethnischen Albanien unter der Monarchie fehlt die Unterstützung der Mehrheit der Albaner einschließlich derer aus dem Kosovo und aus Makedonien.

Aufschlussreich erscheint das Bekenntnis eines Jugendlichen aus Tirana auf die Frage nach einer Vereinigung mit dem Kosovo: "Erschöpft von den Mühen des Tages, würde ich zunächst einer Beantwortung ausweichen. Als Materialist würde ich mich im Übrigen fragen, was mir dies bringen könnte, und faktisch wäre das wenig. Wäre ich ein Nationalist, würde ich mich an der Ansicht der Landkarte erfreuen, ergänzt durch das Gefühl, einer großen Nation anzugehören. Eine große Nation ersteht aber nicht durch ihren Lebensraum, sondern durch ihre Menschen. Wäre ich ein Idealist, würde ich mir den Kopf zerbrechen, welche die Bedingungen für das Zustandekommen von Supernationen sind, die in der Geschichte auch immer ihren Superverfall erlitten... Deshalb, denke ich, dass die Frage der Vereinigung nicht etwas ist, was uns, insbesondere die junge Generation, stark beschäftigt".[53]

Zweifellos ist das eine unter Albanern nicht wenig umstrittene Meinungsäußerung. Auch hier wird ein Unterschied zwischen Albanien und dem Kosovo bzw. Makedonien sichtbar. Es war nicht nur der Selbstbeschränkung der albanischen Regierung geschuldet, dass sie in der heißen Phase des Kosovo-Konflikts die organisierte Entsendung von Freiwilligen unterbunden hat. Vielmehr war eine wenig ausgeprägte Bereitschaft zu beobachten, für die Brüder im Kosovo in den Krieg zu ziehen.

Als Folge jahrzehntelanger Trennung und unterschiedlicher Entwicklungen in politischer, wirtschaftlicher und sozialer Hinsicht bestehen zwischen den Albanern aus dem "Stammland", aus dem Kosovo und Makedoniens etliche Vorurtei-

---

53 In: 'Apolitika', 4/1994.

le und Aversionen. Während sich die Kosovo-Albaner in den vergangenen 50 Jahren ein idealistisches Bild von Albanien ausgemalt hatten, strebten die in hermetischer Abschottung lebenden Albaner in Albanien danach, ihre Isolierung zu durchbrechen. Der albanische Intellektuelle Fatos Lubonja konstatiert: "Die zwei Arten Albaner trafen sich nach 1990 zum ersten Mal in Europa nach dem Massenexodus und begannen sich zu streiten – sowohl im Ausland als auch in Albanien... Es erwies sich, dass die Albaner eher bereit sind, sich den Italienern, Deutschen oder Amerikanern anzudienen, als sich den Kosovaren unterzuordnen".[54] Lubonja weist auf die unterschiedliche Entwicklung in den letzten 50 Jahren hin:
- "Die Kosovo-Albaner schätzten Albanien, in dem sie ihre Mutter erblickten, von der sie gewaltsam getrennt waren – die Albaner begannen es zu hassen, da es, umgeben mit Stacheldraht, eher einem Konzentrationslager ähnelte;
- Die Kosovaren verfügten über die Möglichkeit, ins Ausland zu reisen, und das verhalf ihnen dazu, den Traum vom versprochenen Boden auszuträumen – die Albaner, isoliert, drängten, die Welt kennen zu lernen;
- Die Kosovaren sahen in Enver Hoxha das Symbol Albaniens. Viele von ihnen wurden daraufhin zu Marxisten-Leninisten – die Albaner hassten ihn, denn er war das Symbol des Schlechten;
- Die Kosovaren, der Serben überdrüssig, brannten vor Sehnsucht nach den Albanern – die Albaner sagten, dass sie das Schlimmste erfuhren, als sie allein und sonders in den Händen von Albanern blieben;
- Die Kosovaren vergingen vor Sehnsucht, wenn sie Volkslieder hörten – den Albanern gingen diese auf die Nerven, weil sie keine andere Musik im albanischen Rundfunk und Fernsehen hörten..."

Die in den Tagen des Kosovo-Krieges vor aller Welt demonstrierte Solidarität durch bereitwillige Aufnahme von fast einer halben Million Kosovo-Flüchtlingen war zunächst ein Imagegewinn für Albanien. Dieses Bild verblasste aber im Nachhinein, als gewissenlose Spekulanten die Not der Menschen für ihre Geldschneiderei nutzten und kriminelle albanische Subjekte im Kosovo für sich ein neues Betätigungsfeld suchten. Die Mehrzahl der Kosovo-Flüchtlinge kehrte sofort nach dem Kosovo-Krieg 1999 überraschend schnell in die alte Heimat zurück. Dieser Missklang wird durch gegenseitige Geringschätzung und Schuldzuweisung für das schlechte Image "der Albaner" im Ausland verstärkt. Selbst Ibrahim Rugova, der gemäßigte Führer der Demokratischen Liga des Kosovo (LDK) bedient sich solcherart Stigmatisierung, wenn er darauf hinweist, dass sich "im Licht der Traditionen, der Kultur und Mentalität Kosovo sehr von Albanien unterscheidet. Wenn man sich umblickt, sieht man, dass die Menschen hier die

---

54 Lubonja, Fatos, in: 'Koha Jonë', 4.6.1995.

Ärmel hochgekrempelt haben, um ihre Häuser wieder aufzubauen und nicht auf Hilfe von außen gewartet haben. Es besteht ein außerordentlich dichtes Netz familiärer Solidarität. Unsere Emigranten in Deutschland und in der Schweiz überweisen auch weiterhin ihre Ersparnisse zum Wohle unseres Landes in das Kosovo. Wir sind arbeitsame und friedliebende Menschen".[55]

Zu Recht verweist Schrameyer darauf, dass zwischen den nationalen Gruppen in Albanien, im Kosovo und in Makedonien starke mentale und soziale Unterschiede bestehen.[56] Das wohl hervorstechendste Unterscheidungsmerkmal ist, dass die "Kosovo-Albaner ihren Feind in Serbien, die Albaner in Albanien ihren Feind im Inneren" sehen.[57] Hieraus ist auch abzuleiten, dass die 1991 von den namhaften Intellektuellen Albaniens und des Kosovo, Ismail Kadaré und Rexhep Qosja, ausgelöste Bewegung der "Aussöhnung und gesamtnationalen Vereinigung" (Pajtim dhe bashkim mbarëkombëtar), die in einen gesamtalbanischen Volkskonvent zur Lösung der albanischen Frage münden sollte, scheitern musste. Der Begriff der "Aussöhnung" war nicht hinreichend definiert (wer mit wem?). Die in Albanien zur Macht strebende Demokratische Partei und die Demokratische Liga im Kosovo sahen in dieser Bewegung die Gefahr einer Unterwanderung durch postkommunistische Kräfte, die sich im Zuge der Verständigung über eine gemeinsame Politik in der nationalen Frage ihrer Verantwortung für die Vergangenheit entziehen und alte ideologische Positionen mit der nationalen Frage camouflieren könnten. Die virulenten sozialen und politischen Spannungen führten somit auch in der Folgezeit nicht zu einer gemeinsamen Strategie in der nationalen Frage. Dieses Manko wird die Akteure nicht hindern, nach einer international gestützten Statuslösung für das Kosovo zu drängen, auf die hier nicht näher einzugehen ist.

7. Nationale Identität in der Gegenwart

Im Mittelpunkt der geistigen Prozesse in den postsozialistischen Staaten steht die Wiederentdeckung der alten und der Aufbau einer neuen nationalen Identität. Im Grunde genommen geht es um die Lösung des Widerspruches zwischen überlie-

---

55 Rugova, Ibrahim: Interview in der italienischen Zeitung 'Avenire'; wiedergegeben in: 'Koha Ditore', 24.3.2000 (alban.).
56 Vgl. Schrameyer, Klaus: Makedonien – Hintergründe und Perspektiven, in: Kolbow, Walter/Quaden, Heinrich (Hg.): Krieg und Frieden auf dem Balkan – Makedonien am Scheideweg? Chancen, Herausforderungen und Risiken des Aufbruchs nach Europa, Verlag Nomos, Baden-Baden 2001, S. 70-80; hier: S. 73.
57 Biberaj, Elez: Shqipëria në tranzicion (Albanien im Umbruch), Verlag Ora, Tirana 2001, S. 212.

fertem Nationalismus und europäischer Integration, zwischen nationaler Identität und Werten der Demokratie, zwischen übersteigerten patriotischen Emotionen und zivilisatorischer Öffnung. Das betrifft sowohl die Strategien der politischen Kräfte als auch die Wahrnehmung der Individuen, deren Agieren letztlich den Fortbestand der Nation gewährleistet.

Nationale Werte oder nationale Identität sind, wie Giesen konstatiert, "eine Konstruktion des Kollektiven im Spannungsfeld zwischen Kultur und Politik", wobei spannungsreiche Ungleichzeitigkeiten zu beobachten sind.[58] Diese Identität artikuliert sich vorrangig über die ethnische Zugehörigkeit zu "einer Gruppe von Menschen, die durch den Glauben an eine gemeinsame Herkunft, durch Gemeinsamkeiten von Kultur, Geschichte und aktuelle Erfahrungen verbunden sind und ein bestimmtes Identitäts- und Solidarbewusstsein besitzen".[59] Ähnliches definiert Anthony Smith, der nationale Identität als "Gemeinsamkeit geschichtlicher Erinnerung, der Abstammung und Kultur mit der Vorstellung einer Solidargemeinschaft, die den Mitgliedsstatus an für alle geltende Handlungsrechte und Pflichten innerhalb eines Territoriums bindet".[60] Er rechnet dazu historisch gewachsenes Territorium, gemeinsame Mythen und geschichtliche Erinnerungen, gemeinsame Kultur und Wirtschaft.

Möller besteht auf differenzierter Betrachtung, denn kollektive oder nationale Identität "ergibt sich aus dem Schnittpunkt ganz verschiedener Rollen und Rollenerwartungen individueller, sozialer, regionaler und nationaler Provenienz", die während eines Lebens nicht unverändert bleiben. Er zählt dazu auch den "Wertewandel zwischen Generationen, der wiederum mit einem Wandel historischer Erinnerung verbunden ist, sodass diese einer ständigen Neukonstituierung unterliegen".[61] Differenzierung ist auch deshalb erforderlich, weil Identitäten – nicht nur bei den Albanern – oftmals politisch instrumentalisiert werden oder der Legendenbildung dienen.

Das Gefühl der nationalen Zusammengehörigkeit ist seinem Wesen nach ein familiäres Gefühl. Dabei sieht das Individuum nach Norbert Mappes-Niediek seine gesellschaftliche Umwelt in konzentrischen Kreisen angeordnet: vom engsten in der Familie, dem weiteren im Stamm (Sippe) bis zum äußeren in der Nation.[62] Das Nationalgefühl werde erst aktiviert, wenn die Volksgruppe als ganze

---

58 Giesen, Bernhard: Einleitung, in: Giesen, Bernhard (Hg.): Nationale und kulturelle Identität, Frankfurt/M. 1991, S. 9-18; hier: S. 13.
59 Heckmann, Friedrich: Ethnische Minderheiten, Volk und Nation: Soziologie interethnischer Beziehungen, Ferdinand Enke Verlag, Stuttgart 1992, S. 56.
60 Smith, Anthony D.: National Identity, a.a.O., S. 14.
61 Möller, Horst: Erinnerung(en) ..., a.a.O., S. 11 f.
62 Vgl. Mappes-Niediek, Norbert: Die paradoxe Modernität der Albaner, in: Blätter für deutsche und internationale Politik, 2/2002, S. 159-162; hier: S. 160.

zum Ziel von Verfolgung wird oder sich in einer bestimmten historischen Situation mit gemeinsamen Interessen wiederfinde. Das Beispiel Kosovo erscheint dafür typisch. Auch Frank Pfetsch spannt einen Bogen, der Persönlichkeitsidentität, Stammesidentität, lokale, regionale, nationale und europäische Identität bzw. eine Identität als Weltbürger erfasst, und konstatiert, dass "gegenwärtig die lokalen und nationalen Identitäten die bei weitem tragfähigsten" sein dürften.[63]

Die nationale Identität der Albaner unter heutigen Bedingungen zu charakterisieren, erfordert zugleich, auf die damit verbundenen inneren Widersprüche zu verweisen. Verbrauchte Energie im Kampf um das tägliche Überleben hat den Glauben vieler Menschen an höhere nationale Werte geschmälert. Im Extrem geht es bis zur Selbstverleugnung, wenn z.B. Albaner im Ausland den Kontakt zu den eigenen Landsleuten meiden und bemüht sind, die albanische Herkunft zu kaschieren, um bessere Aufenthaltsbedingungen zu erwirken. Die Geringschätzung eigener Werte und Idealisierung westlicher Normen führen zu Nihilismus bzw. Unterwürfigkeit, die die nationale Identität beschädigen. Die Überhöhung nationaler Elemente in der Auseinandersetzung albanischer Nationalisten mit so genannten kosmopolitischen Kräften wiederum behindert Integration und konstruktive nationale Politik. Es mangelt nicht an Versuchen extremistischer Nationalisten, politische Rivalen allein aus ihrem griechischen oder slawischen (Ursprungs-) Namen grekophiler bzw. serbophiler Ambitionen zu bezichtigen und sie zu diffamieren.

Näherer Betrachtung bedarf, inwiefern die nationale Frage die „Lebensfrage" der Albaner ist. Dabei ist zwischen Gruppen- und Individualinteressen zu differenzieren. Als **Gruppeninteresse** ist das verbale Bekenntnis zum Zusammenschluss aller Albaner Bestandteil jeglichen Politikansatzes der Parteien und Organisationen von der äußersten Linken bis extrem rechts vorhanden. Unterschiedlich ist nur die Bestimmung des Ausmaßes für ein Zusammengehen und der Wege dahin. Der Herstellung nationaler Einheit im Rahmen der ethnischen Grenzen stehen – wie bereits erwähnt – neben den äußeren innere Barrieren entgegen, die durch die langjährige Trennung und den unterschiedlichen Entwicklungsstand bestimmt werden. Die ökonomische Schwäche und politische Instabilität Albaniens beeinträchtigen den Aktionsradius der Politik. Pragmatismus und vorsichtiges Taktieren dominieren.

Für die Masse der Albaner stehen heute Fragen der politischen Stabilität, der sozialökonomischen Entwicklung und der individuellen Sicherheit im Vordergrund. Deshalb ergibt sich deren **individuelle Sicht** weniger aus dem nationalen

---

63 Pfetsch, Frank R.: Der politische Identitätsbegriff, in: Weidinger, Dorothea (Hg.): Nation – Nationalismus – Nationale Identität, Bundeszentrale für politische Bildung, Bonn 1998, S. 87 f; hier: S. 87.

Bekenntnis, als vielmehr aus ihrer sozialen Lage, ihren faktischen Lebensumständen. Nicht anders ist der Massenexodus ins Ausland zu verstehen. Den insbesondere in der kommunistischen Ära anerzogenen übersteigerten Nationalstolz in der (gewollten) Distanz zu allem Fremden schütteln diese Menschen rasch ab, wenn sie nur einigermaßen bessere Lebensbedingungen erhalten. Jahrzehntelange Bunkermentalität und extreme Armut in Albanien haben die Psyche der Menschen beschädigt, und sie können heute in der Welt mit ihrem Albanertum wenig anfangen. Der albanische Journalist Mehmet Elezi räumt ein, dass "die Menschen mit ihren versiegten Energien, ihrer Mühe um das tägliche Brot weder Zeit noch Kraft haben, an die großen nationalen Werte zu denken. In Gedanken idealisieren sie alles Westliche und unterschätzen alles Nationale. Sie handeln instinktiv so, als ob das Schlechte aus dem albanischen Wesen herrühre".[64]

Relevanz haben historisch geprägte Unterschiede zwischen dem archaischen Norden und dem mediterran offenen Süden. Man kann von zwei Kulturzonen sprechen, die in der Geschichte unterschiedliche Prägungen erfuhren. Insbesondere der schwer zugängliche Nordosten blieb selbst für fremde Invasoren ein "weißer Fleck". Hier konnte sich die alte Sippenordnung mit ihren Verhaltensnormen (Kodex des Lekë Dukagjni) über die Jahrhunderte erhalten. Das politische, wirtschaftliche und kulturelle Übergewicht des Südens in der Zeit der sozialistischen Herrschaft verdrängte den nördlichen Einfluss, und in den politischen Wirren der letzten Jahre fehlte es nicht an Versuchen bestimmter Kräfte, einen Bruderzwist zwischen dem Norden und Süden, den Katholiken, Muslimen und Orthodoxen zu schüren und diesen für politische Machtkämpfe zu missbrauchen.

Ein weiteres Unterscheidungsmerkmal resultiert daraus, dass sich Albaner aus dem Norden der Möglichkeiten bedienen, zur Verbesserung ihrer materiellen Lage die Durchlässigkeit der Grenze zum Kosovo bzw. nach Montenegro oder Makedonien zu nutzen und damit frühere Kommunikationslinien zu erneuern. Im Süden wiederum konvertierten nicht wenige Albaner zur Orthodoxie und wandelten ihre albanischen in griechische Namen um, um als Migranten in Griechenland leichter Fuß zu fassen (einer Agenturmeldung zufolge erfolgten bis 1996 ca. 50 000 Namensänderungen).

Am ehesten betonen die Albaner im ehemaligen Jugoslawien ihren nationalen Zusammenhalt im Widerstand gegen serbische bzw. makedonische Obstruktionspolitik. Aber auch hier ist zu differenzieren zwischen den Bestrebungen elitärer Vertreter der Intelligenz und mittleren Besitzbürgern, etwa den Händlern, die sich leichter mit den Verhältnissen arrangieren.

Die albanische Minderheit in Nordgriechenland – die Tschamen (Çamët) – verleugnen zum größten Teil ihre nationale Zugehörigkeit aus Furcht vor Repres-

---

64 In: 'Rilindja Demokratike', 14.1.1995.

salien der griechischen Seite und ihrer möglichen Abschiebung nach Albanien. Während sich Griechen des Epirus aus Angst vor dem Verlust ihres Besitzstandes gegen eine Rückkehr bzw. Entschädigung der im Zweiten Weltkrieg nach Albanien vertriebenen Tschamen motivieren lassen, bildet ein Großteil der Albaner griechischer Abstammung in Südalbanien eine willfährige Basis für griechische Infiltrationsversuche. Das geschieht vor allem über die griechische Orthodoxie.

Die Identität nationaler Minderheiten in Albanien stellt einen besonders sensitiven Faktor in der albanischen Politik dar. Ihre Rechte sind in der Verfassung verankert und denen der übrigen Bürger gleichgestellt. Die Politik ist allerdings bemüht, jeglichen Überfremdungs- oder Infiltrationsversuchen von außen vorzubeugen. So ist die Bildung von Parteien auf ethnischer, religiöser oder regionaler Basis nicht zugelassen. Die Organisation der griechischen Minderheit „Omonia" hat deshalb ihre im Parlament vertretene Partei in „Partei der Union zum Schutze der Menschenrechte" (PBDNJ) umfunktioniert.

Nach offiziellen Angaben (Statistisches Amt INSTAT) beträgt der Minderheitenanteil in Albanien nur 2 Prozent. Die griechische Minderheit wird mit ca. 85 000 und die slawisch-makedonische mit ca. 20 000 Menschen beziffert. Rechnet man jedoch die in der Statistik nicht erfassten großen Gruppen so genannter „kultureller Minderheiten" – die Arumunen (vllehët) und Roma oder Evgjitët (Nachfahren ägyptische Ursprungs aus Zeiten des Osmanischen Reiches) – hinzu, dürfte ein wesentlich höherer Minderheitenanteil anzusetzen sein. Letztere werden von den „reinen" Albanern mit Geringschätzig wahrgenommen und weitgehend diskriminiert. Sie sind wenig in das politisch-gesellschaftliche Leben integriert und verfügen ihrerseits nicht über einflussreiche organisatorische Strukturen.

Die wiederholt von griechischer oder makedonischer Seite eingeklagte Missachtung von Rechten der Minderheiten bedarf allerdings der Relativierung. Einerseits wird deren Anteil wesentlich überhöht veranschlagt (Athen spricht von 400 000 Bürgern griechischer Nationalität), andererseits werden Forderungen nach bildungsmäßigen, beruflichen und sozialen Regelungen erhoben, die über den allgemeinen Standard der materiellen Möglichkeiten des albanischen Staates hinausgehen.

8. Identität in der Diaspora

Die Zahl der in der Diaspora lebenden Albaner kann nur geschätzt werden. Zentren albanischer Emigranten finden sich in den USA, in Kanada, Australien und Argentinien, wo Auswanderer bereits in der dritten und vierten Generation leben. Zu ihnen zählen sowohl Wirtschaftsemigranten als auch politische Flüchtlinge aus dem linken und rechten Spektrum, die unter der Herrschaft von König Zogu bzw. unter der nachfolgenden Hoxha-Diktatur verfolgt worden waren. Rechnet man die Arbëreshët in Süditalien, die Arvanitët in Griechenland – sie hatten bereits im Mittelalter auf der Flucht vor der osmanischen Invasion albanische Siedlungszentren gebildet und neben ihrer Sprache auch albanisches Brauchtum bewahrt – sowie albanische Volksgruppen in der Türkei (insbesondere Istanbul), in Bulgarien, Rumänien und Ägypten hinzu, vergrößert sich der Streubereich der Diaspora.

Die vor 90 Jahren in Boston gegründete Gesellschaft "Vatra" (Herd – im Sinne von Heimstätte) war über Jahrzehnte Wegbereiter für politisch-kulturelle Emanzipation der Albaner mit einer starken Ausstrahlung auf die Heimat. Hervorstechendste Persönlichkeiten waren Fan Stilian Noli – Begründer der autokephalen orthodoxen Kirche Albaniens und Premier der (kurzlebigen) demokratischen albanischen Regierung 1924 – sowie Faik Konica. Diese Bewegung setzte auf den Widerstand des amerikanischen Präsidenten Woodrow Wilson 1920 gegen französische, englische und italienische Pläne zur Aufteilung albanischer Gebiete.

Heute kann indes nicht von einer starken albanischen Lobby in den USA die Rede sein. Viele der kleinen patriotischen Vereinigungen kapselten sich je nach Herkunftsort (Albanien, Kosovo, Makedonien, Montenegro und da auch wieder je nach Region und Heimatort) voneinander ab. Hoffnungen in Albanien auf Investitionen und Aufbauhilfe blieben weitgehend unerfüllt. Den potentiellen Geschäftsleuten albanischer Abstammung bot die instabile Entwicklung in Albanien wenig Anreiz.

Auch wenn sich manche Identitätsmerkmale in der Diaspora im patriotisch-nationalen Sinne über lange Zeiten erhalten konnten, mitunter auch ein verklärter Blick auf die nicht hautnah erlebte Realität in der alten Heimat, macht sich auch hier eine Krise der nationalen Identität, des sorgsam gepflegten Nationalstolzes bemerkbar, die aus dem Nichtverstehen der Vorgänge in der Heimat noch gefördert wird.

Die nicht zur klassischen Diaspora zu rechnenden Hunderttausende Wirtschaftsemigranten der letzten Jahre in Griechenland, Italien und Deutschland bzw. die Kriegs- und Wirtschaftsflüchtlinge aus dem Kosovo und Makedonien in Mittel- und Nordeuropa haben neue Identitätsprobleme ausgelöst. Aus sozialökonomischen Gründen sind insbesondere jüngere Emigranten dazu verführt, ihre albanische Identität zu verleugnen, um sich so leichter in die Gesellschaft des Gastlandes integrieren zu können. So gibt es Beispiele, dass albanische Emigranten nach relativ kurzer Zeit die eigene Sprache aufgeben und diese für so mangelhaft wie den eigenen Staat halten. Es kommt vor, dass albanische Mütter im Flugzeug in gebrochenem Deutsch mit ihren Kindern sprechen, obwohl das in Albanisch viel leichter vonstatten ginge. Ein 35jähriger Albaner, der seit zwölf

Jahren in Deutschland lebt, bekannte, dass er hinsichtlich der Sprache Identitätsverluste wahrnimmt, da er inzwischen Deutsch denkt. Er verspürt eine Entfremdung von der Heimat im Familien- und Bekanntenkreis, was die Einhaltung überkommener Bräuche und Verhaltensnormen anbelangt. Er fühlt sich schon mehr als Europäer, weil er zivilisiert wie die Westeuropäer leben möchte und grenzt sich von rückständigem Denken und Handeln eigener Landsleute ab.

Im Unterschied zu Emigranten früherer Generationen, deren Erinnerung an die entfernte Heimat mit Identifikationssymbolen ihrer Dörfer, den Bergen und Flusstälern sowie dem entbehrungsreichen Alltag eines Bergvolkes erhalten blieb, ist bei den heutigen jüngeren Emigranten Heimweh und Heimatliebe weniger zu verspüren. Gleichzeitig ist bei jenen, die im Westen nicht das gelobte Land gefunden haben und die sich diskriminiert fühlen, weil ihnen Aufenthalt oder Arbeitserlaubnis versagt bleiben, Ernüchterung eingetreten. Ardian Klosi konstatiert, dass die Epoche des Schmelztiegels, die den Einwanderern in die USA oder nach Kanada eine Integration und Teilhabe an der herrschenden Kultur leicht gemacht hatte, vorbei ist. Viel eher nähmen die Neuankömmlinge eine doppelte Identität an.[65]

Bezogen auf die früheren stark lokalisierten albanischen Kolonien in Griechenland, Süditalien mit einer ausgeprägten Pflege der eigenen Kultur und des albanischen Brauchtums erkennt Klosi ein neues Phänomen: abgesehen von der eigenen Sprache bringen die heutigen Emigranten viel weniger "Identität" aus der Heimat mit. Die Pflege alter Rituale, Trachten und Bräuche spielt kaum mehr eine Rolle. Der Kontakt zur Heimat ist andererseits um vieles leichter als in früheren Zeiten. Sie können telefonieren, faxen oder innerhalb eines Tages nach Albanien reisen. Wer es will, kann überall auf der Welt im Internet albanische Zeitungen lesen und damit auch die eigene Sprache lebendig halten.

9. Zwischen Orient und Okzident

Zur Identität der Albaner gehört auch ihr Platz im historisch-geographischen Kulturkreis zwischen Orient und Okzident. Die westliche und östliche Prägung des Christentums unter den Albanern, der Islam als Glaube des überwiegenden Teils der Bevölkerung, der westliche Rationalismus und der östliche Fatalismus, die östliche und die westliche Lebensweise der Menschen – all das zeugt vom doppelten Charakter der Kultur des albanischen Volkes. Die (heutige) Überbetonung der Zugehörigkeit zur abendländischen Zivilisation resultiert aus dem Überge-

---

[65] Klosi, Ardian: Identitätsverständnis und konkrete Identität der Albaner (nicht veröffentlichter Aufsatz zum vorliegenden Projekt).

wicht des über Jahrhunderte wirkenden östlichen Einflusses, der osmanischen Fremdherrschaft und der slawischen Dominanz in Gestalt Jugoslawiens bzw. der Sowjetunion. Dabei ist die Schuldzuweisung nach außen – über die Zeitläufte gesehen – ambivalent. Es wird zwischen erwünschter und unerwünschter Fremdeinwirkung unterschieden. Das bevorzugte Verhältnis Albanien – christliches Europa wird dem orientalischen bzw. slawischen Verderbnis gegenübergestellt. Das westliche Europa ist das erstrebenswerte Ziel zivilisatorischer Ordnung, geträumten Wohlstandes und gesicherten Schutzes, während der östlich-asiatische Einfluss mitunter undifferenziert als schwarzer Schatten gezeichnet wird, der die Albaner über Jahrhunderte vom Fortschritt abgehalten habe. Dieser Paradigmenwechsel hat aber bei allem verständlichen Aufholbedarf die albanische Identitätskrise in der postsozialistischen Phase nicht beheben können. Das Dilemma, dass man sich nicht ohne weiteres aus einem historisch gewachsenen Kulturkreis mit östlicher und westlicher Prägung verabschieden und nicht selektiv das eine beanspruchen und das andere verleugnen kann, ist unübersehbar. Auch wird in Gestalt Europas ein abstraktes Gebilde gezeichnet, dessen innere Widersprüche und dessen eigener Bremsmechanismus ("Festung Europa") seinerseits die albanischen Erwartungen enttäuscht, ja mitunter Widerstand hervorruft. Somit gibt es auch einen Pendelausschlag das eine Mal zu Westeuropa als dem entscheidenden wirtschaftlichen Faktor, das andere Mal zu den USA als dem militärisch wichtigsten Schutzschild und in abgestufter Form auch in die arabische Welt, wenn die Hilfe des Westens den Erwartungen nicht gerecht wird.

Mit der Formel „Wir wie ganz Europa" (Ne si e gjithë Evropa) sollte der enorme Entwicklungsrückstand abgebaut und ein Zivilisationsschub erreicht werden. Dabei gerieten die Postulate einiger albanischer Intellektueller von größeren Bindungen der Albaner an die nordischen Völker bei gleichzeitiger Abwendung von "slawisch-östlicher Kulturlosigkeit" leicht in das Fahrwasser rassistischer Vorurteile und nährten Illusionen von einer über anderen Rassen stehenden Wert der Albaner. In Abgrenzung von der fernen und nahen Vergangenheit werden Positionen sichtbar, bei denen der Wunsch (Geist und Herz im Westen) mit den faktischen Gegebenheiten (Körper und Kopf im Osten) kollidiert. Kadaré leistet dem mit der Auffassung Vorschub, dass sich die Albaner „zum ersten Mal in ihrer natürlichen Familie (Europa – P. Sch.) befinden, weil sie bisher sozusagen Waisen in fremden byzantinischen, osmanischen oder sowjetischen Familien waren".[66]

Das Verleugnen der eigenen Entfaltungsmöglichkeiten im historisch determinierten Lebensraum zwischen Orient und Okzident mit seinen facettenreichen Merkmalen erscheint kontraproduktiv und beschwört Gefahren für das Zusammenleben mit den unmittelbaren Nachbarvölkern herauf.

---

66 Kadaré, Ismail, in: 'Shekulli', 30.12.2002.

Die unter dem letzten kommunistischen Machthaber, Ramiz Alia, geprägte Losung "Weder Osten noch Westen" musste indes irreführend sein, weil sie die realen östlich-stalinistischen Grundstrukturen verdecken sollte. Die nachfolgende Entwicklung hat auf fatale Weise erwiesen, dass gerade dieses autoritäre Gedankengut trotz verbaler antikommunistischer Propaganda noch tief in den Köpfen der tonangebenden politischen Kräfte verhaftet blieb.

Identitätsbildende Faktoren, die aus einem über Jahrhunderte stark orientalisch beeinflussten, aber auch aus eigenen albanischen Wurzeln gespeisten Kulturkreis herrühren (etwa Solidarisierung in der Großfamilie, Bedeutung von Gastrecht und vom Ehrenwort – der besa -, religiöse Toleranz) sind weder obsolet noch integrationshindernd, soweit es extremistischen oder fanatischen Kräften nicht gelingt, diese Attribute in Konfrontation zu den westlichen Werten zu stellen.

Es gibt auch eine Sicht von außen, den "Balkan in das Prokrustesbett der allgemeinen, d.h. der westlichen Geschichte zu zwängen". Nach Sundhausen ist die "Geschichte des Balkanraumes etwas anderes und mehr als eine verspätete, durch das osmanische Erbe korrumpierte und im 19./20. Jahrhundert zeitlich gestraffte Variante der europäischen Geschichte", und er vermerkt, dass der Balkan als historischer Raum weder "normal" noch "unnormal" ist – "er ist anders, und seine Andersheit verdient Beachtung. Dies schließt auch die Zivilisationskritik am Westen ein, aus der wir manches lernen könnten".[67]

In der durch den Extrem-Terrorismus gegen die USA im Herbst 2001 neu entfachten Auseinandersetzung um den Huntington'schen "Clash of civilizations", den "Zusammenprall der Kulturen" und um Gefahren der Nord-Südkonfrontation erlangten auch die Albaner erneut internationale Aufmerksamkeit: in der vom USA-Kongress publizierten Liste von 34 Staaten, in denen terroristische Strukturen vermutet werden, figurieren Albanien und Kosovo. Mitte der 1990er Jahre hatte es tatsächlich Bemühungen arabischer Terroristen aus dem Umfeld Bin Ladens gegeben, aus geostrategischen und islamisch-orientalischen Wurzeln heraus in dieser Region neben Bosnien eine Aktionsbasis zu finden. Amerikanischer Druck im Zusammenhang mit den terroristischen Anschlägen in Nairobi und Daressalam vereitelte das. Es gibt auch Medienhinweise, wonach sich in der UÇK islamische Kämpfer als Söldner verdingten. Aber das ist bereits keine Frage albanischer Identität, sondern Ausdruck versuchter Fremdeinwirkung

---

67 Sundhausen, Holm: Was ist Südosteuropa ..., a.a.O., S. 103.

III. Politische, wirtschaftlich-soziale, kulturelle, regionale und mentale Indikatoren für die Identitätsbildung

Das Kernproblem der gesellschaftlichen Erneuerung in Albanien besteht im Aufbau und der Ausgestaltung des demokratischen Rechtsstaates sowie einer funktionierenden Marktwirtschaft, die in der Lage ist, die vorhandenen menschlichen und natürlichen Ressourcen produktiv zu nutzen und soziale Grundfunktionen zu erfüllen. Das Prozedere bis zur Verabschiedung der neuen Verfassung im Jahre 1998 hatte sich unter Bedingungen zunehmender politischer Polarisierung äußerst kompliziert gestaltet. Verfassung und Verfassungswirklichkeit differieren in starkem Maße. Organisierte Kriminalität, Gesetzesverstöße korrupter Beamter und unzureichende professionelle Voraussetzungen im exekutiven und juristischen Bereich lassen die Lücken im Werte- und Rechtsbewusstsein erkennen. Zwischen den Verheißungen der postkommunistischern Gesellschaft – persönliche Freiheit, politischer Pluralismus, private Initiative – und der Realität klafft ein Graben, der Albanien in Europa einen der hinteren Plätze zuweist. Die Quintessenz ist, dass die Menschen erst begreifen müssen, dass sie selbst eine gesunde Gemeinschaft, einen gut organisierten und funktionierenden Staat benötigen, in dem Armut und Rückständigkeit nicht auch als Instrumente der Anarchie, Korruption und dunkler Machenschaften missbraucht werden können.

1. Bürger-Staat-Verhältnis

Wesentlich für die Identitätsbestimmung sind das Bürger-Staat-Verhältnis und die politische Kultur der sich formierenden pluralistischen Demokratie. Habermas verweist darauf, dass "die Staatsbürgernation ihre Identität nicht in ethnisch-kulturellen Gemeinsamkeiten, sondern in der Praxis von Bürgern findet, die ihre demokratischen Teilnahme- und Kommunikationsrechte aktiv ausüben", und er trennt Staatsbürgerschaft von nationaler Identität, da diese nicht immer identisch seien.[68]

---

68 Vgl. Habermas, Jürgen: Staatsbürgerschaft und nationale Identität. Überlegungen zur europäischen Zukunft, in: Dewandre, Nicole/Lenoble, Jaques (Hg.): Projekt Europa. Postnationale Identität: Grundlage für eine europäische Demokratie?, Verlag Schelzky & Jeep, Berlin 1994, S. 11-29; hier: S. 13 f.

Nach Jahrzehnten des Zwangs, uneingeschränkt der stark ideologisierten Gesellschaft dienen zu müssen, traten mit der albanischen Wende die individuellen Interessen, die Sorge um das Wohl der eigenen Person und Familie, in den Vordergrund. Das war mit der Erwartung verknüpft, dass der neue Staat Voraussetzungen für die Erfüllung dieser Ansprüche schaffen würde. Es erwies sich, dass allein die institutionelle Absicherung und Einbindung in den Demokratisierungsprozess mit Fokussierung auf wirtschaftliches Wachstum "ohne den erforderlichen Bezug zur Bevölkerung in der Luft hängen".[69] Zwischen harten wirtschaftlichen Faktoren und den Möglichkeiten für das Mittun der Betroffenen entstand eine erhebliche Kluft. Die Folge waren Wellen der Massenflucht 1991 und 1992, weil ein Großteil der Menschen nicht mehr an das Funktionieren des Staates glaubte. "Es gibt keinen Staat" (S'ka shtet) wurde zum geflügelten Wort.

Auch das albanische Beispiel verdeutlicht, dass Transformationen frühere Bindungen und Normen in eine Krise versetzen können. Sie wecken als Nebenwirkungen Unsicherheit, Verlorenheit und Verzweiflung an der eigenen Identität.[70] Es bewahrheitet sich, dass eine vorrangig mit abrupten Mitteln angegangene gesellschaftliche Transformation nahezu unvermeidlich zu inneren Konflikten mit möglichen Kettenreaktionen führt, in deren Folge die Gesellschaft ihre natürliche Fähigkeit zur zivilen Verarbeitung von Konfliktsituationen verliert.

Das Nichtfunktionieren einer Bürgergesellschaft in ausgewogenem Verhältnis von Rechten, Freiheiten und Pflichten des Bürgers hatte zur Folge, dass der Einzelne im Wesentlichen seine Rechte, nicht aber seine Pflichten erkennt und wahrnimmt. Wo immer es unter Bedingungen der Anarchie und mangelnder Durchsetzungskraft bestehender Gesetze gelingt, den Staat zu umgehen, wird das durch versäumte Steuer- und Abgabeleistungen, durch Energieraub (ca. 50 Prozent illegaler Strombezug) oder durch "aggressive Privatisierung" in Form illegaler Aneignung und Bebauung von Nutzflächen getätigt. Ihre Mentalität verleitet viele Albaner zur Schlussfolgerung: "Der Staat hat uns über 45 Jahre betrogen. Jetzt sind wir es, die ihm alles nehmen".[71] Nicht anders ist zu erklären, warum von einem Großteil der familiär strukturierten albanischen Gesellschaft der Staat als ein "Fremdherrscher" empfunden wird, der sich mit seinen Forderungen (Pflichten) einmischt und die "Freiheit der Selbstorganisation" stört, die in der Schattenwirtschaft oder auch in mafiosen Strukturen ihren Freiraum gefunden hat.[72] In der

---

69 Pickel, Susanne u. Gert: Elitenwandel in Osteuropa. Einstellungsunterschiede zwischen Eliten und Bevölkerung am Beispiel Ungarns, in: Aus Politik und Zeitgeschichte, 8/1998, S. 3-9; hier: S. 3.
70 Vgl. Wolff-Poweska, Anna: Identitätskrise ..., a.a.O., S. 28.
71 Vgl. Vickers, Miranda/Pettifer, James: Albania – From Anarchy to a Balkan Identity, London 1997, S. 61.
72 Vgl. Mappes-Niediek, Norbert: Die paradoxe Modernität ..., a.a.O., S. 160.

Zeit der Diktatur bestand nach Elez Biberaj ein tiefer Graben zwischen Regierung und Volk, der das Vertrauen in die Politik geschwächt und zu einer Aufspaltung in "wir" und "jene" geführt hatte. "Das Volk, nunmehr befreit von den Ketten des Kommunismus, entwickelte nur sehr wenig Bewusstsein für Verantwortung in einer Demokratie, und der Einzelne erweist sich gegenüber Ansichten eines anderen als wenig tolerant".[73]

Die Folgen des zerstörerischen Elements der Klassenkampf-Ideologie, die die Furcht der Menschen untereinander bis hinein in die Familien geschürt hatte, wirken nach. Die Menschen waren zu Kollektivwesen abgestempelt, ihrer Individualität und persönlichen Identität beraubt. Vieles ist aber auch mangelndem Staatsverständnis geschuldet, das die Probleme des Überganges von einer bäuerlich geprägten in eine urbane Gesellschaft, von einer zentralistisch gelenkten Wirtschaft in die freie Marktwirtschaft sowie von einer geschlossenen in eine offene Gesellschaft reflektiert. Eine albanische Bürgergesellschaft im westlichen Werteverständnis hatte nie bestanden (verspätete Staatsgründung, langwirkende patriarchalische Stammesmentalität, Übergang von halbfeudalen Verhältnissen in ein totalitäres System, verspäteter Umbruch mit enormen Demokratiedefiziten). Die Familie wurde wie in früheren Zeiten wieder der funktionierende Bezugspunkt des Individuums, der Schutzschild gegen das Unsichere, sei es im lokalen oder nationalen Maßstab.

Die Autorität des Staates nahm im Verlauf der Transformation rapide ab und erreichte mit dem Zerfall der staatlichen Ordnung im Jahre 1997 einen bisher nicht gekannten Tiefpunkt. Aus nicht funktionierender Wechselbeziehung zwischen staatlicher Autorität und Wahrnehmung von Verantwortung entstand ein die Gesellschaft lähmendes Machtvakuum. Besonders augenscheinlich wurde das, als dieser unter den Bedingungen des anarchischen Aufruhrs im Ergebnis der dubiosen Anlagegeschäfte 1997 seinen Bürgern keinen Schutz für Leib und Gut bieten konnte. Für den Bürger präsentierte sich der Staat weniger in seinen demokratischen Strukturen, sondern vielmehr als Instrument in der Hand rivalisierender Personen und Gruppen. Das prägte ein Verhalten der Furcht sich degradiert fühlender Bürger vor repressiven Eingriffen und behinderte deren Identifikation mit dem neuen Staat.

Identität im politischen Sinne fragt nach Akzeptanz der Einzelnen gegenüber dem System und dessen Administration. Sie gliedert sich auf in eine Persönlichkeitsidentität, eine Stammesidentität, eine lokale, regionale, nationale und europäische Identität bzw. in eine Identität als Weltbürger.[74] Die emotionale Bindung

---

73 Biberaj, Elez: Shqipëria ..., a.a.O., S. 121.
74 Vgl. Pfetsch, Frank R.: Die Problematik der europäischen Identität, in: Aus Politik und Zeitgeschichte, 25-26/1998, S. 3-9; hier: S. 4.

des Einzelnen an die Nation (Territorium, Heimat, Sprache und Kultur, gemeinsame Mythen und geschichtliche Erinnerungen) bleibt das Unterfutter, vermag aber nicht, das Vakuum politischer Identitätskriterien auszufüllen. Zutreffend ist, dass die gleichzeitige Veränderung aller Lebensbereiche, so der Wirtschaft, des politischen und Rechtssystems, der sozialen Sicherung, der kulturellen Einrichtungen usw., nicht folgenlos blieb. "Die Revolutionäre der ersten Stunde, also die Moralisten und Intellektuellen der antikommunistischen Opposition, verloren alsbald an Rückhalt, als neue politische Ordnungen aufzubauen waren. Die polarisierende Wirkung der Wahlkämpfe beschleunigte diesen Prozess".[75]

Die von Heinz-Jürgen Axt skizzierten negativen Begleiterscheinungen der Reformprozesse in den Transformationsländern können auch für Albanien gelten:

Erstens Enttäuschung über die Ergebnisse des Umbruchs (hohe soziale Kosten, Verunsicherung durch permanente Krisen)

Zweitens Polarisierung der politischen Kräfte und fehlende Streitkultur von Parteien und Politikern, die die Prinzipien von Wettbewerb und Konkurrenz behindern (fehlende bürgerlich-liberale Traditionen aus der vorsozialistischen Zeit)

Drittens zunehmender Individualismus (nachlassendes Interesse am Gemeinwohl, begünstigt durch das Versagen der staatlichen Strukturen)

Viertens Parteienverdrossenheit und Entfremdung zwischen Gesellschaft und politischer Klasse durch nicht funktionierenden Pluralismus und egoistisches Machtstreben der Politiker

Fünftens fehlender Grundkonsens über gemeinsame und verpflichtende Werte und Normen und mangelnde Kompromissbereitschaft

Sechstens ungeklärte Rolle des Staates in der Arbeitsteilung mit der Gesellschaft (Entstaatlichung auf der einen – Ruf nach der ordnenden Hand auf der anderen Seite)

Siebtens Abgrenzung der Reformstaaten untereinander (Betonung der eigenen Sonderrolle in der Hoffnung auf Vorzugsbehandlung durch die Geberländer).

2. Albanisches Selbstimage und objektive Identität

Das Identitätsbewusstsein der Albaner befindet sich in einer Krise. Diese Krise ist weniger aus dem albanischen Selbstimage abzuleiten, das durchaus Verände-

---

75 Axt, Heinz-Jürgen: Ein Kontinent zwischen nationaler und europäischer Identität – zur politischen Kultur in Europa, in: Gabanyi, Anneli Ute (Hg.): Vom Baltikum zum schwarzen Meer: Transformation im östlichen Europa, Bayerische Landeszentrale für politische Bildungsarbeit, München 2002, S. 63-98; hier: S. 85-87.

rungen erfahren hat, sondern vielmehr aus den konkreten gesellschaftlichen Umständen der Nachwendezeit.

Der albanische Publizist Ardian Klosi unterscheidet zwischen **subjektivem Identitätsverständnis** und konkreter Identität der Albaner.[76] Unter Selbstimage subsummiert er die unter der kommunistischen Herrschaft vermittelten offiziellen Rezepte zur Annahme der eigenen Geschichte und Kultur. Als Hauptpfeiler dieses Images wird erstens die albanische Sprache als eine der ältesten im Raum sowie der autochthone Charakter albanischer Ansiedlung angeführt, zweitens der hartnäckige Widerstand gegen fremde Besatzer und drittens die Selbstdarstellung als "tapfer, freiheitsliebend, arbeitsam, gastfreundlich, treu und großzügig" – im Wesentlichen geprägt in der Romantik der Rilindja und weiterentwickelt unter der totalen Selbstisolierung in den 1960er Jahren bis zum Zerfall Anfang der 1990er Jahre. Einschränkend verweist Klosi darauf, dass diese Darstellung von jenem Teil der Albaner, der seit 1944 als feindlich verfolgt worden war, weil er sich nicht gleichschalten ließ, nicht verinnerlicht wurde. Mit dem Zusammenbruch des Systems fiel als erstes der propagandistische Teil der Image-Vermittlung ("Albanien als einzig wahrer Vertreter und Verteidiger des Marxismus-Leninismus", "Albanien umgeben von Feinden") weg. Die Möglichkeit, sich nunmehr mit den Nachbarn zu vergleichen (zunächst über das Fernsehen), ließ die Masse der Albaner das Ausmaß der trügerischen Propaganda und ihrer Isolierung erkennen. Die Folge waren schwindender Stolz und blinde Wut, die sich u.a. in der Zerstörung ganzer Segmente der staatlich-sozialistischen Organisation entlud.

Die Art und Weise, wie man den eigenen Staat, die eigene Gesellschaft und das eigene Land betrachtet, erfuhr teilweise eine Umkehrung von 180 Grad. Das staatliche Eigentum war zu einem Fremdbesitz geworden. "Man fühlte sich berechtigt", so Klosi, "mit den Strukturen, die diese Rückständigkeit beschert hatten so umzugehen, wie es einem gerade gefiel. In diesem Punkt – Zerstörung der allgemeinen Güter, die heute hie und da weiter geht, insbesondere als Zerstörung der Umwelt, der Wälder, Strände, Flussbetten usw. – sehen wir die zweifache gravierende Verantwortung unserer politischen Klasse: damals, als vor 1990 keinerlei Reformen in Richtung Liberalisierung des Privateigentums, wie in anderen Ländern Osteuropas, unternommen wurden und nach 1992 bis heute, als viele Eigentumsfragen in legaler und in praktischer Hinsicht ungelöst blieben".

Für die **konkrete, objektive Identität** der Albaner benennt Klosi vier Gruppen:

Erstens die einfachen Menschen: Bauern, Arbeiter, aus den Dörfern umgesiedelte Menschen, die am Rande der größeren Städte leben, Kleinverdiener, die

---

76 Klosi, Ardian: Identitätsverständnis ..., a.a.O.

sich mit privaten Aktivitäten, mit einem Laden oder einem kleinen "business" durchschlagen. Sie haben sich nie mit Fragen der Identität befasst, sondern vielmehr im Überlebenskampf ihre Lage im Vergleich mit anderen Europäern bedauert. Einerseits wird die Hauptverantwortung für ihre Misere auf die Politiker geschoben, andererseits gelangten sie in einen Defaitismus, der in dem häufig zu hörenden Satz "Mit uns will es nichts werden" (Nuk bëhemi ne, jo) Ausdruck findet. Folge dieser Mentalität sind Passivität und Abkapselung, die kollektives Denken und Handeln erschweren. Klosi merkt aber an, dass, wenn diese einfachen Menschen in eine Auseinandersetzung mit einem Griechen oder Serben gerieten, sie wiederum das albanische Wesen, den patriotischen Stolz hervorkehren würden. Das Zusammengehörigkeitsgefühl funktioniert demnach nach außen eher als im Inneren.

Zweitens die Wirtschaftsflüchtlinge, die einen beträchtlichen Teil der albanischen Bevölkerung ausmachen. Bei ihnen setzte am ehesten Ernüchterung in der Konfrontation mit der neuen Umgebung ein. Aber im Unterschied zu den Kosovo-Albanern, die sich in politischen und kulturell-patriotischen Verbänden zusammengeschlossen haben und mitunter lautstark für ein unabhängiges Kosovo demonstrieren, blieben die Emigranten aus Albanien untereinander weitgehend isoliert.

Drittens die sogenannte Elite. Mit Wegfall des doktrinären Gesellschaftsbildes betrachtet sie wesentliche Geschehnisse der jüngeren Vergangenheit neu, zum Teil sehr kontrovers. Einerseits geht es um einen offenen, unverklärten Blick auf die Geschichte, der manchen vergessenen oder geächteten Autoren zu Wort kommen lässt, anderseits bleibt das Festhalten an festgefahrenen romantisierenden Postulaten über Wurzeln und Mythen der Albaner Begleiterscheinung eines noch wenig gefestigten Identitätsbewusstseins im Kontext europäischer Annäherung.

Viertens die Schul- und Universitätsjugend. Sie verhält sich gegenüber der Identität überwiegend gleichgültig. Ihre Einstellung ist pragmatisch-materialistisch. Sie will leben, konsumieren und möglichst eine gediegene Ausbildung im Ausland ohne verpflichtende Rückkehr in die Heimat erhalten.

Die Begrenzung auf diese vier Bevölkerungsgruppen lässt allerdings außer Acht, dass in Albanien weitere soziale Umschichtungen erfolgen. So bildet sich eine neue Schicht gut verdienender Geschäftsleute heraus, die ihre (neue) Identität mit dem Interesse an der Liberalisierung der Wirtschaft verbindet (ausführlicher unter III/5.).

Auch bedarf die so genannte Elite differenzierter Betrachtung, weil sich hier eine Aufspaltung in die politische Elite mit ausgeprägten Machtambitionen vollzogen hat, während die geistige Elite mehr und mehr an den Rand der Gesellschaft gedrängt wurde. Entsprechend unterschiedlich ist der Grad ihrer Identifikation mit den neuen gesellschaftlichen Bedingungen.

Das Problem oder die wirkliche Krise steckt demnach in der konkreten Identität, im Verhältnis des Bürgers zum eigenen Land, zum eigenen Staat und zur Gesellschaft im Verständnis von Bürgerbewusstsein und politischer Kultur. Diese Identität ist durcheinander geraten, weil die frühere Identifizierung mit Land, Staat, Gemeinschaft gescheitert ist und die Menschen vielerorts orientierungslos wurden. Mit großer Mühe und sehr langsam werden neue Verhältnisse aufgebaut. Bislang hat der herrschende Egoismus und das Profitdenken zugunsten des Individuums und zuungunsten der Gemeinschaft dazu geführt, dass sich das Land politisch, wirtschaftlich und moralisch nicht erholt hat und (noch) nicht einer gesicherten Zukunft entgegengeht. Es gehört zu den Paradoxien der Transformation, dass viele Albaner einerseits nach Freiheit und Demokratie rufen, andererseits aber eine starke Hand, eine Art "aufgeklärter Diktatur" befürworten. Sie leben in der Illusion, dass sie Freiheit genießen und dem Staat alles andere überlassen können, d.h. auch ihre Pflichten gegenüber der Gemeinschaft.

Zu den Identitätskriterien gehört die Heimatliebe. Geprägt durch überlieferte patriotische Lieder und geformt durch die Rilindja verkümmerte sie unter den Bedingungen von Anarchie, Instabilität und nachlassender gegenseitiger Solidarität der Menschen in den letzten Jahren. Im Kontrast zur Verherrlichung der Heimat und ihrer Bewohner stehen die materiellen Schäden, die gewissenlose Elemente durch Umweltzerstörung, Raub an Kulturgütern und illegale Aneignung gesellschaftlichen Eigentums verursacht haben. Patriotismus durch Großveranstaltungen wie das aus öffentlichen Mitteln finanzierte Konzert von im Ausland lebenden albanischen Künstlern im Frühjahr 2000 unter dem Motto "Am meisten liebe ich Albanien" (Dua më shumë Shqipërinë) zu stimulieren, musste Zweifel erregen: die beteiligten Künstler leben fern der Heimat in gesicherten Verhältnissen und wollen nicht zurückkehren – die Adressaten ihrer Lobpreisung erfahren jedoch die raue Realität im Lande und hegen gegenüber den so Privilegierten Sozialneid. Auf Mutter Teresa geht die nach einem Besuch in Albanien enttäuscht geäußerte Feststellung zurück, dass in diesem Land "die Liebe des Menschen zum Menschen fehlt".

Der namhafte Schriftsteller und Diplomat der 20er Jahre des vergangenen Jahrhunderts Faik Konica (1876-1942) zählte zu den "protonationalen" Charakteristika der Albaner, um Verständnis für deren Leben und Natur zu fördern, die Ritterlichkeit gegenüber dem besiegten Feind, Mut, Geduld, Ehre, Treue, Stolz, Familiensinn, bedingungslose Gastfreundschaft, aber auch Streitsucht, Drang nach Geld, ausgeprägten Individualismus und Servilismus gegenüber dem Vorgesetzten.[77]

So sehr die Zuweisung guter bzw. weniger guter Charaktereigenschaften für eine ganze Nation die Gefahr in sich birgt, zu stigmatisieren und Vorurteile aufzubauen, so können sie dennoch als identitätsfördernde Kriterien nicht negiert werden, wenn man die Psyche eines Volkes ergründen will. Konica verweist z.B. darauf, dass es (in seiner Zeit) die schwerste Beleidigung darstellte, einen Albaner als treulos (i pabesë) zu bezeichnen. Viele Fälle der Blutrache gingen gerade auf derartige Anschuldigungen zurück. Demgegenüber führt er an, dass für einen Griechen (damals) die größte Beleidigung darin bestanden hätte, ihn einen Analphabeten zu nennen. Hier rangierte demnach die Bildung als Ideal vor dem starken Charakter. Konica gelang es, sich sozusagen "neben" seine Landsleute zu stellen und mit dem Blick von außen (langjähriger Aufenthalt in den USA) zu urteilen. In ähnlicher Weise nähern sich auch heute Publizisten wie Fatos Lubonja oder Ardian Klosi einer objektiven, ungeschminkten Beurteilung albanischer Charakterzüge. Sie verweisen auf das Nachwirken von Moralvorstellungen, z.B. "dass eine Beleidigung allein mit Blut getilgt werden kann" (fyerja lahet vetëm me gjak) und stellen fest, dass deren praktische Anwendung nicht länger als zwei-drei Generationen zurückliegt.

3. Politische Kultur und mentale Faktoren

Identitätssuche und Identitätsverluste sind Begleitumstände des komplizierten Transformationsprozesses in Albanien mit politischen und mentalen Brüchen. Der Sprung von einer jahrzehntelangen Isolierung, nicht erlebter Demokratie und unerprobten Freiheiten in eine pluralistische Gesellschaft mit antiautoritären Parametern stellte für die Masse der Albaner einen Akt der Selbstfindung auf politisch, ökonomisch, sozial und mental unbefestigtem Terrain dar. Es überwogen Illusionen und trügerische Hoffnungen auf raschen Wohlstand ohne eigenes Zutun. Für viele bildete die Annäherung an Europa einen psychologischen und materiellen Ersatz für die Kommandowirtschaft der Diktatur in der vagen Hoffnung, dass sich automatisch das Tor für Arbeit, Investitionen und schließlich auch für eine neue nationale Identität als emanzipiertes Volk öffnen würde.

Auf Widersprüche im Umgang mit der neuen Freiheit im Postkommunismus weist Gerd Meyer hin, indem "viele Menschen fragen: Wer sorgt für uns, wer sagt uns nun, was zu tun ist? Das Neue verunsicherte zutiefst, machte orientierungslos, viele fühlten sich überfordert, ja zum Teil hilflos. So war und ist es ver-

---

77 Konica, Faik: Vepra (Werke), Tirana 1993, S. 413-439.

ständlich, dass viele nach neuen Autoritäten suchten, an die sie sich anlehnen, mit denen sie sich identifizieren konnten: neue politische Führer, neue Ideologien wie der Nationalismus oder traditioneller Kirchenglaube; der 'Westen' als Idol oder 'die Marktwirtschaft' als Modell, das nicht hinterfragt wurde".[78]

Im Gefühl ungenügender Wahrnehmung von außen und nicht überwundener Bedrohungspsyche wirken auch Erscheinungen der Xenophobie fort. Vorurteile gegenüber dem Fremden und selbstgefällige Paraphrasen zum eigenen Platz und zur eigenen Rolle sind dabei eher eine Flucht aus der Realität. Nicht selten reagieren Albaner auf die Missachtung der eigenen Nationalität mit der Missachtung anderer.

Konica hatte Eigenheiten seiner Landsleute in seinem Artikel "Die Feinde Albaniens" bereits Ende des 19. Jh. kritisch bewertet: "Wir haben gewiss Feinde. Wir sind nur unterschiedlicher Meinung in dem Punkt, dass wir nicht auf einen einzigen Feind zeigen. Einige weisen mit erhobenem Finger auf die List der Griechen hin, manche führen die Tricks der Slawen an und andere sprechen hinter vorgehaltener Hand über die Dummheit der Türken. Wenn wir solche Reden hören, können wir nur mit Mühe das Lachen verbergen – aber die Feinde Albaniens sind die Albaner selbst und nicht die anderen ...der Geist der Albaner ist noch nicht so weit, als dass sie die Freiheit lieben...".[79] Wie bereits aufgezeigt, wirkt diese Mentalität in gewisser Weise fort und spiegelt sich in der Geringschätzung gegenüber mitwohnenden Minderheiten wider – den Griechen, Makedoniern, besonders aber hinsichtlich der Roma und Aromunen (vllehët). Es ist der Komplex der Inferiorität, der sich da durch Superiorität Platz schaffen will, wo man den Schwächeren, Unterlegenen zu erkennen glaubt.

Die albanische Gesellschaft leidet unter dem Erbe der Vergangenheit. Noch bestimmen nicht gemeinsame Anstrengungen für den Übergang in eine demokratische pluralistische Gesellschaft das Handeln. Zu oft überwiegt Trennendes, das Denken im Freund-Feind-Schema. Toleranz und demokratische Streitkultur stehen hinter einer Mentalität der Rache und Vergeltung zurück. Eine für den ausländischen Betrachter besonders schockierende Erscheinung ist die Reaktivierung von Praktiken der Blutrache. Generationen von Familien werden außerhalb der staatlichen Rechtsordnung für oft weit zurückliegende Ehrverletzungen nach einem archaischen Rechtsverständnis wie dem "Kanuni i Lekë Dukagjinit"[80] in le-

---

78 Meyer, Gerd: „Zwischen Haben und Sein". Psychische Aspekte des Transformationsprozesses in postkommunistischen Gesellschaften, in: Aus Politik und Zeitgeschichte, 5/1997, S. 17-28; hier: S. 20.
79 Konica, Faik, in: Zeitschrift 'Albania', März 1997 (alban.).
80 Schmidt-Neke, Michael: Der Kanun der albanischen Berge: Hintergrund der albanischen Lebensweise, in: Albanische Hefte, 2/1995, S. 6-9; sowie Schmidt-Neke, Mi-

bensbedrohliche Situationen gebracht. Bemühungen um "Aussöhnung des Blutes" (falja e gjakut) sollen durch die Berufung eines Ombudsmannes mit breitem gesellschaftlichem Rückhalt außerhalb staatlicher Gerichtsbarkeit eine bessere Konsistenz verliehen werden. In den letzten drei Jahren waren in der Region um die nordalbanische Stadt Shkodra immerhin 110 Blutopfer zu beklagen. Das Überleben zwingt immer öfter die von Blutrache bedrohten Menschen, ihre geschützten Häuser zu verlassen, ohne dass dem eine Aussöhnung voraus gegangen ist. Auch wenn es falsch wäre, die vor allem auf den entlegenen Norden Albaniens und Teile des Kosovo begrenzten Vorfälle von Blutrache und Selbstjustiz zu verallgemeinern, behindern sie den kulturell-zivilisatorischen Fortschritt des Landes in erheblichem Maße. Es erscheint jedoch unabdingbar, "zwischen dem juristischen Bereich der politischen Gemeinschaft und dem kulturellen Bereich der nationalen Identität" zu unterscheiden.[81] Der „Kanun" war nicht nur der mittelalterlich-patriarchalische Rechtsrahmen im Norden Albaniens und im Kosovo, um Verbrechen oder Ehrverletzungen zu sühnen, sondern auch ein Verhaltenskodex, der Normen wie Treue, das gegebene Wort, Gastrechte, Edelmut gegenüber dem Besiegten, Schutz von Frauen und Jugendlichen zum unantastbaren Gemeingut erhob und somit Teil kultureller Identität wurde. Die Abgeschiedenheit des schwer zugänglichen Gebietes begünstigte den Zusammenhalt des Stammes. Die mündlich überlieferten Volksepen in Gesangsform verherrlichten die Heldentaten gegen die Slawen im Norden und die Türken im Flachland.

Die Ausprägung des **Individualismus** wurde zu einer Form des Selbstschutzes und der Rückbesinnung auf den engen Zusammenhalt der Großfamilie. Er ist in erster Linie Abkehr vom verordneten Kollektivgeist und von der Gleichmacherei in der vorangegangenen Gesellschaft, stellt aber auch eine Art Selbsttäuschung in einer im Wesentlichen von außen konturierten neuen Ordnung dar. Überzogenes Selbstbewusstsein widerspiegelt dabei eher Unsicherheit. So werden im Gespräch die Mängel und Gebrechen der Gesellschaft meist sehr nachhaltig charakterisiert, so, als ob man über den Dingen stehe. Es kommt zu vernichtenden Urteilen über andere, wobei eigene Unwissenheit oder Ignoranz verdeckt werden. Dazu gehört auch die wenig ausgeprägte Dialogfähigkeit, d.h. die Bereitschaft, dem Gesprächspartner zuzuhören und eigene Auffassungen gegebenenfalls zu korrigieren. Signifikant ist dafür die oft zu hörende Floskel "Das sage ich dir" (T'a them unë) mit Betonung auf dem Wort "Ich", so als ob die Meinungen anderer abwegig seien. Dem ausländischen Beobachter drängt sich der Ein-

---

chael: Der Kanun der albanischen Berge: Hintergrund der albanischen Lebensweise (Forts.), in: Albanische Hefte, 3/1995, S. 6-9.
81 Vgl. Ferry, Jean-Marc: Die Relevanz des Postnationalen, in: Dewandre, Nicole/Lenoble, Jaques (Hg.): Projekt Europa ..., a.a.O., S. 30-41; hier: S. 33.

druck auf, dass sich viele seiner albanischen Gesprächspartner politisiert gerieren, ohne jedoch über Visionen zu verfügen, wie im Lande etwas zum Positiven zu bewegen ist.

Verantwortung wird allzu leicht auf den anderen abgeladen, ohne die eigenen Verpflichtungen wahrzunehmen. So passiert es, dass z.B. die Frage nach dem Sauberhalten des Umfeldes der eigenen Wohnung, Wasservergeudung an offen liegenden Rohrleitungen achselzuckend mit der Unfähigkeit der Verwaltung beantwortet wird und eigene Initiativen ausbleiben. Im nationalen Maßstab ist es der Verweis auf äußere Verantwortung, wenn z.B. Mängel in der eigenen Energiepolitik den Nachbarn angelastet werden, die im Rahmen ihrer Energieprojekte die Albaner ohne Wasserzufuhr belassen würden. In der Endkonsequenz ist es in beiden Fällen das alte Denken, das im autoritären, zentralistischen Regime dem Einzelnen die eigene Verantwortung weitgehend abnahm.

Der ausländische Beobachter stellt auch ein anderes Phänomen fest: Häufig wird zu einer dem Fragenden bekannten dritten Person sehr rasch erwidert: "Den habe ich zum Freund" (Atë e kam mik), obwohl das durch den so Bezeichneten dann gar nicht bestätigt wird. Es ist dies offensichtlich eine Form, dem Fremden einen Scheinzustand zu suggerieren und veranschaulicht die aus einer über lange Zeit isolierten und überschaubaren Gesellschaft herrührenden Bindungen, "wo jeder jeden kennt" und weit verzweigte Verwandtschaftsbeziehungen das gesellschaftliche Leben bestimmten.

Die verbale Abgrenzung von der Vergangenheit bedeutet nicht, dass diese mental bewältigt ist, und so fehlen Verhaltensmuster für die auf Parteienpluralismus, Demokratie und Rechtsstaatlichkeit beruhenden neuen gesellschaftlichen Strukturen. Nach der Gleichschaltung trat nunmehr das Ego stärker in den Vordergrund und behindert die Einordnung im Team, die Bereitschaft, etwas gemeinsam zu bewegen. Die Politik verhieß den Menschen soziale Gerechtigkeit, die Lösung der Eigentumsfragen und die Errichtung eines Rechtsstaates. Die Nichterfüllung dieser Versprechen führte zu zugespitzten gesellschaftlichen Konflikten. Der albanische Politiker Fatos Nano schlussfolgerte: "Während die politische Transformation innerhalb weniger Monate realisiert werden und die ökonomische innerhalb einer mittelfristigen Periode von wenigen Jahren Ergebnisse zeitigen kann, erfordert die Transformation ziviler Werte, der Ethik und Kultur Dekaden der Verwirklichung, und dafür trägt die ganze Gesellschaft Verantwortung".[82]

Der mentale Wandel hält mit der Anpassung an die neuen Herausforderungen nicht Schritt. Anna Wolff-Poweska schätzt ein, dass "die schnelle, schmerzfreie Identitätsänderung vieler Statisten des alten Systems, die sich von einem Tag auf

---

82 Nano, Fatos, in: 'Zëri i Popullit', 22.7.1998.

den anderen verwandelten, indem sie neue Kleider anzogen und neue Rollen und politische Optionen annahmen, wobei sie meist die Reihen der Extremisten verstärken", die niedrige Qualität des politischen Lebens beeinflusst.[83]

Das hohe Maß an **Konfliktbereitschaft und Gewalt** ist zum einen Erblast überkommener Stammesfehden und patriarchischer Clanstrukturen, muss jedoch nach Auffassung des Publizisten Neshat Tozaj vor allem der wirtschaftlichen Misere, der galoppierenden Kriminalität und dem Missbrauch der Macht angelastet werden, nachdem die unter der Diktatur obwaltende Ordnungsfunktion des Staates außer Kraft gesetzt wurde. "Viele Menschen erinnern sich nunmehr nostalgisch an Ordnung, Disziplin, saubere Straßen und den Schutz nationaler Werte. Das Ziel der Diskreditierung einer wahrhaft demokratischen Gesellschaft wurde erreicht. Berisha, der Vordenker, Konstrukteur und Baumeister der Idee von der Zerschlagung der Werte und der Entfremdung der Demokratie spielte, um von Europa akzeptiert zu werden, so vortrefflich mit der 'Karte' des Antikommunismus, bis er jegliches Maß überschritten hatte. Er vollendete die erste Phase der kommunistischen Aufgabe zur Diskreditierung der Idee der Demokratie, um sodann die zweite Phase zu beginnen: den 'revolutionären Straßenkampf', das Verlassen des Parlaments und die Durchführung des Staatsstreiches, der jedoch scheiterte".[84]

Menschen, die Abhängigkeit gewohnt sind, tragen ein unheimliches Protest- und Hasspotential in sich. Wenn sie nun für die Anpassung, die sie mühevoll vollbringen mussten, nicht ausreichend entschädigt werden – es war vor allem materieller Wohlstand, den sie erwarteten -, dann wird dieses Hasspotential immer drängender nach außen wollen. Deshalb ist das Problem extremistischer Verhaltensweisen in starkem Maße abhängig von der sozialen Befriedung.

Nach einer Phase der vorsichtigen Stabilisierung unter der Mitte-Linksregierung 1998-2002 ist ein Phänomen zu beobachten, das albanische Analytiker als "Rückkehr zur Identität" (Kthim në identitet) bezeichnen. Sie verstehen darunter u.a. die Nutzbarmachung professioneller Fertigkeiten der unter der Berisha-Administration entlassenen ehemaligen Funktionsträger der Armee und des Sicherheitsapparates, durch die öffentliche Ordnung gesichert und staatliche Interessen durchgesetzt werden sollen (Steuerabgaben, Zollkontrolle, Baupolizei usw.). Soweit damit dem Ruf nach der ordnenden Hand gegen spontananarchische Zustände – z.B. Entfernen "wild" errichteter Kioske und Imbissbuden in den Parkanlagen Tiranas und Instandsetzungsmaßnahmen an öffentlichen Gebäuden und Wohnhäusern – entsprochen wird und die Stadt durch maßgebliche Initiative ihres Bürgermeisters Edi Rama in den letzten Monaten ein freund-

---

83 Wolff-Poweska, Anna: Identitätskrise …, a.a.O., S. 32.
84 Tozaj, Neshat, in: 'Zëri i Popullit', 28.4.1999.

licheres und saubereres Image zurückgewonnen hat, kann auf breite Akzeptanz der Bürger gebaut werden. Die Opposition aus dem rechten Lager nutzt jedoch diesen Fakt mit Vorwürfen an die Regierenden, unter dem Vorwand einer Rückkehr zu zentralistischen Praktiken die alte Diktatur wiedererrichten zu wollen. Ungenügend dechiffriert bleibt tatsächlich, was alles unter der wieder zu gewinnenden Identität zu verstehen ist – zentrale Planung gegen Anarchie, Subjektivismus in Entscheidungen gegen freies Spiel der (marktwirtschaftlichen) Kräfte und Interessen? Der Ruf nach dem starken Mann wird nicht ausreichen, wenn die Ordnungsfaktoren nicht von einer breiten Öffentlichkeit mitgetragen werden.

4. Wirtschaftliche und soziale Identitätsfaktoren

Wirtschaftliche und soziale Identitätsfaktoren haben in der albanischen Gesellschaft bisher ungenügende Konsistenz. Das verbale Bekenntnis der Reformkräfte zur marktwirtschaftlichen Ordnung und zur Privatisierung hatte in den vergangenen Jahren nur wenig reale Entsprechung gefunden. Die Frage, ob der sozialen Komponente und der allmählichen Überleitung aus den zentralistischen Wirtschaftsstrukturen Vorrang vor einer Schocktherapie zum Zwecke der breiten Liberalisierung und Erfüllung der vom IWF vorgegebenen makroökonomischen Parameter eingeräumt wird, ist zwar zugunsten letzterer entschieden worden. Nach Antworten verlangt aber die Frage, ob es durch die Etablierung der Marktwirtschaft gelungen ist, die Trennung von Wirtschaft und Politik durchzusetzen, ohne dem Staat seine Rahmenordnungsfunktion zu entziehen.

Mackow warnt davor, dass sich "ohne diese Trennung die postkommunistische Staatsverwaltung in ein undurchsichtiges korruptes System verwandelt, in dem unter den Machthabern eine Privatisierung des vom Volk in staatlichen bzw. staatsabhängigen Unternehmen erarbeiteten Gewinns vollzogen wird".[85] Eben das ist in Albanien eingetreten. Die vermeintliche Stabilisierung mit einer unterhalb der vorgegebenen Marge gesunkenen Inflationsrate, der Preisliberalisierung und dem ansteigenden BIP-Wachstum fand Mitte der 1990er Jahre die Anerkennung der westlichen Wirtschaftsberater. Dieser Ansatz in der Umsetzung der Wirtschaftsreform wurde jedoch nicht als Teil eines dynamischen Prozesses mit den ihm immanenten Höhen und Tiefen betrachtet, sondern als politischer Erfolg proklamiert, dem – wie sich dann erwies – das entsprechende materielle Unterfutter fehlte. Der "kurze Traum von den Pyramiden", d.h. der Verlust von etwa 1,2

---

85 Maćków, Jerzy: Die Voraussetzungen demokratischer Entwicklung in Mittel-, Nordost-, Südost- und Osteuropa, in: Aus Politik und Zeitgeschichte, 3-4/1999, S. 3-18;. hier: S. 14.

Mrd. US$ = die Hälfte des albanischen BIP im Jahre 1996, ruinierte einen Großteil der Bevölkerung. Fehlende Erfahrungen im Umgang mit Finanzgeschäften und die Psychose des schnellen Gewinns hatten viele Menschen in kürzester Zeit um ihre Ersparnisse gebracht. Es entwickelte sich ein wilder Kapitalismus, der einer kleinen Gruppe immense Bereicherung ermöglichte, die Masse der Menschen jedoch ins soziale Abseits drängte.

Mit der einsetzenden Krise der Pyramidengeschäfte[86] und einer sich ausweitenden Schattenwirtschaft am Fiskus vorbei war es zu den Unruhen gekommen, die faktisch das albanische Wirtschaftssystem lahm legten. Die industrielle Produktion sank fast in den Nullbereich ab. Die verschlissene materiell-technische Substanz ehemaliger uneffektiver Staatsbetriebe, ungenügendes Management zur Umstrukturierung und vor allem fehlende Investitionsmittel verhinderten eine durchgreifende Erholung der Wirtschaft. Die sehr hohe Arbeitslosenquote ist Folge dieser Situation. Als registriert gelten etwa 15 Prozent, aber mit der verdeckten Arbeitslosigkeit muss über das Doppelte angenommen werden, und außerhalb der Berechnung blieben die arbeitslosen Mitglieder der privatisierten Familienbetriebe in der Landwirtschaft. Die zugesagte Entschädigung für die Opfer der so genannten Pyramidengeschäfte blieb zum Großteil aus, weil die Gelder in dunkle Kanäle abgeflossen sind und der albanische Staat über keine ausreichenden Reserven verfügte.

Es ist nicht gelungen, Kernbereiche der albanischen Wirtschaft, etwa die Chromerz- oder Kupfergewinnung und -verarbeitung, zu reaktivieren. Im Gegenteil, es erfolgten weitere Stilllegungen, so im Bereich der Erdöl- und Erdgasförderung. Einen weiteren Hemmfaktor bildet die desolate Infrastruktur – die unzureichende Versorgung mit Strom und Trinkwasser und das morbide Straßennetz.

Die EU weist aus, dass Albanien das Land mit dem niedrigsten Entwicklungsstand in Europa und weiterhin von einer Wirtschaft geprägt ist, in der 49 Prozent des BIP von der Landwirtschaft, 20 Prozent vom Dienstleistungssektor, 16,1 Prozent vom Bauwesen, 3,6 Prozent vom Transportwesen und 11,3 Prozent von der Industrie erwirtschaftet werden. Eine Trendwende war beim Zuwachs des BIP von minus 7 Prozent 1997 auf plus 7,3 Prozent 2001 zu verzeichnen, und die Inflation ging von 8,7 Prozent 1998 auf etwa 3,5 Prozent 2001 zurück.[87] Trotz der Verbesserungen bei der Erhebung von Steuern – die Mehrwertsteuer beträgt 20 Prozent – und bei der Zollpolitik liegen die Einnahmen – sie werden für 1999

---

86 Vgl. Gostentschnigg, Kurt: Die Pyramiden-Affäre Albaniens: Verlauf, Folgen und Lösungen, in: Südost-Europa, 3-4/1998, S. 117-127.
87 Bundesagentur für Außenwirtschaft (Hg.): bfai-Info Osteuropa, Köln, Dezember 2002.

auf 13,5 Prozent des BIP veranschlagt – unter dem Niveau für eine tragfähige Haushaltslage.[88]

Die ausländischen Investitionen lagen 2000 erstmals über der 100-Mio. US$-Marke (141 Mio. US$) und sollten 2001 etwa 220 Mio. US$ erreichen. Große strategische Investitionen sind allerdings bisher nicht zu verzeichnen. Die EBRD (Europäische Bank für Wiederaufbau und Entwicklung) unterstützt vorrangig den Ausbau des Privatsektors durch finanzielle Förderung von kleinen und mittleren Unternehmen, beteiligt sich an strategischen Privatisierungen und fördert Infrastrukturprojekte.

Drei Feststellungen sind dennoch von Gewicht:
1. Der Transformationsprozess auf der Grundlage tiefgreifender politischer und ökonomischer Veränderungen ist unumkehrbar. Das Land ist seiner jahrzehntelangen Isolierung entrückt und kann auf die materielle Hilfe und das Know-how der westlichen Industrieländer bauen.
2. Die Menschen leben insgesamt besser als vor dem Jahre 1991. Es ist dies Ergebnis privatwirtschaftlicher Initiative um den Preis zunehmender sozialer Differenzierung sowie des Kapitalzustroms von außen – des Transfers der Wirtschaftsemigranten und ausländischer Entwicklungshilfe.
3. Die Sachzwänge funktionierender Marktwirtschaft mit der weiteren Öffnung nach außen bewirken letztendlich ein Mehr an politischer Stabilität, Demokratie und Rechtsstaatlichkeit.

Das äußere Bild vermittelt den Eindruck pulsierenden Lebens. Täglich gibt es an die 15 Flugverbindungen mit dem Ausland. In der Hafenstadt Durrës machen sechs Fähren fest. In den Städten florieren Tausende Geschäfte, Hotels und Restaurants und der private Häuserbau boomt. Der Ausbau des Straßennetzes, insbesondere die Nord-Südtangente der so genannten Nationalstraße, geht zügig voran. Auch der Dienstleistungssektor hat an Breite gewonnen. Ein Großteil der Bevölkerung ist jedoch von der Teilhabe an diesen unter Bedingungen des marktwirtschaftlichen Wettbewerbs oder durch Spekulation erzielten Zugewinns an Lebensqualität ausgeschlossen.

Die Privatisierung hat im Bereich der Handwerksbetriebe, des Handels, der Dienstleistungen und in der Agrarwirtschaft Platz gegriffen. Wesentlich schleppender gestaltet sie sich bei den Industriebetrieben. Die Kleinunternehmer, Händler und privatwirtschaftlichen Bauern wurden somit zum Hauptträger der albanischen Wirtschaft und decken etwa 75 Prozent des BIP ab. Der Einfluss der Unternehmerverbände auf das Wirtschaftsgeschehen ist bisher gering. Der Zusam-

---

88 EU-Kommission (Hg.): Bericht der Kommission über die Möglichkeit der Aushandlung eines Stabilisierungs- und Assoziierungsabkommens mit Albanien, KOM(99) 0599, in Brüssel angenommen am 24.11.1999.

menschluss geschieht weitgehend sporadisch, und der Staat nutzt diese Verbände eher als Aushängeschild für das Bestehen marktwirtschaftlicher Strukturen denn als Partner.

Eines der kompliziertesten Probleme bleibt die Neuaufteilung des Bodens. Im Jahre 1991 standen 700 000 ha landwirtschaftlicher Nutzfläche zur Verfügung. Hiervon wurden für 170 000 ha Eigentumsansprüche erhoben, darunter für über 70 000 ha seitens ehemaliger Großagrarier und für 100 000 ha seitens kleiner und mittlerer bäuerlicher Familien. Der übrige Bodenanteil war in der Zeit des kommunistischen Systems erschlossen worden. Hierbei gibt es keine Probleme. Unstimmigkeiten bestehen da fort, wo sich die Alteigentümer nicht mit Kompensation in Geld oder anderen Bodenflächen abfinden und wo die gesetzlich fixierte Höchstgrenze von 40 ha überschritten werden soll.

Vickers/Pettifer stellen fest, dass "eine neue Klasse privater Bodenbesitzer, die im Ergebnis der von der Koalitionsregierung unter Führung der Sozialisten im Herbst 1991 hastig betriebenen Privatisierung des Bodens entstand, sich nunmehr den Angriffen der Familien der Bodenbesitzer aus der Vorkriegszeit ausgesetzt sieht". Bezogen auf die nachfolgende Regierung unter Führung der Demokratischen Partei heißt es zur gleichen Problematik: "Was die Regierung Berishas auch sonst erreicht oder nicht erreicht hat, sie schuf eine breite Klasse kleiner bäuerlicher Eigentümer, die ohne irgendein Zugeständnis jegliche Rückkehr zum Bodenbesitz aus der Vorkriegszeit ablehnt".[89] Im Nachhinein korrigierte Berisha diese Position, indem er im Oktober 1999 aus der Oppositionsrolle heraus versprach, "allen albanischen Familien verlorenes Eigentum komplett zurückzugeben bzw. es zum Handelswert zu kompensieren". Darin einbezogen sollte auch die Rückgabe des Besitzes an die ehemalige Königsfamilie bzw. an italienische Firmen aus der Zeit der Zogu-Monarchie sein.[90]

Der albanische Wirtschaftsexperte Gramoz Pashko sieht in der Rechtsprechung in den vergangenen Jahren den schwächsten Punkt. "Das führte zu größerer Verwirrung, zur Zunahme von Konflikten, und das hatte auch seinen Einfluss auf die Zunahme der Korruption in der Verwaltung. Als von Privatisierung und Investitionen die Rede war, merkten alle, dass das Problem der Anerkennung der Eigentumsrechte zum Hauptelement der Korruption wurde. Heute muss das Problem auf die eine oder andere Weise gelöst werden. Es muss gelöst werden, weil das Fehlen von Titeln des Eigentums den Zufluss von Investitionen, den Gang der Privatisierung und die Entwicklung der Wirtschaft stört. Es kann keine entwi-

---

89 Vickers, Miranda/Pettifer, James: Albania ..., a.a.O., S. 237.
90 Berisha, Sali auf dem 6. Nationalkonvent der PDSH, in: 'Rilindja Demokratike', 1.10.1999 (alban.).

ckelte Wirtschaft geben, wenn nicht exakte Grundlagen gelegt sind und das Problem des Eigentums über den Boden nicht geklärt ist".[91]

Die durchgehende Privatisierung der albanischen Wirtschaft wird unter Bedingungen der Rückständigkeit, unzureichender gesetzlicher Rahmenbedingungen und der die Wettbewerbsfähigkeit behindernden Mentalität zentralstaatlicher Steuerung beträchtlich erschwert. Eine der Schlussfolgerungen aus den wiederholten Rückfällen ist, dass parallel zur ökonomischen Transformation auch eine institutionelle Transformation stattfinden muss, die den erforderlichen rechtlichen Rahmen absteckt und Sicherheiten schafft. Hierzu gehört auch die Installierung eines effektiven Bankensystems und Kapitalmarktes. Beides ist noch in den Anfängen begriffen.

Die Schattenwirtschaft, basierend auf Drogenschmuggel, Menschenhandel und anderen dunklen Machenschaften, trägt dazu bei, dass sich zumindest ein Teil der Bevölkerung aus diesen Quellen die Mittel zum Überleben sichert. Die Bereitschaft der Bürger, ihrer Steuer- und Abgabenpflicht nachzukommen, ist unter den Bedingungen von Korruption und Nepotismus sehr eingeschränkt. Außerdem wirken hier Mentalitäten aus der Zeit des totalitären Regimes nach, das die Steuern pro forma abgeschafft hatte.

Durch den Kosovo-Krieg und dessen unmittelbare Auswirkungen entstand eine Lage, die die Stabilisierung der albanischen Wirtschaft noch mehr zum Gegenstand internationaler Stützungsmaßnahmen machte. Albanien musste einen Großteil seiner Geldreserven für die Notversorgung der Kosovo-Flüchtlinge aufbringen und war überfordert, unter dieser Mehrbelastung wesentliche Schritte in der Wirtschaftsreform voranzugehen. Tirana setzte deshalb große Erwartungen in die Umsetzung der auf der internationalen Konferenz für einen Balkan-Stabilitätspakt im Juli 1999 in Sarajevo vorgezeichneten Unterstützung.

Hinsichtlich der **sozialen Situation** nimmt Albanien einen der hinteren Plätze im Entwicklungsniveau der europäischen Reformländer ein. Die hohe Arbeitslosigkeit und die innere Migration im Ergebnis der nach der albanischen Wende gewährten Freizügigkeit mit zunehmender Urbanisierung führten zu starken sozialen Verwerfungen. 1997 waren lediglich 59,5 Prozent der Bevölkerung im arbeitsfähigen Alter beschäftigt. Der Bereich der Schattenwirtschaft umfasst etwa 400 000 Arbeitskräfte.

Besonders gravierend ist die Arbeitslosigkeit in den städtischen Ballungszentren. Für die sprunghaft zugenommene Einwohnerzahl Tiranas von ca. 250 000 im Jahre 1990 auf etwa 700 000 im Jahr 2002 sind weder die erforderlichen beschäftigungsmäßigen noch infrastrukturellen Voraussetzungen gegeben. In der Haupt-

---

91 Pashko, Gramoz: Woraus resultiert die Entartung des Eigentums?, in: 'Gazeta Shqiptare', 22.5.1998 (alban.).

stadt hat sich zudem eine ökologische Katastrophe durch unzureichende Müllentsorgung und durch Smogbelastungen aus einem überdimensionalen Verkehr auf den Straßen sowie unverringerter Ofenheizung der Haushalte angebahnt.

Das Prokopfeinkommen betrug 2001 etwa 1100 US$. Der Lohnerhöhung für Staatsbedienstete um 50 Prozent im Zeitraum 1993-98 stehen Preissteigerungen von 200 Prozent gegenüber.[92] Der Lebensunterhalt hat sich im Vergleich zu drei Jahren zuvor um das Doppelte verteuert. Die Rentner und Sozialhilfeempfänger sind mit wesentlich gestiegenen Lebensmittelpreisen konfrontiert. Die Rente in der Stadt beträgt monatlich ca. 100 US$, während sie auf dem Lande hingegen nur die Hälfte beträgt.[93] Nach Angaben der Weltbank gelten 30 Prozent der Bevölkerung als arm. Davon müssen 46 Prozent mit weniger als 2 US$ täglich auskommen.[94]

Einen gewissen Ausgleich für die sozial Schwachen leistet das nach westlichem Muster neu installierte Sozialversicherungssystem.[95] Im Jahre 1998 erhielten 139 420 Familien – das sind 15 Prozent der albanischen Familien – staatliche Unterstützung. Die Stabilisierung dieses Systems ermöglichte es, u.a. die Renten seit 2000 jährlich in den Städten um 10 Prozent und auf dem Land (mit dem höchsten Nachholbedarf) um 25 Prozent zu erhöhen.

5. Veränderungen in der sozialen Schichtung

Albanien war zu Zeiten der Hoxha-Diktatur in Osteuropa das Land mit der ausgeprägtesten Gleichmacherei und Vergesellschaftung. Der Zusammenbruch dieser Ordnung hinterließ ein gesellschaftliches Vakuum, aus dem heraus erst zögerlich neue soziale Gruppierungen erwachsen – dies vor allem auf Grund der fehlenden sozialen Basis der an die Macht gelangten politischen Klasse, des Zusammenbruchs der wirtschaftlichen Basis, der Kompliziertheit der Privatisierung staatlichen Eigentums in Verbindung mit dem Rückgabeanspruch der von der kommunistischen Herrschaft enteigneten Besitzer von Land und Immobilien und schließlich einer aus der Not geborenen massiven Wirtschaftsemigration.

Der Status vieler sozialer Gruppen hat sich inzwischen auf drastische Weise verändert – auf der einen Seite durch die hohe Arbeitslosigkeit infolge des Weg-

---

92 Vgl. 'Gazeta Shqiptare', 13.11.1998.
93 Ebd., 17.11.1998.
94 EU-Kommission (Hg.): Bericht ..., a.a.O.
95 Human Development Promotion Center (HDPC) (ed.): Human Development Report: Albania 2002. Challenges of Local Governance and Regional Development, Tirana 2002; im Internet abrufbar unter: http://intra.undp.org.al/ext/elib/download/?id=434 &name=Albania%20NHDR%202002%20(English).pdf [gesehen am 23.8.2004].

bruches der industriellen Basis, der Veränderungen in der Landwirtschaft sowie der Reduzierung der Beschäftigten des öffentlichen Sektors, auf der anderen Seite durch das Entstehen einer neuen Schicht privatwirtschaftlicher Unternehmer in Handel, Handwerk und Dienstleistungsgewerbe. Vertretern der einstigen kommunistischen Elite gelang es hierbei durch professionelle Erfahrungen und Kontakte am ehesten, in der Marktwirtschaft bzw. in der Schattenwirtschaft Fuß zu fassen. Auch auf Albanien trifft die Feststellung von Gabanyi zu, wonach "die Frage, ob die alten kommunistischen Eliten Nutznießer des Systemwandels waren, relativ leicht mit 'ja' zu beantworten ist".[96] Sie begründet das damit, dass es Teilen vormaliger Machteliten nach 1989 gelungen ist, das formal freie Spiel der Kräfte von Markt und Meinung dank ihres Herrschaftswissens und der von ihnen ausgeübten Kontrolle über die nationalen Ressourcen sozusagen legal zu ihren eigenen Gunsten zu steuern und es in ökonomische Vorherrschaft und politische Macht umzumünzen.

Die an die Macht gelangte **politische Elite**[97] nutzt parteienübergreifend die persönlichen Privilegien, Möglichkeiten der Liberalisierung und Marktöffnung zur eigenen Bereicherung. Vom Profil des treuen Staatsdieners kann nur bedingt gesprochen werden, da der instabile Staat nicht über die Mittel verfügt, seine Bediensteten materiell und damit auch ideell ausreichend zu motivieren. In erster Linie fühlen sich die Reformkräfte der jeweiligen Partei verpflichtet, die sie in entsprechende Machtpositionen gebracht hat. Die Verwaltungsreform ist noch in den Anfängen begriffen, und damit bleibt auch der Status des unabhängigen Beamten und Angestellten in staatlichen Einrichtungen ungesichert. In der Besetzung der Funktionen dominiert Subjektivismus, wobei Clan- und Klientelwirtschaft Vorrang vor professioneller Eignung erhalten. Von einem kollektiven Elitebewusstsein im Sinne der Wahrnehmung politischer Verantwortung für den Reformprozess kann unter diesen Bedingungen nicht die Rede sein.

Zweifellos besteht ein Konflikt zwischen dem, was die Masse der Menschen will und dem, was die Eliten verkörpern. Ausschlaggebend wird sein, ob dieser Widerspruch verringert oder aufgelöst werden kann, indem demokratische Vorstellungen und Praktiken unter den Eliten Platz greifen und der Reformkurs neue Impulse erfährt.

---

96 Vgl. Gabanyi, Anneli Ute: Neue Wirtschaftseliten in Rumänien: Von der Nomenklatura zur Oligarchie, in: Höpgen, Wolfgang/Sundhausen, Holm (Hg.): Eliten in Südosteuropa – Rolle, Kontinuitäten, Brüche in Zeitgeschichte und Gegenwart, Südosteuropa-Jahrbuch 29, München 1998, S. 289-319; hier: S. 290.
97 Zakošek definiert die „politische Elite als führende politische Akteure, welche die politische Entscheidungsfindung und Implementierung bestimmen". (Zakošek, Nenad: Elitenwandel in Kroatien 1989-1995, in: Höpgen, Wolfgang/Sundhausen, Holm (Hg.): Eliten ..., a.a.O., S. 279-288; hier: S. 279)

Die **bäuerliche Schicht** dominiert weiterhin mit reichlich 50 Prozent Anteil an der Bevölkerung. Nach Auflösung der flächendeckenden landwirtschaftlichen Kooperativen ist sie im Zuge der Zuteilung von Acker- und Weideland zur privaten Nutzung – bis Ende 1994 entstanden etwa 400 000 Familienwirtschaften mit einer Fläche zwischen 0,5 bis 2,2 ha – im Wesentlichen in der Lage, in den fruchtbaren Ebenen die Eigenversorgung in Form des geschlossenen Wirtschaftzyklus zu gewährleisten. Aber der Boden ist nicht durchgehend fruchtbar. Mit Wegfall staatlicher Subventionen für entlegene und unwirtliche Bergzonen verarmte ein Großteil der ländlichen Bevölkerung und wanderte an die Peripherie der Städte ab. Das Fehlen minimaler Bedingungen für funktionierende Infrastruktur, Beschäftigung und Bildungsmöglichkeiten macht aus vielen dieser Menschen eine Art "Lumpenproletariat" bzw. die Keimzelle für Kriminalität. Das trifft insbesondere auf Kinder und Jugendliche zu, die unter diesen Bedingungen keine Erziehung genießen und sich in Straßengangs zusammenschließen.

Langfristig wird es zu einer weiteren Belastung des Arbeitsmarktes kommen, weil mangelnde Effektivität und der niedrige Mechanisierungsgrad die Exportchancen verringern. Die Märkte sind bereits heute mit Frischimporten aus Griechenland, Makedonien und Italien überschwemmt und verdrängen einheimische Produkte. Als gesamtgesellschaftliches Phänomen stellt sich das zunehmende Gefälle in den Lebensbedingungen zwischen der städtischen und ländlichen Bevölkerung dar, das mehr Konfliktstoff als die kulturellen Unterschiede zwischen Nord- und Südalbanien oder zwischen den Glaubensrichtungen in sich birgt.

An die Stelle der stark reduzierten Schicht der Arbeiterschaft, gekennzeichnet durch enorm hohe Arbeitslosigkeit im Ergebnis des Verfalls der Produktionsstrukturen, trat eine **aufstrebende Mittelschicht**. Sie rekrutiert sich vornehmlich aus der Stadt- Bevölkerung, aus dem vitalsten Teil ehemaliger Angestellter des überdimensionalen staatlichen Sektors, die – soweit sie nicht in der stark reduzierten Verwaltung verblieben – die Möglichkeiten der Privatisierung in Handel, Handwerk, Verkehr und Dienstleistungen zu nutzen wussten. Zu Hunderten entstanden kleine Werkstätten, Backstuben, Restaurants, Kioske und Imbissstuben. Gegenwärtig bilden sie den bodenständigsten und stabilsten Teil der Gesellschaft. Sie manövrieren zwischen den vom Staat vorgegebenen Gesetzen und Normen und den durch die Schattenwirtschaft geschaffenen Freiräumen unter Bedingungen zunehmender Konkurrenz. Hier bildet sich am sichtbarsten eine neue Identität heraus, die stabilisierenden Einfluss auf die gesellschaftliche Entwicklung ausüben kann.

Die **neue Bourgeoisie** formiert sich aus Unternehmern mit und ohne Bindungen zur Politik. Ihr Interesse ist auf den beschleunigten Aufbau der Grundstrukturen der Marktwirtschaft und den Abschluss der Privatisierung der Wirtschaft ausgerichtet. Dort, wo der Staat versagt, gelangt sie – oft an den Gesetzen vorbei –

zu ansehnlichem Reichtum. Gewaltige Spekulationen führten zu den ruinösen Geldanlagepraktiken, wobei sich deren Bosse enger Verbindungen mit Machthabern aus Politik, Justiz und Polizei bedienen konnten. Ihr Identitätsbewusstsein im Verständnis nationaler Stabilisierungskriterien muss als heterogen gelten.

Wo die Fäden bis hin zu mafiosen Strukturen und Schmuggelzentren des Auslands reichen, kann durchaus von einer kriminellen Bourgeoisie gesprochen werden. Begünstigt durch die Auswirkungen des Kosovo-Konfliktes nahmen Korruption, Geldwäsche und grenzüberschreitender Schmuggel geradezu bedrohliche Ausmaße an. Lubonja vertritt die Auffassung, dass "mit wenigen Ausnahmen der größte Teil der reichen albanischen Schicht, die während der Jahre 1992-1997 entstand, genau dieser kriminellen Bourgeosie zuzuordnen ist. Es ist schwierig, in dieser Schicht zu unterscheiden, wo die Politiker, Richter und Polizisten aufhören und wo die Mafiosi anfangen. Charakteristisch für sie ist, dass sie ihren Besitz nicht deklariert haben und diesen oftmals vertuschen oder auf westlichen Banken angelegt haben. Gleichzeitig trifft man bei ihnen nicht auf ein ausgeprägtes Verantwortungsgefühl für die Errichtung des Staates, für die Infrastruktur, die Zahlung von Steuern usw. usf.. Diese Erscheinungen traten auf dramatischste Weise während der Krise des Jahres 1997 mit dem Scheitern der Pyramidengeschäfte zutage, die eine der hervorstechendsten Formen der Bindung der Politik an die Kriminalität darstellten. In jener Zeit offenbarte diese politisch-ökonomische Klasse eine grenzenlose Verantwortungslosigkeit. Ein Teil drängte zur Flucht ins Ausland, soviel wie möglich des geraubten Geldes mitnehmend. Andere, insbesondere Politiker, ließen das Land in Chaos und Anarchie versinken, um die Macht unter allen Bedingungen zu behalten und die Spuren der Verbrechen zu verwischen".[98]

Die Öffnung der albanischen Gesellschaft brachte eine nach Maßgabe ihrer sozialen Verhältnisse sich rasch dem europäischen Lebensstil angepasste Schicht hervor, während ein großer Teil der Bevölkerung, insbesondere auf dem Lande, zur traditionellen patriarchischen Lebensweise zurückkehrte. Die fehlende soziale Kohärenz spiegelt sich sowohl in wilder Urbanisierung der aus ländlichen Gebieten in die Städte drängenden Menschen als auch im Absterben ganzer Dörfer wider. Es fehlt die Motivation der Bildungsbürger, in die ländlichen Gebiete zu ziehen und die wachsende Kluft zwischen urbanen und ruralen Gebieten zu verringern.

Die Schicht der **Intellektuellen** ist weitgehend zersplittert. Die Bereitschaft zur Übernahme verantwortlicher Funktionen im Reformprozess durch erfahrene Fachleute sowohl in der staatlichen Verwaltung, der Wirtschaft und im kulturell-

---

98 Lubonja, Fatos: Soziale Schichtungen des Postkommunismus, in: 'Koha Jonë', 31.5.1998 (alban.).

geistigen Bereich wird durch die parteigebundene Bevorzugung "linientreuer" Gefolgsleute zum Nachteil von ausgewiesenen Spezialisten beeinträchtigt. Das hat bei den einen zur "geistigen Emigration", bei anderen zur faktischen Emigration geführt. Aus einer Presseveröffentlichung[99] geht hervor, dass 63 Prozent der albanischen Intellektuellen emigrieren möchten und dass im Zeitraum 1990-98 bereits 35,4 Prozent des wissenschaftlichen Personals ins Ausland abgewandert sind, insbesondere jüngere Jahrgänge. Ein Teil der Intellektuellen wechselte in die Politik über, vorrangig Vertreter naturwissenschaftlicher Zweige wie Ärzte, Archäologen und Mathematiker. In dem Maße, wie sie im Auftrage von Parteien Funktionen in der Politik übernahmen, entfernten sie sich aus der Wissenschaft. Der mittellose Staat verurteilte überdies die geistige Elite zu einem Elendsdasein. Materiell gesehen gehören die durch die Marktmechanismen an den Rand der Gesellschaft gedrängten Intellektuellen zur neuen Armut. Als trügerisch erwies sich "die Hoffnung vieler Intellektueller, dass nach dem Totalitarismus die civil society sozusagen eruptionsartig die bisher vom omnipotenten Staat miserabel verwalteten gesellschaftlichen Räume ausfüllen wird".[100] Sie selbst erwiesen sich als zu wenig gewappnet, um als "Gewissenselite"[101] gesellschaftliche Verantwortung zu übernehmen und die Herausbildung neuer Identitäten im Sinne einer Demokratisierung der Gesellschaft wesentlich zu befördern. Umso bedauerlicher ist es, dass sich selbst die politisch engagierten Intellektuellen zu sehr mit sich selbst beschäftigen, in den Medien gegenseitig Polemik betreiben, ansonsten aber in ihrer Isolierung verharren und damit nichts bewegen.

Die unter der Diktatur dominierende Gruppe der bewaffneten Kräfte – **Armee, Polizei und Sicherheitsorgane** (Sigurimi) – hat in der albanischen Transformation einen neuen Stellenwert erhalten. Sie wurde unter zivile Kontrolle gestellt und nach westlichem Muster umstrukturiert. Von Gewicht ist, dass sich Armee und auch Polizei in den Wirren 1997 nicht gegen das eigene Volk missbrauchen ließen. Ein Großteil der Anführer der Revolte stammte aus der Schicht der unter der Berisha-Administration entlassenen Armeeoffiziere. Nach der faktischen Selbstauflösung der Armee und der widerstandslosen Ausplünderung von Armeedepots bedurfte es großer Anstrengungen, die sich neu formierende Armee, Polizei und den Sicherheitsdienst für ihre Aufgaben materiell und moralisch zu motivieren. Hierbei spielt der Umstand eine Rolle, dass sich Berisha eines Sicherheitsapparates (SHIK) bediente, der sich zwar nach den Strukturen reformiert, aber nach den Formen die Willkür des alten Apparates übernommen hatte.

---

99 In: 'Shekulli', 19.12.1998.
100 Maćków, Jerzy: Die Voraussetzungen ..., a.a.O., S. 17.
101 Vgl. Roth, Juliana: Die Intelligenz als „verlorene Elite": Intellektuelle Diskurse in Bulgarien 1990-1996, in: Höpgen, Wolfgang/Sundhausen, Holm (Hg.): Eliten ..., a.a.O., S. 261-277; hier: S. 265.

Ähnliche Erscheinungen gab es auch nach dem Übergang der Macht an die sozialistisch dominierte Mitte-Links-Regierung. Die Entlassung des Chefs des SHIK, Fatos Klosi, im Jahr 2002 wurde mit Amtsmissbrauch begründet. Inwiefern Klosi allerdings eher ein „Bauernopfer" im Ränkespiel Nanos mit seinem Widersacher Berisha darstellte, ist bisher wenig erhellt worden. Insgesamt kann in der Nachwendezeit von einer auf die Gesellschaft ausstrahlenden militärischen Elite nicht die Rede sein.

Als die am meisten benachteiligte Schicht der albanischen Gesellschaft gelten – wie bereits aufgezeigt – die **Rentner**. Das soziale Netz war bereits in früheren Zeiten äußerst dünn und erfuhr unter den Bedingungen der Marktwirtschaft und einer profitorientierten Wirtschaft neue Belastungen. In erster Linie betrifft das die Städter, die nicht über familiäre Versorgungslinien zum Dorf verfügen bzw. keine Angehörigen im Ausland haben.

Die **Jugendlichen** als prozentual größter Teil der Bevölkerung (15-20 Prozent) sind Hauptleidtragende des gestörten Transformationsprozesses. Zwei Widersprüche wirken fort: Erstens blieben trotz des Zuwachses an jungen Arbeitskräften die Angebote des Arbeitsmarktes sehr begrenzt. Zweitens fehlt am Arbeitsmarkt die Nachfrage nach qualifizierten Beschäftigungen, obwohl das Bildungsniveau der Jugend relativ hoch ist. Im Gefühl des Nichtgebrauchtwerdens und der Perspektivlosigkeit ist unter den Jugendlichen zunehmende Staatsverdrossenheit zu beobachten. Es war kein Wunder, dass damit ein deutlicher Werteverfall mit Gewaltbereitschaft, Drogenkonsum und krimineller Betätigung einhergeht. Die Pyramidengeschäfte erzeugten eine Mentalität, sich auch ohne Arbeit bereichern zu können. Ca. 53 Prozent der Straftaten im Lande entfallen auf Jugendliche im Alter bis 26 Jahre. Unter den bewaffneten jugendlichen Banden dominiert ein niedriges Bildungsniveau. Zum großen Teil sind das entwurzelte junge Menschen, die aus den unwirtlichen Gegenden des Landes stammen und in den Städten Zuflucht suchen.

Die studentische Jugend bleibt in dem Maße, wie ihr nach dem Studienabschluss Wirkungsmöglichkeiten im Lande eröffnet werden, ein wichtiges Trägerpotential für die Transformation. Noch dominiert der Drang zum Exodus ins Ausland, weil sich im Lande kaum ansprechende Berufsmöglichkeiten eröffnen. Die ungenügenden sozialen Bedingungen veranlassten die Studenten wiederholt zu Proteststreiks. Allerdings wurden diese mehrfach missbraucht, um politische Bedingungen an die Adresse der Regierung zu stellen, die die Protestierenden bereitwillig von Politikern der Opposition übernahmen. Beredtes Beispiel dafür ist der Hungerstreik an der Tiranaer Universität vom Dezember 1998. Die jüngere Generation denkt wenig über Identität nach. Der Prozess der Entfremdung von den eigenen familiären und gesellschaftlichen Wurzeln ist unübersehbar.

Die **Frauen** haben doppelte Last zu tragen: Sie müssen Haushalt und Kinder versorgen und haben die geringsten Aussichten auf Beschäftigung. Vom sozialpolitischen Standpunkt aus sind sie in ihren Rechten zurückversetzt. Während der staatszentralistischen Ordnung war ihnen Beschäftigung und Versorgung ihrer Kinder in Krippen und Kindergärten sicher, auch wenn starke Reglementierung und Ideologisierung vorherrschten. Unabhängig von den nunmehr gewonnenen individuellen Freiheiten hat sich organisierter Widerstand gegen die neue Benachteiligung und das Wiedererstarken patriarchalischer Bräuche entwickelt.

Zur sozialen Schichtung gehören auch die **Wirtschaftsflüchtlinge**. Als einzubeziehende Wertkategorie transferieren sie, wie bereits erwähnt, einen Großteil des für das Überleben ihrer Familien in der Heimat erforderlichen Geldes. In Griechenland halten sich ca. 350-400 000 (zum Großteil saisonal beschäftigte), in Italien ca. 100-150 000 und in Deutschland etwa 12 000 Emigranten auf. Durch den Verlust des vitalsten und gebildetsten Teils der Gesellschaft – vornehmlich Jugendliche und Intellektuelle – muss man von einem empfindlichen Aderlass sprechen. Es gibt bisher keine Rückkehrbewegung, die spürbare Impulse für die Investitionsentwicklung im Lande geben könnte. Seit der Öffnung des Landes sind etwa 25 Prozent der Bürger aus ökonomischen Gründen ins Ausland abgewandert.

Wie bereits erwähnt, ist der Einfluss der **Diaspora** auf die Transformation in Albanien gering. Hier wirken politische und ökonomische Vorbehalte, zumal es keinen Konsens hinsichtlich der Unterstützung für die Heimat gibt. Bindungen nach Herkunftsorten, religiöser Zugehörigkeit sowie die Differenzierung zwischen Vorkriegsflüchtlingen, Emigranten aus der Hoxha-Zeit und Wirtschaftsemigranten jüngeren Datums verhindern bisher einheitliche Positionen. Das trifft insbesondere auf die Zentren albanischer Auswanderer in den USA (Boston, New York, Chicago) zu. Einer gewissen Aufbruchstimmung hinsichtlich der gesellschaftlichen Veränderungen in der Heimat in den Jahren 1991/92 folgte rasch die Ernüchterung. Die instabile Lage Albaniens verringerte die Bereitschaft zu Investitionen. Spenden und andere Zuwendungen blieben rar.

6. Identität nach gesellschaftlichen Indikatoren

Die Identität nach gesellschaftlichen Merkmalen ist Gradmesser für den Reifegrad der Demokratie in einer pluralistischen Gesellschaft. Für die **Parteienlandschaft** gilt gleichermaßen wie für die gesamte albanische Gesellschaft, dass die politische Kultur zwar pluralistisch definiert ist, aber nicht die erforderliche Konsensbereitschaft selbst in Fragen von zentraler gesamtgesellschaftlicher Bedeutung aufweist.

Nach ihrer Genesis sind drei Gruppen von Parteien zu unterscheiden:
1. historische Parteien, die an eigene Traditionen vor der kommunistischen Herrschaft anknüpfen und nach 1991 wieder gegründet wurden – der nationalistische Balli Kombëtar (BK) und die monarchistische Legalitätsbewegung (Lëvizja e Legalitetit),
2. Nachfolgeparteien, die das ideologische, materielle und/oder personelle Erbe der kommunistischen Partei der Arbeit antraten bzw. bewältigen wollen – Sozialistische Partei (PSSH) mit einer programmatischen Abwendung von der kommunistischen Idee hin zur westeuropäischen Sozialdemokratie sowie Neugründungen kommunistischer Splittergruppen in expliziter Traditionspflege der Partei der Arbeit und
3. Neugründungen – Demokratische Partei (PDSH), Republikanische Partei (PRSH), Sozialdemokratische Partei (PSDSH), Menschenrechtspartei der griechischen Minderheit (PBDNJ) sowie weitere kleinere Parteien aus dem Mitte-Rechts-Spektrum und Abspaltungen aus diesen Parteien in der Folgezeit.

Als Akteure und Träger der Transformation haben sich die PSSH sowie die nach 1991 entstandenen Parteien kohärent zur Demokratisierung, Marktwirtschaft und Hinwendung zu Europa einschließlich Einbindung in die euroatlantischen Strukturen bekannt. Obwohl sie sich als rechte, linke, liberale oder nationalistische Parteien präsentieren, weisen ihre Programme diesbezüglich keine wesentlichen Unterschiede auf. Prägend für das politische System und das Parteiengefüge sind vielmehr aus albanischer Tradition überkommene regionale und vor allem familiäre Bindungen in einem relativ kleinen Land mit geradezu provinziellem, eher auf Personen und Posten als auf Inhalte ausgerichteten Politikverständnis. Sie definieren sich mehr nach ihren persönlichen Loyalitäten und weniger über Programme und binden ihre Anhänger als Klientel an sich.[102]

Häufige Abspaltungen und Neugründungen sowie Zweckbündnisse und Wechsel der Bündnispartner vor Wahlen und in zugespitzten politischen Situationen sind dabei in beiden Lagern zu beobachten. So formierte sich ab Mitte 1997 eine „Allianz für den Staat" (Aleancë për Shtetin) der in der Regierungskoalition stehenden Parteien und auf dem rechten, oppositionellen Flügel ein "Bündnis für Demokratie" (Bashkimi për demokraci), im Zuge des Wahlkampfes 2001 in "Bündnis für den Sieg" (Bashkimi për fitore) umfunktioniert.

Die als Fraktion gegen Berisha angetretenen Reformer um Genc Pollo konnten mit ihrer vor den Wahlen 2001 gebildeten Reformierten Demokratischen Partei (Partia Demokratike e Reformuar) einen Teil der Stimmen von der PDSH ab-

---

102 Schmidt-Neke, Michael: 555 Jahre und ein halbes: Vorläufige Bilanz des Machtwechsels in Albanien, in: Südost-Europa, 12/1997, S. 627-649; hier: S. 635.

sorbieren und auf Anhieb sechs Mandate für das neue Parlament erringen. Potentiell stellt sich hiermit eine neue dritte politische Kraft in Albanien vor.

Die Krise des Parteiensystems wird durch mannigfaltige Symptome augenfällig. Bei der regierenden Sozialistischen Partei sind Erscheinungen der Arroganz und Willkür in Ausübung der Macht zu beobachten. Ausdruck dafür sind innere Rivalitäten um Posten und eine Klientelpolitik, die persönliche Freundschaften professionellen Eignungen vorzieht.

Nach ihren Wahlniederlagen ab 1997 hat die PDSH noch nicht zu einer identitätsstiftenden Rolle als gesellschaftliches Korrektiv in Opposition gefunden. Ansätze demokratischer Ausprägung nach dem Vorbild westeuropäischer christlich-demokratischer Parteien wichen zunehmend der politischen Konfrontation. Unter dem autoritär agierenden Führer Sali Berisha entfernte sie sich zunehmend vom Reformprozess und stellte die Rückkehr zur Macht in den Mittelpunkt eigener Politikgestaltung. Nicht ohne Druck aus dem Ausland gelang es erst Mitte des Jahres 2002, im Zusammenhang mit der Wahl des neuen albanischen Präsidenten, einen politischen Konsens zu erwirken, Differenzen zwischen Regierenden und Opposition um der Interessen des Landes willen in zivilisierterer Form auszutragen und die Parlamentsarbeit nicht mehr zu blockieren.

Auch in den kleineren Parteien bestehen Identitätsprobleme, die sich aus mangelnder Basisbindung ihrer vornehmlich intellektuellen Mandatsträger ergeben. Das nach westeuropäischem Vorbild geprägte liberale Profil der Demokratischen Allianz z.B. bewirkte nicht, dass dieser Partei nennenswerter Mitgliederzulauf zuteil wurde. Gleiches lässt sich für die Sozialdemokratische Partei konstatieren.

Das Aufpfropfen westlicher demokratischer Institutionen auf den "Stamm" alter Denkweisen und der Kultur einer ehemals homogenen, autoritär geformten Gesellschaft, die von einer Partei und einer Ideologie bestimmt war, hatte ein "Hybrid zum Ergebnis, das einem Ungeheuer mit vielen Köpfen gleicht. Obwohl diese sich alle gleichen, möchte einer den anderen verschlingen".[103]

Die albanischen Intellektuellen befinden sich in einer diffusen Situation. Soweit sie sich politisch engagieren, geraten sie in das Raster der polarisierten gesellschaftlichen Kräfte und werden im Gerangel um Macht und Einfluss aufgerieben. Es ist deshalb kein Wunder, dass sich ein Großteil der Intellektuellen mehr und mehr zurückzieht, dabei auch existentielle soziale Nöte in Kauf nehmend. Die von Fatos Nano geprägte Formel von der Bevorzugung "verdienstvoller" Kader (meritokraci) für verantwortliche Posten erwies sich als kontraproduktiv, weil damit mehr auf Linientreue denn auf professionelle Eignung gesetzt wurde.

---

103 Lubonja, Fatos: Zehn Jahre Pluralismus (Reflexionen zu den Wahlen 2001).

Ein für das ehemals staatszentralistische Land neues Betätigungsfeld ergibt sich in Gestalt **intermediärer Kräfte**, der NGO's und Massenmedien. Das zeitigte insbesondere in Phasen der inneren gesellschaftlichen Zuspitzungen Wirkung. Die zahlreichen neuentstandenen NGO's bauen ihren Einfluss in der Gesellschaft aus, indem sie spezifische Interessen verschiedener Bevölkerungsgruppen, seien es die Einhaltung der Menschen- und Bürgerrechte, die Rechte der Frau und der gesellschaftlichen Randgruppen, vertreten. Während es früher z.B. nur eine einzige, politisierte Frauenorganisation gab, entstanden in den letzten Jahren mehrere unabhängige Frauenorganisationen, die sich unterschiedlichen Themen der Frauenrechte und des Kinderschutzes widmen. Vier Schirm-Verbände bündeln die NGO's: das albanische NGO-Forum (Forumi shqiptar i OJQ), der Jugendrat (Këshilli rinor), die albanische Jugendföderation (Federata shqiptare e rinisë), die Gewerkschaftsföderation (Federata e Sindikatave të Shqipërisë).

Ex-Präsident Meidani hatte während seiner Amtszeit (1997-2002) der Entfaltung nichtstaatlicher Organisationen zur Lösung der anstehenden gesellschaftlichen Probleme besonderes Augenmerk beigemessen und in ihnen ein "Potential zur Gewinnung eigener, staatsunabhängiger Mittel im Kampf gegen alte Reflexe des Polizei- und Gewohnheitsrechtes des Staates" erkannt. Er erklärte sich "für einen Globalisierungsprozess von unten nach oben über die Zivilgesellschaft in Gestalt der NGO's, religiösen Gemeinschaften, sozialen und kulturellen Vereinigungen, akademischen Kreise, der den Globalismus von oben ergänzt".[104]

Inwieweit die vielfältigen Interessenverbände oder Forschungseinrichtungen wie das Institut für ökonomische Studien bzw. für atlantische Studien bereits diesen Ansprüchen gerecht werden, bleibt offen. Gestützt auf ausländische Sponsoren und Berater erwirkten sie zumindest einen gesetzlich gesicherten Freiraum. Besonderes Gewicht erlangte das in Tirana stationierte Büro des UN-Entwicklungsfonds UNDP.[105]

Die Rolle der **Gewerkschaften** ist zunehmend marginal. Nach Auflösung der kommunistischen Zentralgewerkschaften bildeten sich die Konföderation der Gewerkschaften, Unabhängige Gewerkschaften und die Bergarbeitergewerkschaft als wesentliche Interessenverbände heraus. Die desolate Wirtschaftslage mit nahezu versiegender industrieller Produktion hat deren Aktionsradius drastisch verringert. Hinzu kommen Divergenzen unter den Spitzen der Gewerkschaften, die sich aus Anpassung an die Macht und Konkurrenz um Posten und Einfluss entwickelt haben. Es sind auch weniger die Gewerkschaften als vielmehr die

---

104 Meidani, Rexhep: Vortrag vor der Friedrich-Ebert-Stiftung, Bonn, 14.6.1999, in: 'Süddeutsche Zeitung', 17.6.1999.
105 Human Development Promotion Center (HDPC) (ed.): Human Development Report ..., a.a.O.

politischen Parteien, die heute in der Lage sind, Streiks zu organisieren und die Interessen der (noch) Arbeitenden zu vertreten. Die Arbeitnehmer sind mehr oder weniger der Willkür des Staates bzw. der privaten Arbeitgeber ausgesetzt.

Die **elektronischen und Printmedien** widerspiegeln einerseits die wachsende Meinungsvielfalt einer pluralistisch definierten Gesellschaft, verkommen aber andererseits unter dem Druck der sie bestimmenden politischen Kräfte, die weniger die kompetente Information und den Disput um der Sache willen zum Ziel haben als sich vielmehr von Intoleranz und Diffamierung des politischen Gegners leiten lassen. In vieler Hinsicht erinnert die Diktion der Informationsvermittlung der jeweils regierungstreuen Medien mit stereotypen Erfolgsmeldungen an die Zeit der Einparteienherrschaft. Während Tageszeitungen wie „Koha jonë", „Gazeta Shqiptare" oder „Shekulli" den Meinungsstreit um Inhalte mehr oder weniger objektiv reflektieren, herrscht in der „Albania" als Sprachrohr Berishas und in den parteiorientierten Zeitungen wie der „Rilindja Demokratike" (PDSH) oder „Zëri i Popullit" (PSSH) die polemische Rhetorik vor. Der Bezug von Printerzeugnissen hat sowohl auf Grund der Verteuerung, logistischer Probleme hinsichtlich des Vertriebes im ganzen Land als auch wegen des niedrigen professionellen Niveaus in der Informationspolitik deutlich abgenommen.

Obwohl gesetzlich fixiert, kann nicht von einer funktionierenden Pressefreiheit gesprochen werden. Mehrfach wurden Journalisten verhaftet oder misshandelt, wenn sie – wie im Falle der Regierungszeit der PDSH – nicht mit der Meinung der Machthabenden übereinstimmten. Häufige Umbesetzungen im Medienbereich begleiten die Regierungswechsel. Unstimmigkeiten über den den Parteien in den elektronischen Medien zustehenden Proporz führten u.a. zum mehrwöchigen Hungerstreik des Spitzenfunktionärs der PDSH, Pjetër Arbnori. Ein weiterer Protest von Politikern der PDSH im Oktober 1998 hatte zur Folge, dass ein Rundfunkkontrollrat zur Darstellung alternativer Meinungen installiert wurde.

7. Kulturelle Aspekte

Der Reichtum albanischer Folklore, Mythologie, Sitten und Bräuche stellt einen über die Jahrhunderte in verhältnismäßiger Abgeschiedenheit bewahrten identitätsstiftenden Wert dar.[106] In der Zeit der Diktatur Enver Hoxhas erfolgte jedoch eine Einengung auf die dominante atheistische Staatsdoktrin, die die Religionsausübung bis hin zum völligen verfassungsmäßigen Verbot (1976) erschwerte und vieles an Brauchtum mit dem Verdikt rückständiger Sitten belegte. Damit war den nachwachsenden Generationen ein Teil des Kulturerbes vorenthalten.

---

106 Vgl. Elsie, Robert: Handbuch ..., a.a.O., S. vii-ix.

Am ehesten blieben diese Werte in traditionsbewussten albanischen Siedlungsgebieten des Kosovo und Westmakedoniens lebendig.

Wie in den anderen postkommunistischen Ländern erfuhr die Kultur ein Aufeinanderprallen von Werten, einen Konflikt der Ziele.[107] Er äußert sich einmal im Bestreben, zur westlichen Zivilisation aufzuschließen und aufzuholen, was unter der Diktatur verboten oder verpönt war. Gleichzeitig aber besteht das (berechtigte) Verlangen fort, bewährte und vertraute Werte zu schützen. Zwischen beiden Gravitationsfeldern entstand ein Freiraum für Reibungen, Entwurzelung und extreme Erscheinungen im kulturellen Leben, was sowohl als Ausdruck von Suche als auch von Hilflosigkeit und Bindungslosigkeit zu werten ist. Allerdings ist das kein explizit albanisches Phänomen.

Identität nach Sprache, Kultur und Stammeszugehörigkeit hat sowohl Bindendes als auch Trennendes, d.h. Integrierendes und Abgrenzendes. Albanisches Nationalgefühl bildete sich – wie bereits aufgezeigt – aus dem Zusammenleben im kleineren und größeren Umkreis ethnischer Bindungen als eine von außen bedrohte Schicksalsgemeinschaft und nicht im Verständnis aufgeklärten Bürgerbewusstseins und als Identifizierung mit einer übergeordneten Staatsmacht heraus. Unterschiede zwischen dem archaischen Norden und dem mediterranen Süden, zwischen den Albanern im Kosovo bzw. in Südalbanien nach Dialekt, Lebensweise und religiöser Bindung bestehen fort, wurden z.T. sogar wieder reaktiviert, obwohl die einheitliche Literatursprache 1972 Barrieren abgebaut hatte und der zunehmende Ballungsraum der Albaner im Dreieck Tirana-Durrës-Elbasan zu einer stärkeren Durchmischung beiträgt.

In der Kulturentwicklung ist Identitätsbildung in hohem Maße auf die Wirkung nach außen projiziert. Bemerkenswert ist, wie durch ironisch-kritische Selbstreflektion internationale Aufmerksamkeit erregt wird, etwa durch die Gestaltung des albanischen EXPO-Pavillons in Hannover 2000 mit einem stilisierten Bunker und mit einem Amphitheater, in das Sitzpuppen der markantesten Figuren albanischer Geschichte (von Skanderbeg über König Zogu und Enver Hoxha bis Mutter Teresa) platziert wurden. Ähnliches kann von der 2001 in Berlin gezeigten Kunstausstellung "Beautiful Strangers" bezeugt werden. Das Bild "Die albanische Flagge auf dem Mond" ist Beispiel für die Suche nach Identität, indem der unklare Status albanischer Territorien mit der Symbolik der Selbstbehauptung versinnbildlicht wird.

Der Diskurs über albanische Nation, Identität und Kultur bleibt elitär und wird vornehmlich von der älteren Generation bestimmt. Entideologisiert und in Anlehnung an die Positionen der Rilindja dominiert dabei eine Interpretation, die vor allem die eigenen Verdienste bewahren soll. Markantestes Beispiel liefern

---

107 Vgl. Wolff-Poweska, Anna: Identitätskrise ..., a.a.O., S. 33.

die Spitzen der Akademie der Wissenschaften: Vorsitzender Ylli Popa, ehemaliger Leibarzt von Enver Hoxha, Vizevorsitzende Luan Omari und Farudin Hoxha, Verwandte des Diktators. Der Einfluss jüngerer kritischer Intellektueller auf die Debatte ist gering.

Die kulturellen Eliten – in Albanien, im Kosovo oder Makedonien – spielen jedoch ethnisch-nationalen Ansprüchen der neuen Machthaber in die Hände, soweit sie diesen helfen, "das ideologische Vakuum mit ethnonationalen Identifikationsmöglichkeiten und Souveränitätssymbolen (zu) füllen".[108]

Unter den Bedingungen der Zuspitzung der politischen und ökonomischen Situation sind **Erziehung und Bildung** besonders stark in Mitleidenschaft gezogen. Der Staat verfügt nicht über die erforderlichen finanziellen Mittel, und so haben viele Bildungseinrichtungen, Theater, Bibliotheken und Kulturhäuser ihre Tore schließen müssen. Eine nicht unbeträchtliche Zahl von Kulturgütern denkmalgeschützter Einrichtungen wurde Opfer vandalistischer Übergriffe bzw. des Raubes und illegaler Verbringung ins Ausland. Galt Albanien auf Grund seiner jahrzehntelangen Isolierung mit mangelnden Bindungen an die Weltkultur bis 1990 vor allem als Leseland einer bildungs- und informationshungrigen Jugend, so dominieren heute die Billig-Kulturangebote, insbesondere der TV-Konsum. Für den Vertrieb der zahlreichen neuen Werke albanischer Autoren fehlt eine zahlungskräftige Leserschaft.

Albanien ist gegenwärtig nicht in der Lage, die notwendigsten materiellen Voraussetzungen für ein funktionierendes Bildungswesen zu gewährleisten – 35 Prozent der Schulgebäude sind vor 1960 errichtet worden, und heute müssen 70 Prozent des Inventars als verschlissen gelten. Hinzu kommen die mutwilligen Zerstörungen und Plünderungen. So wurde die Bibliothek der Landwirtschaftsuniversität bei Tirana niedergebrannt. Im Krisenjahr 1997 fiel der Unterricht an Schulen und Hochschulen über Monate aus.

Punktuell hat finanzielle und materielle Hilfe von außen (Fördermittel aus der Entwicklungshilfe, karitative Maßnahmen, Unterstützung durch namhafte Stiftungen, Selbsthilfeprojekte) zur Erneuerung zerstörter Schulgebäude beigetragen und damit auch eine gewisse Modellfunktion gezeigt. Das albanische Schulwesen leidet aber vor allem unter dem Rückgang der Schülerzahl in ländlichen Gebieten, der mangelnden Motivation und sozialen Unsicherheit des Lehrpersonals und einem veralteten Lehrmaterial. Erschreckend ist, dass die Zahl der Analphabeten im schulpflichtigen Alter sprunghaft zunimmt, weil Eltern ihre Kinder nicht

---

[108] Hettlage, Robert: Identität und Integration. Ethno-Mobilisierung zwischen Religion, Nation und Europa – eine Einführung, in: Hettlage, Robert (Hg.): Kollektive Identität in Krisen: Ethnizität in Religion, Nation, Europa, Opladen 1997, S. 12-45; hier: S. 22.

zur Schule schicken. Einer Studie zufolge können 13 Prozent der Bürger im Alter unter 40 Jahre weder schreiben noch lesen.[109]

Die Akademie der Wissenschaften und die Universitäten verfügen nicht über die erforderlichen Fonds, die nationalen Forschungsprojekte voranzubringen und entsprechende Auslandskontakte zu pflegen. Ähnliches gilt für Sport und Freizeitangebote.

8. Religion heute

Der Einfluss der Kirchen auf die aktuelle albanische Politik bleibt im Unterschied zu den Nachbarländern eher marginal. Auch heute besteht unter den Glaubensrichtungen eine Relation von etwa 70 Prozent Muslimen (sunnitische Glaubensrichtung sowie der Derwischorden der Bektashi), 20 Prozent Orthodoxen und 10 Prozent Katholiken.[110]

Die traditionell in Eintracht nebeneinander wirkenden Glaubensgemeinschaften demonstrieren ein hohes Maß gegenseitiger Toleranz. In gewisser Weise bietet die wiedergewonnene religiöse Betätigung in Albanien – erst 1990 war das Religionsverbot aufgehoben worden – den durch permanente Krisen traumatisierten und durch Politikdefizite degradierten Menschen ein Stück wiedergewonnener Menschenwürde und Identität.

Der Wiederaufbau der katholischen Kirche, deren Aktivität durch das engagierte Hilfswerk von Mutter Teresa, einer gebürtigen Albanerin, und durch den Besuch des Papstes 1993 enorm stimuliert wurde, die Wiederanknüpfung von Bindungen zur islamischen Welt und der Einfluss der griechisch-orthodoxen Kirche revitalisierten frühere Traditionen. Die zeitweilige Mitarbeit Albaniens in der Islamischen Weltkonferenz auf der einen Seite und die Bevormundung durch die griechische Orthodoxie andererseits hatten allerdings in den 90er Jahren für innenpolitischen Zündstoff gesorgt. Der Patriarch von Konstantinopel hatte 1991 den griechischen Bischof Anastasios Janulatos zum patriarchischen Exarchen für die Wiederherstellung der albanischen orthodoxen Kirche ernannt und dies mit einem fehlenden geeigneten albanischen Kandidaten begründet. Das rief trotz der insgesamt ausgewogenen Amtsführung von Janulatos den Protest orthodoxer Albaner hervor und wurde von den politischen Parteien als Einmischung gewertet. In der 1998 verabschiedeten albanischen Verfassung sollte ursprünglich veran-

---

109 Vgl. 'Republika', 17.1.2003.
110 Vgl. Bartl, Peter: Religionsgemeinschaften und Kirchen, in: Grothusen, Klaus-Detlev (Hg.): Südosteuropa-Handbuch VII ..., a.a.O., S. 587-614.

kert werden, dass nur ein albanischer Bürger Oberhaupt der orthodoxen Kirche sein könne. Das scheiterte am Widerstand der griechischen Minderheit.

Artikel 10 der Verfassung bestimmt, dass es in Albanien keine Staatsreligion gibt und anerkennt die Gleichberechtigung aller Glaubensgemeinschaften. Unter den Bedingungen der wiedererlangten Religionsfreiheit fehlte es nicht an Versuchen fundamentalistischer Einflussnahme von außen. Im Vorwort zu dem in Ägypten gedruckten Koran in albanischer Sprache heißt es: "Albanien muss Kopf des islamischen Dreiecks in Europa sein, dessen Flanken von Bosnien und Kosovo gebildet werden." Die albanische Regierung vereitelte daraufhin die Verbreitung. Für religiösen Fanatismus gibt es in Albanien kaum Nährboden. Allerdings können fundamentalistische Elemente in dem Maße an Einfluss gewinnen, wie sich die Konflikte in der Region zuspitzen und von außen her versucht wird, den traditionell "weichen" Islam durch radikalere, aus arabischen Ländern eindringende Lehren und Praktiken zu ersetzen und religiöse Loyalitäten für politische Ziele zu nutzen. Ein Vorfall aus jüngster Vergangenheit stützt diese Vermutung: Im Januar 2003 wurde der Generalsekretär der Muslimischen Gemeinschaft Albaniens, Salih Tivari, in seinem Büro in Tirana ermordet. Die Drahtzieher für diese Tat werden unter jungen Moslems vermutet, die in Saudi-Arabien, Jemen bzw. im Sudan in halb militärisch, halb religiösen Einrichtungen ausgebildet wurden. Seit einiger Zeit bestehen innerhalb der muslimischen Gemeinschaft rivalisierende Gruppen, die einerseits die traditionell sunnitische Richtung (vornehmlich ältere Gläubige) und andererseits fundamentalistische Ideen vertreten.

Kadaré weist dennoch Befürchtungen, wonach die kommunistische Bedrohung nunmehr durch die islamische ersetzt werden könnte, mit der Feststellung zurück, dass "das albanische Muselmanentum ein Beispiel für religiöse Zivilisation bildete und als solches fortbesteht".[111] Es ist überdies Tatsache, dass Bindungen an die arabisch-islamische Welt nicht so intensiv sind, als dass albanische Emigranten in diese Länder drängen würden.

---

111 Kadaré, Ismail, in: 'Koha Jonë', 21.5.1995.

IV. Herausbildung von Normen und Werten für die Integration

1. An der Schwelle des neuen Millenniums

Identitätsbewusstsein und Identitätswerte haben unter den Albanern im letzten Jahrzehnt dramatische Veränderungen erfahren. Auf die Frage, wo sich die Albaner an der Schwelle des neuen Millenniums befinden, antwortet Lubonja, dass das abgeschlossene Jahrhundert die Albaner auf die Weltkarte gebracht hat und "sie bestehen nicht mehr aus einer Anzahl versprengter Stämme, für die 1912 die Aufgabe erwuchs, sich als Nation zu etablieren". Diese Nation befindet sich aber seiner Auffassung nach durch den Verfall der Werte in einer schweren Identitätskrise. "Das alte Millennium überlässt die Albaner mit dem Sturz des Kommunismus auf der einen und der Aggression des Globalismus auf der anderen Seite einem Chaos der Werte und der überaus schwierigen Aufgabe: ihr Land und ihre albanische Ordnung zu errichten oder einfach ein Transitland zu bleiben".[112] Lubonja prophezeit, dass Demokratisierung in Information, Wirtschaft und Technologie nach dem über 50 Jahre währenden Kalten Krieg das Profil der Globalisierung bestimmt, allerdings nicht im Huntingtonschen Sinn als Konflikt der Zivilisationen. Er leitet für die Albaner die Herausforderung ab, jene universellen Dimensionen zu eröffnen, die sie zu Weltbürgern bei Erhalt und Ausprägung ihrer Identität gegenüber einer drohenden kulturellen Homogenisierung macht, in der er eine der Gefahren der Globalisierung erkennt. Auf die Fragestellung "Was werden die Albaner auf dem Balkan sein?" antwortet Kadaré, dass der "albanische Faktor heute die Hauptsache ist. Alles Negative, was von anderen dem Albanischen zugefügt werden kann, ist gering im Vergleich mit dem Schlechten, was sich die Albaner selbst zufügen. Wenn diese Vision pessimistisch dünkt, so sage ich, sie ist im Gegenteil optimistisch, weil der Lauf des Schicksals in die eigenen Hände übergegangen ist."[113]

Auch Lubonja greift den Gedanken der Wahrnehmung eigener Verantwortung auf, indem er davon spricht, dass die politischen Parteien darüber streiten, wer als erster "die Tür nach Europa" aufstößt, anstatt so zu arbeiten, dass Stabilität, funktionierende Demokratie und Regierungsfähigkeit dazu führen, dass die Tür für

---

112 Lubonja, Fatos: An der Schwelle des Millenniums, in: Zeitschrift 'Përpjekja', 29.12.1998 (alban.).
113 Kadaré, Ismail: Interview in: 'Koha Ditore', 7.11.2000.

die Integration Europa offen steht. Noch bildet für viele Albaner die Annäherung an Europa zunächst nur einen psychologischen und praktisch-materiellen Ersatz für die Kommandowirtschaft der Diktatur, womit die Erwartung verknüpft ist, dass damit quasi automatisch der Weg für Arbeit, Investitionen und eine neue nationale Identität als emanzipiertes Volk geebnet werde.

Wie bereits dargelegt ist die albanische Identität durch die eigene Sprache, die gemeinsame Geschichte und gemeinsame Bräuche hinreichend belegt. Auf dem Prüfstand ist nunmehr der Umgang der Albaner mit den neuen Realitäten, ihr Verhältnis zum eigenen Land, nachdem viele Menschen nach dem Zusammenbruch einer diktatorisch gelenkten Gesellschaft orientierungslos geworden sind. Nur mit großer Mühe und langsamer als in manchen der vergleichbaren Reformländer erwachsen Verhältnisse, die neue politische, wirtschaftliche, moralische und mentale Qualitäten vorweisen. So müssen zu den neugewonnenen Werten der persönlichen Freiheit, der Grundrechtsgarantien und persönlichen Würde auch die Normen für Pflichten und Verantwortung für das Gemeinwohl in einer Weise zur Geltung kommen, dass ein höherer Grad zivilisatorischen Umgangs miteinander erreicht wird.

Der Anspruch an moralische Werte und die Würde des Einzelnen ist durch die sozialen Verwerfungen der letzten Jahre stark beeinträchtigt. Das äußert sich z.B. in der Bestechung unterbezahlter Ärzte und der daraus abgeleiteten Furcht von Patienten, ohne diese Zahlung nicht korrekt behandelt zu werden, in besonderen Zuwendungen für korrupte Zulassungskommissionen für begehrte Studienplätze bzw. in erheblichen Schmiergeldern für Vermittlung von Reisevisa ins Ausland. Im Dickicht bürokratischer Arbeitsweise und fortbestehender Clanstrukturen hilft die nominell errungene Freiheit dem Einzelnen wenig, wenn Gesetze missachtet und persönliche Rechte beschnitten werden.

Identitätsverluste sind vor allem Folge der Staatskrise 1997, die die Gefahr einer Spaltung der albanischen Gesellschaft heraufbeschworen hatte. Obwohl der Transformationsprozess selbst Prämissen für ein Aufbrechen der traditionell konservativen albanischen Gesellschaft setzte, fehlt es nicht an Versuchen bestimmter restriktiver Kräfte, Gegensätze zwischen Nord- und Südalbanien entlang der früheren Sprach- und Kulturgrenze der Gegen zu den Tosken bzw. zwischen Stadt und Land, Orthodoxen und Katholiken oder Muslimen und Katholiken zu schüren, für die im traditionellen Verständnis der Albaner keine Basis besteht.

Die Aktionen der sich von der Diktatur lösenden Albaner strahlten nur wenig auf die albanischen Gemeinschaften im Ausland aus. Bis 1990 hatten die Kosovo-Albaner in Albanien ihre Heimat, ihr Ideal gesucht. Mit dem Zerfall Jugoslawiens gerieten auch sie in eine Identitätskrise, weil das sich öffnende Albanien nach vielen Jahren fehlender Kommunikation nicht dem eigenen Wunschbild entsprach. Gemeinsamkeiten waren wenig ausgeprägt, und so ist es kein Wunder, dass die 1991 von Intellektuellen ausgelöste Bewegung zur gesamtalbanischen Aussöhnung (Pajtimi gjithëshqiptar) romantische Vorstellungen bediente, die den realen Bedingungen nicht entsprachen. Die massenweise Flucht von Albanern nach Italien, Griechenland und Westeuropa untergrub hehre Vorstellungen von einem Zusammenrücken der Albaner. Zur europäischen Herausforderung kam die innere Krise hinzu (politische Manipulation, Machtkämpfe, Regionalisierung nach Gruppeninteressen).

Das neue Jahrhundert stellt die Albaner vor die Aufgabe, ihre nationale Identität neu zu konzipieren und sich von unrealem romantischen "Beiwerk" zu trennen. Re-Konzipierung der Identität bedeutet, Parameter der ökonomisch-politischen mit sozialer Prosperität zu verbinden, die alte überkommene Schemata des in sich gekehrten Albanertums mit Anzeichen der Xenophobie abbaut. In dem Maße, wie das gelingt, wird es sich nicht mehr um eine spezifisch albanische Problematik handeln, sondern um die Fragestellung nach dem Platz der Albaner als Gemeinschaft im zukünftigen Europa. Es ist dies der Weg "mit dem eigenen unverwechselbaren Gesicht" und nicht als nationaler Zusammenschluss in Gestalt eines Groß-Albanien, wie es chauvinistische Kreise erträumen. Trotz aller Schatten der Vergangenheit und fortwirkender destabilisierender Faktoren für eine demokratische und pluralistisch definierte Gesellschaft sind den Albanern die Qualitäten für eine Identifizierung mit dem integrierten Europa nicht abzusprechen. Auch hier erstarkt eine "Internet-Generation" arbeits- und lernbereiter Menschen, auch hier werden durch grenzüberschreitende Kommunikation und Integration neue Normen geschaffen, die die schrittweise Annäherung an das westliche Wertesystem begünstigen und damit ethnisch-nationale Fesseln sprengen. Es ist dies auch die Generation, die am ehesten einen Wandel von der byzantinisch-orientalischen Mentalität, die für den südlichen Balkan prägend war, in eine neue europäisch-offene Identität vollziehen kann. Dazu müssen ihr allerdings die erforderlichen Rahmenbedingungen – Hochschulplätze, international gesponserter Austausch von Schülern und Studenten, kultureller Austausch, Einsatz von Lektoren, Städtepartnerschaften – geschaffen werden, die auf das äußere Mittun verweisen.

2. Herausforderungen für die Zukunft

Nach den Wahlen vom 24. Juni 2001 hatte die albanische Politik einen neuen Tiefpunkt erreicht. Vorbei am Willen der Wählermehrheit, den Reform- und Demokratisierungskurs fortzusetzen und den Weg zu Verhandlungen über eine Stabilitäts- und Assoziierungsvereinbarung mit der EU freizumachen, demonstrierten albanische Politiker, dass der Erhalt ihrer Machtpositionen und die Sicherung persönlicher Pfründe Vorrang genießen. Ausgelöst durch massive Korruptionsvorwürfe des Vorsitzenden der Sozialistischen Partei (PSSH) Fatos Nano gegenüber der mehrheitlich von seiner Partei getragenen Regierung der linken Mitte unter Ilir Meta kam es zu deren Rücktritt am 29. Januar 2002. Es entstand eine geradezu absurde Situation: Nano mobilisierte die Parteibasis gegen die eigene Regierung, der er Willkür und Machtmissbrauch vorwarf. Er spielte damit den Part, der normalerweise eher der Opposition zufällt. Diese jedoch hatte in Gestalt der Demokratischen Partei (PDSH) unter Ex-Präsident Sali Berisha als Wahlverlierer das Parlament mit dem Vorwurf des Wahlbetruges boykottiert. Zudem sah sich eine die Regierung Meta unterstützende Mehrheit des Vorstandes der PSSH plötzlich der überwiegend von der sozialistischen Parlamentsfraktion bestärkten Gruppe um Nano gegenüber. Für Meta war das der Versuch Nanos, seine Aussichten für eine Kandidatur bei der im Juni 2002 im Parlament anstehenden Präsidentenwahl zu verbessern. Gegenseitige Verbalinjurien nahmen eine Dimension an, die anderenorts Verleumdungsklagen nach sich ziehen würden. Aber keiner der wegen Korruptionsvorwürfen beschuldigten Minister wurden gerichtlich belangt. Die Regierungsarbeit geriet zunehmend in eine Blockadesituation. Berisha nutzte dies, um mit stärkerem Nachdruck (wie 1998) vorgezogene Neuwahlen und eine Revision der Wahlen zu fordern. Im OSZE-Schlussbericht war die Legitimität der Ergebnisse nicht in Zweifel gezogen, jedoch mit der Auflage verbunden worden, gravierende Unregelmäßigkeiten aufzuarbeiten und das Wahlgesetz so zu ändern, dass Manipulationen zukünftig ausgeschlossen werden.[114]

Äußeres Druckmittel, um zu einer Überwindung der neuerlichen Krisensituation zu gelangen, war die Einladung des Europäischen Parlaments an die im albanischen Parlament vertretenen Parteien, am 24. Januar 2002 ihre Vorstellungen vor der Außenkommission und der von Doris Pack geleiteten EU-Kommission für Südosteuropa darzulegen. Diese Veranstaltung geriet zur Farce. Die albanischen Akteure nutzten das Forum für ihre "schmutzige Wäsche", ohne auf anstehende Reformaufgaben einzugehen. Das Echo der Brüsseler Abgeordneten musste ernüchtern: Ihr sabotiert die Sympathie, die wir für euer Land hegen; euch fehlt es an Strom und Wasser, wie wollt ihr so nach Europa gelangen?; löst zunächst eure Probleme in Tirana, macht erst mal Staat und kommt dann nach Europa! – ein Diktum, das der "roten Karte" gleichzusetzen war und der albanischen Politik eine Nachhilfelektion in Sachen Demokratie und politischer Kultur verordnete.

Fraglos erschien eine Katharsis angesichts zügelloser Vetternwirtschaft und Korruption als konsequente Lösung, zumal Albanien bereits 1998 von der Welt-

---

114 Schmidt-Neke, Michael: Die Normalität als Ereignis: Parlamentswahlen in Albanien 2001, in: Südost-Europa, 7-9/2001, S. 324-345; hier: S. 339 f.

bank zu den Ländern mit der höchsten Korruption gezählt wurde.[115] Erst mit der Wahl des neuen Präsidenten Alfred Moisiu (73 Jahre) am 24.07.2002 im Konsens deutete sich der Übergang zu einer neuen politischen Kultur an. Nach langwierigem Gerangel war in der Person des altgedienten Militärs eine Kompromisslösung gefunden worden. Für den Vorsitzenden der regierenden Sozialistischen Partei Fatos Nano eröffnete sich nach dem Scheitern der eigenen Ambitionen auf das Amt des Präsidenten der Weg, erneut der Regierung vorzustehen. Angesichts der seit den Parlamentswahlen vom Sommer 2001 schwelenden inneren Auseinandersetzungen sollte nun eine Politik in ruhigerem Fahrwasser zu erwarten sein. Zum einen hatte es Nano selbst zu seinem Credo gemacht, alle den demokratischen Reformkurs behindernden Faktoren rückhaltlos aufzudecken und das Land zu stabilisieren. Zum anderen war ein vorher kaum denkbarer Deal zwischen den Hauptkontrahenten – Fatos Nano für die PSSH und Sali Berisha für die PDSH in der Opposition – zustande gekommen, das Präsidentenamt nicht durch einen Sozialisten zu besetzen.

Die Regierungserklärung vom August 2002 enthielt Versprechungen und Verheißungen, die denen aus der Vergangenheit nicht nachstanden. Ganz obenan figurierte die wirksame Bekämpfung von organisierter Kriminalität mit einer Rechtsprechung, die mafiosen Machenschaften, dem Menschenhandel, Drogen- und Waffenschmuggel wirksame Riegel vorschiebt. Vorrang sollte desgleichen die Absicherung der Energieversorgung (Strom, Wasser) genießen. In vielen Punkten wurde von Reformen und neuen Gesetzen gesprochen, obwohl es daran auch in den vorangehenden Regierungen nicht gefehlt hatte. Knackpunkt war und ist wohl eher die Konsequenz in der Durchsetzung der Rechtsvorschriften, bei der besseren Kooperation zwischen Exekutive und Judikative und Erhöhung der Professionalität von Staatsbeamten von ganz oben bis zum einfachen Polizisten. Mit einem 20-Punkte-Vertrag hatte der Premier jeden seiner Minister auf einen Verhaltenskodex eingeschworen, der Nepotismus und Korruption zukünftig ausschließt.

Die Vereinbarung zwischen Premier Fatos Nano und Sali Berisha, Differenzen zwischen Regierenden und Opposition um der Regierbarkeit des Landes willen in zivilisierter Form auszutragen und auf den politischen Dialog zu setzen, währte jedoch nicht lange. Bereits zu Beginn des Jahres 2003 kündigte Berisha das "Stillhalteabkommen" auf. Als Anlass dafür diente der Vorwurf des Missbrauches finanzieller Mittel durch den für den durch sein Engagement zur Verschönerung der Stadt im In- und Ausland bekannt gewordenen Bürgermeister Tiranas, Edi Rama. Viel mehr als die Aufklärung vermeintlicher Verstrickungen in ungeklärte Finanzaffären deutete sich mit der von der Opposition geforderten

---

115 Vgl. 'Koha Ditore', 25.7.2001.

parlamentarischen Untersuchungskommission ein vorgezogener Wahlkampf an. Die PDSH will bei den Kommunalwahlen im Herbst die Stimmen der Hauptstadt auf sich vereinen, die für die zukünftigen Parlamentswahlen Signalwirkung haben dürften. Sali Berisha selbst setzte sich deshalb auf die Kandidatenliste für das Stadtoberhaupt. Die Angriffe gegen die Regierung Nano wurden schärfer, und erneut werden Reformschritte blockiert. Wesentliche Schritte zur Stabilisierung der Wirtschaft sind gefährdet. Das beeinträchtigt die Erwartungen in die Wirksamkeit des Stabilisierungspaktes der EU für den Balkan und behindert die angestrebte Assoziierung Albaniens.

Die ICG (International Crisis Group) konstatiert in ihrem Jahresbericht vom 11. März 2003[116], dass die Nano-Administration ihre Versprechen bisher nicht eingelöst hat. Sie warnt vor einer weiteren Zuspitzung der inneren politischen Lage, falls die tiefen wirtschaftlichen und gesellschaftlichen Probleme keiner Lösung zugeführt werden. Das betreffe insbesondere den nachhaltigeren Kampf gegen Korruption und organisierte Kriminalität, effektive Schritte zur Verbesserung der sozialökonomischen Situation in der vernachlässigten nordalbanischen Gebirgsregion, die Eindämmung der Landflucht und Maßnahmen zum Schutz der Umwelt. Ihrer Auffassung zufolge verfüge die politische Klasse nicht über den erforderlichen Willen und die Kraft, mehr als nur kosmetische Veränderungen vorzunehmen.

Noch bleibt die Elite den Nachweis schuldig, das Vertrauen des Bürgers in die Politik zurückzugewinnen. Aber es gibt keinen anderen Weg, als das Reformwerk fortzusetzen – über die weitere Dezentralisierung der Verwaltung und Förderung des Mittelstandes bis zur Bildungsoffensive einer lern- und arbeitswilligen jungen Bevölkerung und der Schaffung entsprechender Arbeitsmöglichkeiten.

In seiner Festrede zum 90. Jahrestag der Unabhängigkeit am 28. November 2002 rief Präsident Moisiu auf, "dem Volk die Zuversicht und das Lächeln, dem Land eine Perspektive und den Stolz zurückzugeben... Die Gesellschaft kann sich nur als sicher und frei fühlen, wenn auch das Individuum und dessen Ideen frei und garantiert sind".[117]

---

116 International Crisis Group (ICG) (ed.): Albania: State of the Nation 2003, Balkans Report No. 140, Tirana/Brussels, 11 March 2003; im Internet abrufbar unter: http://www.icg.org//library/documents/report_archive/A400917_11032003.pdf [gesehen am 23.8.2004].

117 Moisiu, Alfred: Rede zum 90. Jahrestag der Unabhängigkeit, in: 'Zëri i Popullit', 29.11.2002 (alban.).

3. Albanische Frage und europäische Integration

Der Wunsch der Albaner, in die europäische Integration einbezogen zu werden, ist nicht weniger deutlich bekundet als seitens der anderen Reformländer auf dem Balkan. Während nach Antwort verlangt, welche inneren Faktoren in Albanien diesen Prozess begünstigen oder hemmen, handelt es sich in Gestalt der albanischen Frage um eine die Albaner generell berührende Fragestellung mit Folgerungen für die nach dem Zerfall des ehemaligen Jugoslawien fortbestehenden oder neu entstandenen Staaten. Als über die Region hinaus wirkende Konfliktmasse wurde die albanische Frage in unterschiedlicher Akzentuierung im Kosovo bzw. in Makedonien zu einer der Schlüsselfragen für friedliche Lösungen auf dem Balkan. Hinzu kommt, dass der zukünftige Status des Kosovo im Ergebnis der Konfliktszenarien der Mitentscheidung der internationalen Gemeinschaft überantwortet ist. Mit der Auflösung der Bundesrepublik Jugoslawien und dem zunächst auf Zeit definierten Staatenbund "Serbien und Montenegro" ist das Kosovo unmittelbar betroffen. Wird die Resolution 1244 entsprechend modifiziert oder wird eine serbische Souveränität über Kosovo faktisch erneuert? Wie wird zukünftig die Staatsbürgerschaft der Kosovo-Albaner bestimmt (serbische, albanische)?

Die ungelösten Probleme bringen in Erinnerung, dass territoriale Grenzen in der Vergangenheit nicht nach ethnisch-nationalen Kriterien und auf der Basis des Selbstbestimmungsrechtes der betroffenen Völker, sondern vielmehr nach politischen Interessen der jeweils dominierenden Mächte fixiert wurden. Es gab somit Sieger- und Verlierernationen. Dieser Umstand konservierte alte und schuf neue Belastungen in einer Zeit, da Regelungen der europäischen Nachkriegsordnung erneut zur Disposition gestellt werden. Die Kohäsionskraft der jugoslawischen Föderation ließ unter dem Druck einer sich stärkenden serbischen Hegemonialfunktion mehr und mehr nach, ohne eine tragfähige gesellschaftliche Alternative sichtbar zu machen. Der Konflikt zwischen albanischen Unabhängigkeitsforderungen, serbischen Souveränitätsansprüchen und weitgehender Selbstverwaltung unter internationaler Kontrolle im Kosovo hält an und damit auch der Streit, ob die Statusfrage kurzfristig gelöst werden kann.

Wenn Pradetto auf den Nahostkonflikt bezogen anmerkt, dass "die Identitätsfindung und das nation building sowohl bei den Juden als auch bei den Palästinensern sich seit einem halben Jahrhundert in einem wesentlichen Maße auf der Abgrenzung voneinander, auf Exklusion und auf den Versuch wechselseitiger Verdrängung gründet"[118], so beschreibt das in etwa auch die Konfliktlage zwi-

---

118 Pradetto, August: Israel 2000 – Identität, Transformation, Sicherheit, in: Studien zur internationalen Politik, Universität der Bundeswehr Hamburg, 1/2001, S. 109.

schen Albanern und Serben. Im Unterschied zu den Israelis und Palästinensern als "belated nations" geht es im postjugoslawischen Raum allerdings um das Geltendmachen international anerkannter Souveränitätsrechte einer Titularnation gegen Ansprüche der Kosovo-Albaner auf Unabhängigkeit. Diesen Knoten durch Teilung des Kosovo als Neuauflage der Daytondiplomatie mit der Konsequenz ethnischer Entflechtung zu lösen, birgt neuen Sprengstoff in sich und wird von den Kosovo-Albanern strikt abgelehnt. Es würde den Bestrebungen nationalistischer Kräfte in beiden Lagern entgegenkommen, einerseits den Verlust des größten Teils des Kosovo durch den Zusammenschluss Serbiens mit der bosnischen Republik Srpska zu kompensieren und andererseits ein Groß-Kosovo unter Einschluss von Teilen Nordwest-Makedoniens zu schaffen. Letzterer Gedanke könnte durchaus an Raum gewinnen.

In jüngster Zeit sind unter intellektuellen Kreisen in Prishtina Stimmen laut geworden, wonach mit der angestrebten Unabhängkeit eine nationale Formierung auf dem historischen Grund Dardaniens erfolgen könnte. Die Bezeichnung ist dem antiken Dardanien aus der Illyrerzeit entlehnt und soll den slawischen Begriff Kosovo ersetzen. Damit wäre aber ein weit über das heutige Kosovo hinausreichendes Territorium einschließlich makedonischer Gebiete und der Preshevo-Ebene in Südserbien erfasst. In diesen Kontext gehört auch eine Äußerung von Kosovo-Präsident Ibrahim Rugova zu neuen eigenen Symbolen: "Es ist normal, dass wir unsere staatlichen Symbole haben – bisher waren das die Symbole des heutigen Albanien. Wir brauchen aber unsere eigenen, um Mitglied der VN zu werden, d.h. über die eigene Identität zu verfügen... Die (noch zu bestimmende – P. Sch.) Fahne bewahrt grundlegende allgemeine nationale Elemente und Spezifika des Kosovo, d.h. des antiken Dardanien".[119] Selbst im sprachlichen Bereich gibt es Anzeichen, eine von der albanischen Standardsprache abweichende Variante des Albanischen auf der Grundlage des gegischen Dialekts zu kultivieren, was auch bei einigen katholischen Kreisen in Nordalbanien Rückhalt findet.

Für Tirana könnte damit in der Endkonsequenz eine Situation entstehen, die mit der bulgarischen Haltung zu Makedonien (Anerkennung als Staat aber nicht als eigenständige Nation und Verweis auf das Makedonische als nicht eigenständige Sprache) vergleichbar wäre. Der albanische Sprachwissenschaftler Lloshi warnt mit Hinweis auf die seit 1972 gültige albanische Standardsprache, dass es in letzter Zeit offen oder versteckt Bestrebungen nach einer anderen (sprachlichen) albanischen Identität gäbe. "Die Frage stellt sich so: Wenn in nicht ferner Zukunft der Balkan seinen Platz in der Europäischen Union findet, wie werden darin die Albaner vertreten sein, mit einer oder mehreren nationalen Identitäten?

---

119 Rugova, Ibrahim: Interview für Radio Free Europe, 29.12.2002, und in: 'Shekulli', 29.12.2002.

Dies ist unlösbar mit der Sprache verbunden, d.h.: Werden wir mit einer albanischen Standardsprache vertreten sein oder mit mehr als der einen?"[120] Ohne dem hier skizzierten Szenarium übergroßes Gewicht beizumessen, ist es doch befremdlich, dass weder der albanische Staat noch die Institutionen der Wissenschaft bisher eine klare Linie bezogen haben. Der im November 2002 in Tirana durchgeführten Jubiläumstagung zum 30. Jahrestag des Sprachkongresses zur standardisierten Schriftsprache waren bezeichnenderweise führende Wissenschaftler aus dem Kosovo ferngeblieben.

Als ein Indiz für eigene historische Gewichtung bei der Identitätsbestimmung mit Verweis auf die Liga von Prizren (1878) ist auch die Abwesenheit von Ibrahim Rugova als oberstem Repräsentanten der Kosovo-Albaner bei den Feierlichkeiten zum 90. Jahrestag der Unabhängigkeit Albaniens am 28.11.2002 im südalbanischen Vlora zu werten. Das unterkühlte Verhältnis zwischen den Politikern Albaniens und des Kosovo ist nicht zu übersehen.

Die in der albanischen Frage gebündelte vielschichtige Problematik erfordert differenzierte Betrachtung. Es geht um eine Identitätssuche, die über ethnisch-nationale Bindungen hinweg den Blick für integrative Entwicklungen des zukünftigen Europa weitet. Außer Zweifel steht, dass es sich dabei um einen langen und schwierigen Weg handeln wird, der eigene Potenzen freimachen und innere Barrieren abbauen muss. Hoffnungen in eine überdimensionale Rolle der Ethnie erwiesen sich angesichts der Realität als trügerisch. Der Kosovokrieg 1998-99 offenbarte die ganze Tragweite: fast 500 000 Kosovo-Albaner flohen nach Albanien, kehrten aber sobald als möglich in ihre angestammte Heimat zurück, weil sie im verarmten Albanien noch weniger Lebensperspektiven als im Kosovo vorfanden. Gleiches trifft auf die nach Makedonien geflüchteten Kosovo-Albaner zu, obwohl dabei nicht soziale Momente, sondern vielmehr die Konfrontation mit der makedonischen Bevölkerungsmehrheit und die eigene Bodenständigkeit im Kosovo für die Rückkehr entscheidend waren.

Mit der Installierung der Interimsregierung in Prishtina und dem Ohrid-Abkommen wird die Eigenprofilierung der politisch-nationalen Identität der Albaner im Kosovo bzw. Makedonien begünstigt. Damit verbunden reifen neue Fragen hinsichtlich des Verhältnisses zu Albanien heran, das auf politische Bevormundung verzichtet, aber eine übergreifende nationale und kulturelle Identität bewahren möchte.

Bemerkenswert ist eine Wortmeldung des namhaften Kosovo-Publizisten Veton Surroi, der das Verhältnis Albaniens zu den Kosovo-Albanern aus einer anderen Sicht als Rugova betrachtet. Im Unterschied zum Rückhalt bosnischer Serben

---

120 Lloshi, Xhevat: Albanisch – eine offene und dynamische Sprache. Rede zum 30. Jahrestag der einheitlichen Schriftsprache, in: 'Drita', 15.12.2002 (alban.).

oder Kroaten im jeweiligen Stammland könnten sich seiner Auffassung nach die Albaner in ihrer nationalen Frage nicht auf einen Mutterstaat stützen, weil "es ein solches starkes Zentrum noch nicht gibt, um als einigende Kraft zu handeln. Das macht die albanische nationale Frage automatisch polyzentrisch mit einer Aufsplitterung unter regionale Zentren innerhalb der albanischen Nation." Surroi betont, dass nicht die ethnische Säuberung, sondern die Schaffung einer demokratischen Gesellschaft in Gebieten, in denen eine nationale Gruppe lebt, den Kern des Problems ausmacht. Ohne die dabei auftretenden Probleme – gesetzliche Ordnung und wirtschaftliche Entwicklung ohne staatlichen Rahmen – zu leugnen, fordert Surroi, die nationale Frage rational anzugehen. "Anstatt sich darauf zu konzentrieren, **wohin** die Albaner letztendlich gelangen wollen (Unabhängigkeit – P. Sch.), sollten sie in erster Linie darüber nachdenken, **wie** sie dahin gelangen, wie lange das dauern wird und welchen Preis das erfordert. Kurz gesagt: die Lösung der albanischen nationalen Frage muss auf demokratischem Weg einschließlich albanisch-serbischer Verhandlungen in einem Übergangszeitraum im Kosovo, einem funktionierenden multiethnischen Staat in Makedonien und einem entwickelten Albanien vorankommen, das sich als regionaler Kooperationspartner erweist".[121]

Während das offizielle Tirana eine Politik der Annäherung an die euroatlantischen Strukturen und der Teilhabe an der europäischen Integration verfolgt, die keinen Raum für nationalistische Abenteuer lässt, ist die Öffentlichkeit wiederholt mit Äußerungen einzelner Politiker konfrontiert, die die panalbanische Variante ins Spiel bringen. Das belegen auch Agenturmeldungen über eine neu formierte so genannte Albanische Nationalarmee (AKSH) im Kosovo, die für ein Großalbanien kämpft. Solange solche Bestrebungen Gehör und Gefolgschaft finden, bleiben auch die Zukunftsvisionen der albanischen Realpolitik vage, die albanische Frage auf dem Wege der Teilhabe am Europa des freien Verkehrs von Gütern und Personen zu lösen, die bestehende Grenzen durchlässiger und panalbanische Träume gegenstandslos macht. Vorstellungen des ehemaligen albanischen Präsidenten Meidani (1998-2002) von einer zukünftigen Unabhängigkeit des Kosovo und Montenegros als "zwei neue(n) Entitäten in Südosteuropa, die direkt in die EU integriert werden müssten, ohne unbedingt selbständige Staaten zu sein"[122] blieben unscharf und unterschiedlich ausdeutbar.

Zu einer realen Betrachtung gehört die Erkenntnis, dass nationale Formierung nicht identisch ist mit dem Zusammenschluss aller Albaner in einem Staat oder in

---

121 Surroi, Veton: Die albanische nationale Frage – ethnische Territorien oder Demokratie?, in: 'Koha Jonë', 17.1.2003 (Nachdruck eines Artikels aus dem Jahre 1994, alban.).
122 Meidani, Rexhep: Vortrag vor der Friedrich-Ebert-Stiftung, a.a.O.

einem Territorium. Vielmehr geht es um die Wahrnehmung aller Rechte und Pflichten im jeweiligen Staatsgebiet, die die Missachtung von Menschenrechten oder Minderheitenrechten im ambivalenten Verhältnis zu anderen Ethnien, in Albanien oder unter einer anderen Titularnation, ausschließen. Am erfolgversprechendsten erscheint dafür die vertiefte Integration, die Grenzen weniger wichtig macht, den Austausch fördert und nationale Selbstbezogenheit durch den eigenen Beitrag und den eigenen Vorteil fördert.

Das Engagement Albaniens für ein "demokratisches und europäisches Kosovo" wird im Regierungsprogramm aus dem Jahre 2002 als Beitrag zur regionalen und europäischen Integration beschrieben, was Erscheinungen des Paternalismus und nationalistischer Emotionen in den beiderseitigen Beziehungen ausschließe. Die Verbesserung der Infrastruktur zwischen Albanien und dem Kosovo soll die wirtschaftliche, kommerzielle, kulturelle und wissenschaftliche Kooperation nach europäischen Standards befördern. Auch auf Makedonien bezogen wird von den Regierenden in Tirana auf friedliche Lösungen auf dem Weg des politischen Dialogs gesetzt.

Europa mischt sich im Kosovo und in Makedonien ein, aber es gibt eine Reihe akkumulierender politisch-rechtlicher, sozialer und ökonomischer Probleme, über deren Folgen in Bezug auf die Identitätsproblematik wenig Klarheit besteht. Allein die Beibehaltung oder Veränderung albanischer nationaler Symbole oder die Einführung des Euro im Kosovo unter Bedingungen reger legaler oder illegaler Geschäfte mit Albanien bzw. Makedonien wirft neue Fragen auf. Unter dem Gesichtspunkt zunehmender sozial-politischer Unterschiede können Spannungen unter den Albanern zunehmen, die ihre Rückwirkung auf die Identitätsbestimmung haben.

4. Die Albaner in der Region, regionale Identität

Die neuen Demokratien Südosteuropas brauchen eine Basis gemeinsamer Identität. Mit Blick auf den Balkan-Stabilitätspakt verweist Jens Becker auf zwei Prämissen: Erstens sei das ein "permanenter Konsensbildungsprozess, der ein gewisses Maß an gegenseitigem Vertrauen und einen hohen Grad an sozialem Zusammenhalt voraussetzt". Wenn ethnische Minderheiten aber das Gefühl hätten, ihre legitimen Interessen nicht durchsetzen zu können, dann verlören die getroffenen Entscheidungen an Legitimität. Zweitens führt Becker an, dass "moderne Identitätspolitik auf der Akzeptanz von Differenzen basiert, die sich aus der Würde des

Menschen ableiten und die multiethnische Vielfalt bewahren, die nicht auf Assimilation abzielt".[123]

Zweifellos ist die Region das geeignete Feld, durch gegenseitige Vernetzung in Wirtschaft, Kommunikation und Verkehr multilaterale Zusammenarbeit auszubauen, die im Rahmen des Stabilitätspaktes den Weg zur europäischen Integration ebnet. Albanien hat diesen Weg beschritten und möchte bilaterale Freihandelsabkommen mit Kroatien, Bosnien & Herzegowina, Serbien und Montenegro, Makedonien, Bulgarien und Rumänien abschließen, die Zolltarife auf Produkte bis zu 90 Prozent verringern und den regionalen Handelsaustausch stimulieren. Unter den in Angriff genommenen Projekten genießt der sogenannte "Korridor 8" als Verkehrsverbindung von der Adria in östliche Richtung bis Burgas bzw. Istanbul Priorität. Im Rahmen gutnachbarlicher Zusammenarbeit sollen den wirtschaftlichen Beziehungen, der Abschaffung der Visapflicht und der freien Bewegung von Menschen sowie der Schaffung von Freihandelszonen Priorität eingeräumt werden.

Regionale Identität für die Albaner bedeutet, über ihre Verteilung auf verschiedene Staaten hinaus in vielfältiger Form kommunizieren und kooperieren zu können. In den politischen Beziehungen geht es dabei um Verständigung und gegenseitige Abstimmung, die die Integration in die europäischen Strukturen nicht behindert und Ambitionen um Vorrang oder Bevormundung untereinander zerstreut. "Mehr regionale Verbundenheit würde den Albanern – so Franz Lothar Altmann – darüber hinweghelfen, dass die Konationalen über vier Staaten (Albanien, den Staatenbund Serbien/Montenegro, Makedonien und Griechenland) verteilt leben".[124] Die Vernetzung hat bereits durchaus beachtliche Ausmaße angenommen (Verankerung Albaniens in der Southeast European Cooperative Process SEECP, Southeast European Cooperative Initiative SECI, Adriatisch-Ionische Initiative AII usw.), auch wenn bisher wenig effektive Ergebnisse zu verzeichnen sind.[125]

Über politische und wirtschaftliche Parameter hinaus gewinnt die Identitätssuche unter dem Aspekt zukünftiger interethnischer Beziehungen an Gewicht, bei der aus einem Gegeneinander ein Nebeneinander und schließlich ein Miteinander erwächst. Zweifellos ist das die schwierigere Aufgabe, wenn man den enormen

---

123 Becker, Jens: Der Balkan – eine Region des Bösen? Der Stabilitätspakt für Südosteuropa als Katalysator für ein tolerantes und multiethnisches Europa, in: Osteuropa in Tradition und Wandel. Leipziger Jahrbücher, Bd. 4, Leipzig 2002, S. 169-178; hier: S. 177.

124 Altmann, Franz-Lothar: Regionale Kooperation in Südosteuropa: Organisationen, Pläne Erfahrungen, in: Südost-Europa, 4-6/2002, S. 266-287; hier: S. 266.

125 Ebd., S. 266-287, sowie Altmann, Franz-Lothar: Regionale Kooperation in Südosteuropa, in: Aus Politik und Zeitgeschichte, 10-11/2003, S. 27-33.

Image-Verlust vor Augen hat, den die Albaner insgesamt durch UÇK-Aktivitäten unterschiedlichster Etikettierung erfahren haben. Umso bemerkenswerter sind Gedanken des albanischen Publizisten Lubonja, die er für eine Festschrift der Südosteuropa-Gesellschaft "Europa 2030 – eine futuristische Spurensuche in 14 Ländern Südosteuropas"[126] niedergeschrieben hat. Im Tonfall schwarzen Humors gibt er eine unter Kosovo-Albanern nach dem Kosovo-Krieg kursierende Anekdote wieder: KFOR-Truppen finden in Begleitung von einigen Albanern in einem Dorf den Leichnam eines Serben ohne Anzeichen einer Verletzung und fragen ihre Begleiter. Diese vermuten, dass dieser Serbe möglicherweise vergiftete Pilze gegessen hat. Ein Stück weiter wiederholt sich dieser Vorgang, und wieder wird die Version vergifteter Pilze vorgebracht, bis an einer dritten Stelle eine serbische Leiche gefunden wird, der mit einer Axt der Schädel gespalten wurde. Auf die ungeduldige Frage der KFOR-Soldaten antworten diesmal die Albaner: "Der wollte wahrscheinlich keine vergifteten Pilze essen." Möglicherweise ist diese Anekdote keine albanische Erfindung, aber sie offenbart die Last von Hass und Rachsucht, die – wie der Kosovo-Intellektuelle Veton Surroi bitter anmerkte – "uns und das Andenken an das unsererseits erfahrene Leid entehrt". Lubonja leitet die Frage ab, wie die Lage nach 30 Jahren aussehen wird, ob dann Albaner und Serben ausgesöhnt sein werden und bezieht seine Vision auf die eigene Sicht der Welt. Den "Clash der Kulturen" nach Huntington verleugnend, meint er, dass nur ein Integrationsprozess in Europa das Problem der unvollendeten Formierung des Nationalstaates überwinden und den Menschen neuen Mut geben kann. Alle Energien auf ein unabhängiges Kosovo – möglichst ohne Serben – zu verwenden hieße, im Teufelskreis nationalistischer Vorstellungen zu verharren und auch den Serben die Möglichkeit zu nehmen, die eigene Verantwortung für ethnische Säuberungen einzugestehen. Lubonja fragt aber auch, inwiefern Europa eine reale Vision offeriert. Er verweist auf nationalistische Auswüchse in Gestalt von Bossi, Le Pen oder Haider und die Verstrickung europäischer Kräfte in nationalistische Exzesse auf dem Balkan. Und sein Credo? Es ist ein – aus albanischer Sicht nicht häufiger – Appell zur Selbstverantwortung, zur Toleranz und zur Bereitschaft, mit dem Schatten eigener Geschichte nicht die Vision für das neue Jahrhundert, ob das nun 2003 oder 2030 sei, zu verstellen.

Wie aber sind die Bedingungen dafür in Albanien? Die albanische Administration leitet aus der geopolitischen und strategischen Lage Albaniens den Anspruch ab, Faktor des Friedens und der Stabilität auf dem Balkan zu sein. Mit Blick auf das bestehende Konfliktpotential forderte der ehemalige Präsident

---

126 Südosteuropa Mitteilungen 1/2002: Europa 2030 – Eine futuristische Spurensuche in 14 Ländern Südosteuropas, hg. aus Anlass des 50-jährigen Jubiläums der Südosteuropa-Gesellschaft.

Meidani ein modernes Konzept gegenseitiger Abhängigkeit im Einklang mit dem Prinzip der Selbstbestimmung, bei dem eine zukünftige Unabhängigkeit des Kosovo und internationale Integration als ein Interdependenz-Verhältnis skizziert werden.[127] Die erklärte Bereitschaft für gutnachbarliche bilaterale und regionale Kooperation mit Griechenland, Makedonien, Montenegro und die Wiederaufnahme diplomatischer Beziehungen mit Belgrad sind hierfür verheißungsvolle Ansätze. Das täuscht jedoch nicht darüber hinweg, dass in der praktischen Umsetzung erhebliche Bremsmechanismen wirken, etwa im Widerstand von Kosovo-Politikern gegen die Normalisierung der Beziehungen Tirana-Belgrad oder im griechisch-albanischen Verhältnis. Das betrifft u.a. die Legalisierung der albanischen Gastarbeiter und eine geregelte Grenzabfertigung, den griechischen Widerstand gegen den Ausbau der west-östlichen Balkantangente unter Ausklammerung von Thessaloniki, vor allem aber die de jure von Athen bisher nicht vollzogene Aufhebung des Kriegszustandes mit Albanien, womit bisher Entschädigungsforderungen der im Zweiten Weltkrieg aus Griechenland vertriebenen Tschamen vereitelt worden sind.

Albanien achtet (in Übereinstimmung mit seinen Nachbarn) strikt darauf, dass regionale Kooperation, schon gar nicht institutionalisiert als eine Art Balkan-EU, die angestrebte EU-Aufnahme ersetzt oder verzögert. Die Neuauflage vielfältiger Balkankooperation im Verkehrswesen, Umweltschutz, in der Bekämpfung des internationalen Terrorismus und Menschenhandels ist dennoch – wie die Tagung der SEECP Ende März 2002 hervorhob – ein hoffnungsvolles Zeichen.

5. Albanien und Europa

Zunächst: Albanien ist Europa, aber es ist geographisch und politisch in einer Randposition. Der Weg in die europäischen Strukturen ist markiert. In deutlichem Kontrast zur Politik der Selbstisolierung und des "Stützens auf die eigenen Kräfte" unter der kommunistischen Herrschaft ist der Kurs Albaniens auf Integration und Zusammenarbeit ausgerichtet. Mit der bereits erwähnten Losung "Wir wie ganz Europa" wird der politische, ökonomische und geistig-kulturelle Anschluss gesucht, was aber bisher mehr Erwartung als eigene Aktivität auslöste.

Im Regierungsprogramm vom September 2001 war niedergelegt, dass "die Zukunft einen anderen Rhythmus, eine größere Geschwindigkeit und folglich neue Menschen erfordert, die eine patriotische und zugleich europäische Vision verfolgen, sich professionell und mutig " den neuen Herausforderungen stellen. "Europa ist heute unsere Identität, unser Verbündeter und unser Weg zum

---

127 Meidani, Rexhep: Vortrag in München, 16.10.2001.

Wachstum. Europa ist eine neue Art des Denkens und Arbeitens. Europa ist eine neue Art zu leben." Damit wird die Hoffnung verknüpft, dass "wir es schließlich schaffen, uns als politische Klasse von den Albträumen unserer ungenügenden politischen Formierung, durch die Albanien mehr als ein Mal verbrannte, zu lösen und mehr zivilisiertes und politisches Bewusstsein, ja auch mehr Liebe und menschliche Solidarität in den Dienst des Landes und seiner Menschen zu stellen".[128]

Der so vollmundig prognostizierte Übergang vom Stadium der Stabilisierung in das der Modernisierung und europäischen Integration Albaniens erfuhr jedoch – wie aufgezeigt – in den letzten Jahren mehrfache Rückschläge. Noch bleibt die politische, wirtschaftliche und kulturelle Elite den Nachweis schuldig, das Vertrauen des Bürgers in die Politik zurückzugewinnen. Das setzt erstens voraus, wesentliche Schritte in der Bekämpfung der organisierten Kriminalität, des Schmuggels von Waffen, Drogen sowie des Menschenhandels zu gehen, die das Land für den internationalen Terrorismus angreifbar gemacht haben. Zweitens bedarf es energischer Maßnahmen zur Gesundung der Energieversorgung. Ohne diese Prämissen ist es schwer, Sicherheiten für Investoren von außen zu vorzuweisen.

Zu Recht stellt der albanische Politiker Frrok Çupi (Demokratische Allianz) dieser Formel die Frage gegenüber: "Ihr wollt Albanien wie Europa? Gestaltet es wie Europa, was hindert euch daran?"[129] Çupi spielt dabei insbesondere auf den Mangel in der Wahrnehmung individueller Verantwortung der Bürger an, die sich zu sehr auf die Fähigkeit der Politik verlassen.

Die auf dem Balkan viel strapazierte Formel von der "Rückkehr nach Europa" ist auch unter dem Gesichtspunkt albanischer Identitätssuche nicht schlüssig beantwortet. Hierbei geht es nicht so sehr um die Tatsache, dass im geographischen Sinne eine Rückkehr nicht in Betracht kommen kann, weil die Albaner immer in diesem Europa zugehörigen Raum gelebt haben. Sundhausen fragt vielmehr: "Was bedeutet die 'Rückkehr nach Europa'? Geht es um eine 'Verwestlichung' oder um die Formierung einer eigenen Identität, die zwar 'europäisch' interpretiert, aber deutlich vom westlichen Gesellschaftsmodell abgesetzt wird? Worin besteht diese Identität?"[130] Mit anderen Worten, steht im Zentrum der Integrationswilligen das Projekt der europäischen Zivilgesellschaft mit ihren Leitbildern oder dominieren Erwartungen der Teilhabe an der Wohlstands- und Verteidigungsgemeinschaft? In letzterem Falle kann – wie Sundhausen zu Recht konsta-

---

128 'Zëri i Popullit', 10.9.2001.
129 Çupi, Frrok: Die Politik hat den Weg gebahnt, in: 'Koha Jonë', 17.1.2003 (alban.).
130 Sundhausen, Holm: Das 20. Jahrhundert als verlorenes Jahrhundert – Der Balkan und Europa, in: Jahrbücher für Geschichte und Kultur Südosteuropas (JGKS), 3/2001, S. 11-26.

tiert – von einer "Rückkehr" allerdings auch nicht die Rede sein, weil NATO oder EU diesen Vergangenheitswert nicht aufweisen.

Das zentrale Motiv der "Rückkehr nach Europa" mit dem Begehren, der NATO anzugehören, ist demnach – wie August Pradetto für die Reformstaaten ausweist – "eine Identitätssuche in dem Bedürfnis nach gesellschaftlicher und geopolitischer Neuverortung, welches mit dem Versuch einhergeht, eine für das jeweilige Land möglichst günstige Neupositionierung im europäischen und internationalen System zu erreichen". Pradetto kommt zu dem Schluss, dass die Zugehörigkeit zur NATO ein wesentliches Mittel zur Steigerung des Selbstwertgefühls darstellt und von hohem Prestigewert ist. Es handele sich um eine symbolische Politik, "die einen schnellen und 'billigen' Weg zur neuen Identitätsfindung verspricht".[131] So ist auch die demonstrative Bereitstellung eines albanischen Truppenkontingents (70 Mann) sowie albanischer Flugplätze und Häfen für den Irak-Krieg als eine Geste zu betrachten, die mit der Erwartung in eine vorgezogene Aufnahme in die NATO verbunden ist.

Die Debatte um den Standort der Albaner ist nicht abgeschlossen. Politisch sind zweifellos die Weichen in Richtung Integration gestellt. Albanien hatte sich bereits 1992 um Mitgliedschaft im NATO-Kooperationsrat beworben und gehörte zu den ersten Kandidaten der "Partnerschaft für den Frieden". Der Beitrittswunsch zur NATO ist ungebrochen. Nach den Worten des Verteidigungsministers Pandeli Majko betrachtet sich Tirana de facto den Strukturen der NATO zugehörig, was sich insbesondere während und nach dem Kosovo-Krieg gezeigt habe. In geradezu vorauseilendem Eifer hatte die albanische Regierung der NATO das Territorium, den Luftraum und die Gewässer zur freien Verfügung überlassen. Die NATO gilt als Garant der Sicherheit Albaniens. Dennoch werden für die in Aussicht genommene volle Mitgliedschaft noch erhebliche Vorleistungen für die innere Stabilität abverlangt. Die eingeleitete Reform der bewaffneten Kräfte dürfte dabei die am wenigsten komplizierte Aufgabe sein. Vorgesehen sind die Reduzierung der Streitkräfte von 30 000 auf 15 000 Mann sowie der Abbau des überdimensionalen Waffenarsenals.

Die Prioritäten in der Außenpolitik pendeln in unterschiedlicher Intensität zwischen Europa und den USA, bleiben jedoch vorrangig an den Vorgaben für die erstrebte Integration in die euro-atlantischen Strukturen orientiert. Es ist augenfällig, dass – insbesondere durch das amerikanische politische und militärische Engagement in der Region – die Beziehungen zu den USA favorisiert werden. Das spiegelt sich auch im betonten Engagement für die NATO-Einsätze auf

---

131 Pradetto, August: Osteuropa und die Erweiterung der NATO – Identitätssuche als Motiv für Sicherheitspolitik, in: Studien zur internationalen Politik, Universität der Bundeswehr Hamburg, 1/1997, S. 40.

dem Balkan wider, während UNO bzw. OSZE weniger Beachtung finden. Die bedingungslose Solidarisierung der Nano-Regierung mit dem USA-Kurs in der Irakfrage verdeutlicht im Übrigen ein Maß an politischer Unterordnung und Servilität, das die Identifizierung mit Europa auf eine neue Probe stellt und aus Sicht der europäischen Donatoren für die albanische Transformation Unsicherheiten heraufbeschwören kann. Das wird insbesondere durch albanische Stimmen erhärtet, wonach Westeuropa ohnehin die Slawen des Balkans begünstige und die Albaner deshalb bei den Amerikanern Unterstützung suchen müssten. Es wird die Tendenz sichtbar, eines angestrebten Zieles willen (NATO-Mitgliedschaft) völkerrechtliche Bedenken erst gar nicht in Erwägung zu ziehen und bisherige Partner zu verprellen. Selbst wenn Abhängigkeiten von der Supermacht USA nicht außerhalb der Betrachtung bleiben dürfen, bewirkte die albanische Positionierung einen Affront. Die mutige Kritik des Publizisten Lubonja an der von Premier Nano in einem Artikel für die amerikanische „Boston Globe" geäußerten Auffassung, wonach die Europäer (gemeint sind u.a. Frankreich und Deutschland) im Unterschied zu den Albanern vergessen hätten, was die Amerikaner und Briten mit ihren Verbündeten im Zweiten Weltkrieg gegen Hitler geleistet haben, sorgte in Albanien für Aufsehen, auch wenn Lubonja breite öffentliche Unterstützung versagt blieb. Er vermerkt mit Bitternis, dass sich weder albanische Politiker noch gesellschaftliche Gruppen gegen den amerikanisch-britischen Militärschlag erklärt haben und fügt hinzu, dass man nicht vergessen sollte, dass „zwischen den Großmächten, die sich heute streiten, in zukünftigen Konstellationen wieder Kompromisse erreicht werden, bei denen die Albaner die am leichtesten zu opfernde Figur im Balkanschach sein könnten".[132]

Neben dem seit einigen Jahren ausgewogeneren Verhältnis mit den Anrainerstaaten haben die Beziehungen mit Italien, das durch Flüchtlingsströme und illegalen Transfer (Drogen, Menschenhandel) permanentem Druck ausgesetzt ist, sowie zum regionalen Nachbarn Griechenland einen besonderen Stellenwert.[133] Nach Maßgabe konsequenter Bekämpfung grenzüberschreitender Kriminalität durch die albanische Seite wird die Bereitschaft der Nachbarn stimulierend wir-

---

132 Lubonja, Fatos: Die albanischen Politiker und der Krieg im Irak, in: 'Shekulli', 18.3.2003 (alban.).
133 Vgl. auch Paskal Milo: "If an effort was made to give a vertical and horizontal classification of Albania's strategic partners in foreign policy, the following order would result: United States of America – the most important strategic and global partner; Italy – a strategic partner of European dimension; and Greece – a Euroregional strategic partner". (Milo, Paskal: The Relations of Albania with its Neighbouring Countries, in: Südosteuropa Mitteilungen, 5-6/2002, S. 12-19; hier: S. 13 f.)

ken oder aber zur Verweigerung führen, wenn Albanien den Auflagen der EU nicht entspricht.

Große Hoffnungen setzt Tirana in den Stabilitätspakt als kräftigem Katalysator zur Stimulierung der Transformation und Annäherung an die EU. Erste Ansätze einer Annäherung an die internationalen Standards in Wirtschaft und Politik waren jedoch durch die innere Krisensituation wiederholt gefährdet worden. Strategische Investitionen aus dem Ausland blieben durch die instabile innere Lage und unzureichende albanische Schutzgarantien in der Planungsphase stecken. Viele der ausländischen Kapitalanleger zogen sich wieder aus dem Albaniengeschäft zurück.

Die internationale Gemeinschaft in Gestalt der Berater aus der EU, der Weltbank und des IWF, aber auch einzelne Förderländer haben Anteil am Rückfall Albaniens. Zu sehr hatte man auf die albanische Interpretation der Wirtschaftsstatistiken mit Indikatoren vermeintlichen Fortschritts gesetzt, und zu wenig erfolgte eine koordinierte, auf ihre Zielfunktion hin ausgerichtete Hilfe zur Selbsthilfe. Auf diese Weise verschwand ein Großteil der Gelder und Lieferungen in dunkle Kanäle.

Die im Jahre 1998 konzipierte Politik westlicher Geberländer, die Hilfe für den Reformprozess als Gruppe der "Freunde Albaniens" zukünftig enger zu koordinieren und kontrolliert zu begleiten, stellte einen neuen Ansatz dar. Eine Sonderkonferenz der Europäischen Kommission und der Weltbank hatte am 22. Oktober 1998 in Brüssel ein Maßnahmepaket von über 680 Millionen US$ verabschiedet.[134] Außerdem besteht ein auf drei Jahre fixiertes Hilfsprogramm der EU im Umfang von 144 Millionen €, das der Förderung der Arbeit der Rechtspflegeorgane und der öffentlichen Verwaltung zugute kommt.[135]

Unmissverständlich wurde seitens der im März 2002 in Tirana weilenden Task Force EU-Albanien unterstrichen, dass die politische Stabilisierung unabdingbare Voraussetzung bildet. Es dauerte ein knappes Jahr, bis EU-Kommissionspräsident Prodi am 31. Januar 2003 den Beginn von Verhandlungen über ein Stabilisierungs- und Assoziierungsabkommen mit der EU verkünden konnte. Im erwähnten ICG-Report 2003 wird ausdrücklich unterstrichen, dass es sich bei diesen Verhandlungen nicht um einen kurzfristigen Prozess handeln wird.

Albanien bleibt zwölf Jahre nach Beginn der Transformation im Zustand einer gesellschaftlichen Fermentation. Während in der ersten Phase politische Veränderungen im Vordergrund standen, erwies sich in der nachfolgenden Zeit, dass ohne eine harmonische Verbindung aller Aspekte politischer, wirtschaftlicher,

---

134 In: 'Zëri i Popullit', 23.10.1997.
135 International Crisis Group (ICG) (ed.): Albania ..., a.a.O.

sozialer und kultureller Entwicklung die Transformation gebremst oder sogar zurückgeschraubt werden kann. Die Krisen vom Frühjahr 1997, Herbst 1998 und zum Jahreswechsel 2001/2002 belegen das nachhaltig. Das spontane Element und mangelnde politische Reife der Akteure schufen Freiraum für unkontrollierte und zerstörerische Prozesse. Die widersprüchliche Auslegung verfassungskonformer Regierungsbildung oder Mängel im bestehenden Wahlgesetz deuten auch auf Schwachpunkte in der von ausländischen Rechtsberatern geleisteten Unterstützung hin. Das alles hat negative Rückwirkungen auf die Identität.

Ohne die aufgezeigten Störmomente und Rückfälle im Transformationsprozess gering zu schätzen, besteht allerdings keine substantielle Bedrohung der Demokratie. Das politische Klima kann als ruhiger und die Stabilität im Lande als sicherer bewertet werden.

V. Fazit

Sind die Albaner reif für die europäische Integration?

Es ist nicht möglich, einem Volk oder Land das Signum gewonnener Identität zu verleihen, das es für die europäische Integration passfähig erscheinen lässt. Aber es gibt Maßstäbe, mit denen der eingeschlagene Entwicklungsweg zu bemessen ist. Albanien, die Albaner, haben sich mehrheitlich für die Annäherung an die europäischen Normen und Standards entschieden und drängen auf Einbeziehung in die europäischen Strukturen. Sie davon abzuhalten oder auf ferne Perspektiven zu vertrösten hieße, die Wiedergewinnung und Verfestigung ihrer Identität nach nationalen und europäischen Kriterien zu behindern und neue Unsicherheiten und destabilisierende Fakten zu schaffen. Die Albaner müssen ihren Platz in Europa bei allen noch bestehenden Herausforderungen für ihre innere Verfasstheit im engen nationalen wie auch regionalen Rahmen einnehmen. Vor allem müssen sie zu sich selbst finden, ihr Land, ihr Leben selbst bestimmen und gestalten.

Die Identifikation der Menschen mit dem Nationalstaat durch weiträumige zwischenstaatliche Integration zu ersetzen, darf nicht heißen, Funktionen aufzugeben, die für den Schutz der Bürger, zur Wahrung ihrer Interessen im politischen, kulturellen und sozialen Bereich unerlässlich scheinen. Der Nachvollzug nationaler Identität unter Wahrung und Stärkung nationalstaatlicher Obhut bei den Albanern lässt somit den Schluss zu, dass stabile Identität den Menschen ein Gefühl der Sicherheit verleihen und gleichzeitig den Blick auf eine offene Gemeinschaft mit den Nachbarn ermöglichen kann.

Identitätssuche und Identitätsfindung können nur einen Prozess in Entwicklung und in seinen inneren Widersprüchen sichtbar machen. Auch wenn die Integration in die europäische Wertegemeinschaft und in die euroatlantischen Strukturen übergreifendes Anliegen der Albaner ist, so bestehen dennoch deutliche Wahrnehmungsgrenzen. Ein Geschäftsmann, der sich zunehmend der Spielregeln und Möglichkeiten der freien Marktwirtschaft bedienen kann, wird sich damit eher identifizieren können als ein arbeitsloser, an den Rand der Gesellschaft gedrängter Mensch. Ein in Westeuropa lebender Wirtschaftsemigrant wird sich mehr um persönliche Integration mühen als ein Hirte oder Ackerbauer im dörflichen Milieu Albaniens, für den die materiellen Voraussetzungen für ein effektives und exportorientiertes Wirtschaften nicht bestehen. Ein in die Machtstrukturen der regierenden Partei eingebundener Politiker wird bemüht sein, sich in dem Maße mit der europäischen Integration zu identifizieren, wie sie auch dem eigenen Clan zugute kommt, während der an den Rand der Gesellschaft gedrängte Intellektuelle eher darüber nachdenkt, wie er seine Heimat verlassen kann. Gerade deshalb bestätigt sich auch am albanischen Beispiel: je breiter die soziale Basis der transformationsführenden Kräfte ist, desto größer sind die Chancen dafür, die Transformation auf evolutionärem, friedlichem Weg voranzubringen. Es sind die sozialökonomischen Erfolge, die die Herausbildung neuer Identitäten begünstigen.

Der Anspruch der Albaner auf Teilhabe an der europäischen Einigung kann nicht in Frage gestellt werden. Vielmehr müssen die integrativen Anstrengungen der Reformkräfte stimuliert werden. Chancen für die zukünftige Entwicklung des Landes erschließen sich aus der Fortsetzung der Privatisierung, der weiteren Dezentralisierung der Verwaltung und der Förderung des Mittelstandes. Mobilisierbare menschliche Ressourcen bestehen in einer lern- und arbeitswilligen jungen Bevölkerung. Die materiellen Quellen, insbesondere die Nutzung der Wasserressourcen und Bodenschätze, setzen eine Regenerierung der Infrastruktur und Stimulierung privater Investitionen aus dem In- und Ausland voraus. Die jüngsten Ereignisse besagen, dass es auf jeden Fall ein längerer und sehr steiniger Weg sein wird. Gelingt es nicht, Stabilität und Kontinuität in den Reform- und Demokratisierungsprozessen zu erzielen, wird die Gefahr einer Randstellung durch politische, ökonomische und militärische Abhängigkeiten zunehmen und gleichzeitig inneres Krisenpotential mit Folgen für die Sicherheitslage in der Region und für Europa (Flüchtlinge) mobilisiert. Bereits heute wirkt sich der starke Brain-Drain in die westlichen Länder schmerzlich aus. Die jährliche Abwanderung von ca. 60-70 000 Albanern wird dazu führen, dass physisch bald mehr Albaner außerhalb als im Inneren leben werden. Ohne Zweifel stellt auch das die nationale Identität in einen neuen Kontext.

Eine Identität, die das Miteinander unterschiedlicher Ethnien einschließt, ist im postjugoslawischen Raum für die Albaner bisher nicht erkennbar. Sie setzt kritische Vergangenheitsbewältigung, interethnischen Austausch und die Bereitschaft zur Aussöhnung voraus. Letztere fällt da umso schwerer, wo Hoffnungen in die Zukunft enttäuscht werden. Identitätssuche im Kosovo ist deshalb die am wenigsten zu beantwortende Frage, solange sie ausschließlich auf der nationalen Komponente beruht und auf Trennung von der bisherigen Titularnation (Jugoslawien) fixiert ist. Die unter der UNMIK-Verwaltung nach den gewaltsamen Auseinandersetzungen erfolgten Schritte zur Gewährleistung der Funktionalität der Verwaltung ebnen zwar den Weg friedlicher Konfliktlösung, lassen die Albaner jedoch nicht auf die Forderung nach staatlicher Unabhängigkeit verzichten. Das makedonische Beispiel albanischer Identitätssuche unter Bedingungen der Mitbestimmung in einem multiethnischen Staat ist ein begrüßenswerter Ansatz, der sich jedoch in der Praxis noch bewähren muss. Die Wahrnehmung ihrer Rechte als Bürger Makedoniens definieren die hier lebenden Albaner nicht als makedonische Staatsbürgerschaft, sondern als gleichberechtigte staatsformierende Nationalität.[136]

Auf Albanien bezogen bleibt die Identitätsbestimmung eine wesentliche Komponente für seinen Platz im integrierten Europa. Es ist dies sowohl Erfordernis im Umgang mit der eigenen Geschichte als auch in der Bestimmung zukünftiger Ziele im Zusammenleben der Albaner. Die Albaner müssen ihre Kraft und ihren Aufbauwillen entfalten, um zur eigenen unverwechselbaren Identität zu finden, die nicht abgrenzt, sondern motiviert. Das entspräche auch dem patriotischen Vermächtnis der Brüder Frashëri aus der albanischen Rilindja, die ihre Sehnsucht und Erwartungen in die berühmt gewordenen Worte gekleidet hatten: „Albanien, gib mir die Ehre, gib mir den Namen Albaner. Auch wenn ich in die Fremde vertrieben bin, hat das Herz deine Liebe nie vergessen" (Naim Frashëri), und: "Wenn wir es wollen, haben wir es in der Hand, Albanien vor allen Gefahren und Unheil zu bewahren" (Sami Frashëri).[137]

Aus aktueller Sicht passt die Feststellung eines albanischen Publizisten dazu, wonach derjenige bedauernswert sei, der glaube, dass man zur Zivilisation aufschließen kann, indem man die eigene Identität vernachlässigt. "Das wäre das Ende des so erhofften und erträumten Aufbruchs".[138]

Das Ausland muss in Rechnung stellen, dass die albanische Identitätssuche in ihrer Mannigfaltigkeit Bestandteil des Integrationsprozesses ist. Sie aus der Klammer ethnisch-nationaler Verhärtung in die Bahnen regionaler Kooperation mit den Parametern einer multikulturellen Gesellschaft zu lenken, kann nicht bedeuten, Nationalbewusstsein und geschichtlich geformte Identitätsmerkmale opfern zu müssen. Nicht alles, vielleicht sogar nur ein Teil an Verantwortung liegt bei den Albanern selbst. Sie benötigen ein Umfeld, das ihnen Zukunft, Entfaltung, friedliche Optionen eröffnet und sie ermutigt, den eigenen Anteil zu leisten. Abgrenzung von der einen wie von der anderen Seite ist dabei integrationshemmend. Die Anerkennung der Erfahrungen und Werte anderer bleibt dabei wesentlicher Bestandteil der Suche nach einer europäischen Identität. In diesem Ver-

---

136 Vgl. Sundhausen, Holm: Staatsbildung und ethnisch-nationale Gegensätze in Südosteuropa, in: Aus Politik und Zeitgeschichte, 10-11/2003, S. 3-9.
137 Frashëri, Naim: Vepra 1. Lulet e Verësë, Bagëti e Bujqësija, Ëndërrime (Werke 1. Frühlingsblumen, Hirten-und Landleben, Träumereien), Prishtinë, Rilindja, 1978, S. 9, und Frashëri, Sami: Shqipërija ç'ka qënë, ç'është dhe ç'do të bëhetë (Albanien, was es war, ist und sein wird), in: Lambertz, Maximilian: Albanisches Lesebuch I, Leipzig 1948, S. 122 f.
138 Elezi, Mehmet: Die Krise des Nationalismus oder verletzte Identität, in: 'Rilindja Demokratike', 14.1.1995 (alban.).

ständnis ist, auf den gesamten Balkan bezogen, "der Mythos vom Okzident und Orient nicht ein Nebeneinanderstellen von Zivilisation und Barbarei, sondern dasjenige einer Zivilisation mit einer anderen".[139]

Zur Verantwortung des "übrigen Europa" bekennt sich Sundhausen, indem er feststellt, dass "Südosteuropa ungeachtet seiner peripheren Lage und ungeachtet der Tatsache, dass es in der Region keine Großmacht gibt, für uns in Deutschland und für ganz Europa von weitreichender Bedeutung ist. Unsere Ignoranz haben wir in der Vergangenheit teuer bezahlt – zu teuer, um uns dies noch künftig leisten zu können. Deshalb müssen wir der Region und ihrer Andersartigkeit jene Aufmerksamkeit schenken, die sie in ihrem und unserem Interesse seit langem verdient".[140] Gegenseitige Beeinflussung und Durchdringung wird da erfolgreich sein, wo historisch gewachsene und unterschwellig weiter wirkende Vorurteile (des Westens) einerseits und fortbestehende Ängste (des Ostens bzw. Südens) durch vertiefte Kooperation zum beiderseitigen Nutzen abgebaut werden und ein Vertrauen begründet wird, das von Zusammengehörigkeit und gemeinsamen Werten getragen ist. Europäische Integration ohne Mittun des südosteuropäischen Raumes kann und wird letztendlich nicht funktionieren können. Allerdings wird es um asymmetrische Anpassung und Integration gehen, wenn man die aufgezeigten Unterschiede in der Ausprägung neuer Identitäten und im Reifegrad der Anpassung an die europäische Integration in Albanien, im Kosovo bzw. Makedoniens berücksichtigt. Dennoch, das mit der albanischen Problematik verbundene "Unfertige" oder auch "Explosive" darf keinen Vorwand für neuerliche Ausgrenzung und Stigmatisierung bilden, da deren Folgen dann auf Europa selbst zurückfallen.

Einheit in der Vielfalt stellt somit eine Herausforderung für konstruktive Politikgestaltung dar, die das Wahrnehmen unterschiedlicher Voraussetzungen mit dem Willen zur Kooperation und der Hilfe zur Selbsthilfe verbindet. Verglichen mit ihrem Ausgangsstadium zu Beginn der 1990er Jahre haben die Albaner bei allen Rückschlägen dennoch bemerkenswerte zivilisatorische Fortschritte erreicht. Sie verdienen dabei auch in Zukunft Ermutigung und Unterstützung.

---

139 Todorova, Maria: Die Erfindung des Balkans: Europas bequemes Vorurteil, Primus Verlag, Darmstadt 1999, S. 267.
140 Sundhausen, Holm: Was ist Südosteuropa ..., a.a.O., S. 105.

VI. Albanische Aussagen zur Identität: Zusammenfassung einer Befragung unter Bürgern in Albanien und ausgewählten albanischen Emigranten in Deutschland

Von den von Prof. Arqile Bërxholi, Tirana, in Albanien befragten 250 Bürgern waren
- 10,6 % im Alter bis 20 Jahre, 64,8 % 20-34 Jahre und 10,6 % über 34 Jahre;
- 37,9 % männlich, 62,1 % weiblich;
- 12,8 % mit 8-Jahresschul-, 46,7 % mit Mittelschul-, 40,5 % mit Hochschulabschluss;
- 42,6 % sunnitische Moslems, 6 % Bektashi-Moslems, 24,7 % orthodoxe Christen, 11,8 % katholische Christen; 14,9 % ohne Angabe
- 41,8 % Schüler und Studenten, 10,1 % Bauern, 13,2 % Arbeiter, 18,5 % Angestellte

und 16,4 % ohne Angabe.

Die in Deutschland durch den Autor der Studie befragten Emigranten aus Albanien, dem Kosovo und Makedonien im Alter zwischen 30 und 60 Jahren verfügten über mittleren bzw. Hochschulabschluss.

Aus 47 Einzelfragen ergaben sich nach Schwerpunkten folgende Aussagen:

1. Was verstehen Sie unter nationaler Identität?

Übereinstimmend wird nationale Identität mit Werten aus Sprache, Kultur, Brauchtum und Herkunft beschrieben. Bei der Altersgruppe unter 20 Jahre wird das weniger deutlich artikuliert. Die Älteren benennen überwiegend die Gesamtheit der ererbten Werte und Traditionen sowie die Liebe zum Geburtsort. Ein direkter Zusammenhang zwischen nationaler und staatlicher Zugehörigkeit wird nur von wenigen gesehen, während Kosovo-Emigranten aus Berlin nationale Identität in unmittelbaren Zusammenhang mit ausstehender Eigenstaatlichkeit des Kosovo betrachten.

2. Wie verbindet sich Nationalstolz mit der Herausbildung nationaler Identität?

Die Antworten der mittleren und älteren Generation sind auf die Kämpfe der Vergangenheit um den Schutz der Heimat und auf überlieferte Traditionen wie Gastfreundschaft, religiöse Toleranz und den hohen Stellenwert von Ehrenwort und Treue fixiert, während die Jugendlichen zurückhaltend bis ausweichend reagieren. Seitens der Emigranten wird geäußert, dass Nationalstolz da schädlich ist, wo er anderen den Respekt versagt. Sehr viel offensiver vertreten die Kosovo-Emigranten ihren nationalen Stolz in deutlicher ethnischer Abgrenzung.

3. Formierung nationaler Identität im historischen Rahmen

Übereinstimmend wird dies als ein von außen behinderter Vorgang gesehen, bei dem die Albaner nie frei waren, über ihr eigenes Schicksal zu entscheiden. Dennoch sei es über die Zeitläufte gelungen, identitätsstiftende Werte wie Sprache, Kultur, Brauchtum und Religionsvielfalt zu erhalten.

4. Sind die Albaner ein benachteiligtes Volk?

Als benachteiligtes, vernachlässigtes Volk sieht sich die Mehrheit hinsichtlich äußerer Einmischung in der Vergangenheit, während unter aktuellen Bedingungen den albanischen Politikern angelastet wird, ihr Volk im Stich zu lassen und nationale Werte ihren Machtambitionen zu opfern.

Kosovo-Emigranten beklagen die Verweigerung der Unabhängigkeit durch den Westen und betrachten die Albaner generell als benachteiligtes Volk.

5. Bestehen Forderungen, aus der "geteilten Nation" zu einem "ethnischen Albanien" zu gelangen?

Etwa die Hälfte der Befragten betrachtet das als ein zu korrigierendes Versäumnis aus der Vergangenheit. Die andere Hälfte verweist darauf, dass sich Grundeigenschaften nationaler Identität unabhängig der territorialen Trennung für alle unter gleichen Bedingungen herausbilden und dass diese Trennung heute kein Hindernis für eine Teilhabe an der europäischen Integration sei. Ansprüche auf ein "ethnisches Albanien" werden mehrheitlich negiert. Die Integration müsse den Albanern die gleichen nationalen und kulturellen Rechte wie anderen Völkern einräumen. Aus der älteren Gruppe der Befragten wird geäußert, dass jedem Volk das Recht zustehe, vereint zu leben. Unter den Bedingungen der Integration von allen Völkern werde aber verlangt, etwas von den souveränen Rechten zu opfern und Konflikte zu vermeiden. Der Anspruch auf europäische Integration hat in den Antworten Priorität vor der Solidarisierung mit den Brüdern im Kosovo bzw. Makedonien. Die befragten Kosovo-Emigranten messen hingegen einem nationalen Zusammenschluss mit Albanien größeres Gewicht bei und betrachten dies als identitätsfördernd.

6. Bindungen der Albaner als geteiltes Volk untereinander

Die Kosovo-Albaner empfinden und betonen stärker als jene aus Albanien bzw. Makedonien den nationalen Zusammenhalt. Das positive Image der Aufnahme Hunderttausender Kosovo-Flüchtlinge 1999 in Albanien wurde – das stellen Befragte beider Seiten fest – durch kriminelle Bereicherung von mafiosen Elementen aus Albanien getrübt. Gegenseitige Missachtung und Schuldzuweisungen reichen in der Beantwortung bis zu abfälligen Bemerkungen, dass der andere faul bzw. ungebildet sei.

(Die über lange Zeiten getrennt erlebte Vergangenheit hat ihren Schatten behalten und hinzu kommen neue Anzeichen einer Abkühlung infolge von Differenzen zwischen Politikern und Wissenschaftlern im Kosovo und Tirana, die die unterschiedlichen Vorherrschaftsansprüche tangieren – P. Sch.)

7. Wie ist eine stärkere internationale Wahrnehmung Albaniens zu erreichen?

Stärkere internationale Wahrnehmung wird mit der Schaffung des Rechtsstaates und der Respektierung der Gesetze in Verbindung gebracht. Albanien benötige weniger Parteipolitiker, die immer wieder auf den Machtfaktor setzen und sich bereichern wollen, als vielmehr unbestechliche professionelle Spezialisten mit Hingabe für ihr Land. Auch kulturell müsse die Nähe zum europäischen Kulturkreis deutlicher zur Geltung kommen.

8. Haben die Mythen vom Stolz, der Tapferkeit und Großherzigkeit identitätsprägende Kraft?

Überwiegend wird die Formierung von Heldenmythen für den Zusammenhalt positiv bewertet, da sie das Überleben unter Bedingungen fremder Besatzung förderten. Die befragten Jugendlichen lassen einen deutlicheren Abstand zu dieser Frage erkennen, da das offensichtlich in ihrem aktuellen Umfeld wenig nachzuempfindende Kriterien sind. Die Vergötterung des Nationalen wird von Kosovo-Albanern durchaus als identitätsfördernd bewertet, während die Antworten aus Albanien negativ ausfallen. Es wird darauf verwiesen, dass überhöhter Nationalstolz in der Vergangenheit durch die nachlassende Erziehungsfunktion des Staates unter den heutigen Bedingungen wenig Raum findet. Vielmehr wird auf den Verfall der Werte durch Kriminalität, Nepotismus und Korruption verwiesen.

9. Folgen des kommunistischen Isolationskurses für die Identität

Von den befragten Personen im mittleren Alter äußerten sich 70 % sinngemäß, dass die Isolation positiv auf den Erhalt guter Tugenden wirkte, während der wirtschaftliche Verfall die postkommunistischen Zerstörungen begünstigte. Die Isolation bewirkte eine Unkenntnis über das Leben in der Umwelt, was dann zu unkontrollierten Ausbrüchen in der Nachwendezeit und einer Identitätskrise führte, bei der sich Albaner als Zerstörer der eigenen nationalen Werte erwiesen.

Die interviewten Kosovo-Emigranten betrachten die kommunistische Phase indes undifferenziert als Stärkung nationaler Identität, da sie den Zusammenhalt förderte.

10. Identität und Bürger-Staat-Verhältnis unter aktuellen Bedingungen

Die mangelnde Identifizierung des Bürgers mit dem Staat wird übereinstimmend von allen Befragten der fehlenden Kultur und Machtgier der politischen Klasse angelastet. Die Älteren bedauern die politische Polarisierung, mangelhafte Streitkultur, das hohe Maß an Konfliktbereitschaft und die Förderung enger politischer Claninteressen mit Erscheinungen von Korruption und Nepotismus.

11. Wie äußert sich Identität in Bezug auf soziale Beziehungen?

Die sozialen Beziehungen sind – wie mehrheitlich eingeschätzt wird – im Ergebnis der ererbten Rückständigkeit und der beträchtlichen Rückschritte in der Reformpolitik auf einem sehr niedrigen Niveau. Überstürzte makroökonomische Schritte haben zu sozialen Verwerfungen geführt. Im familiären Umfeld lockern sich die patriarchalischen Bindungen. Durch Abwanderung der erwerbslosen Jugendlichen kommt es zur Entsiedelung ganzer Dörfer. Der Geldtransfer der Wirtschaftsemigranten bleibt für viele Familien die wesentliche Überlebensquelle.

12. Identität und liberalisierte Wirtschaft

Die Privatisierung und Überführung der Wirtschaft in die freie Marktwirtschaft, Parteienpluralismus und Meinungsfreiheit werden überwiegend als identitätsformend gewertet. Allerdings werde dieser Prozess durch ungenügende Durchsetzung der Rechtsstaatlichkeit und die Schattenwirtschaft mit Schlupflöchern für Korruption und Wirtschaftskriminalität behindert. Die Antworten sind fast identisch.

13. Religiöse Vielfalt und Identität

Alle Befragten äußern übereinstimmend, dass die historisch geprägte Toleranz unter den Glaubensrichtungen auch heute Bestand hat. Religiöse Auseinandersetzungen habe es nicht gegeben, und Albanien sei trotz des überwiegend moslemischen Bevölkerungsanteils ein laizistischer Staat geblieben. Die wenig ausgeprägte Frömmigkeit wird mit dem über 50 Jahre verordneten Atheismus und das zeitweilige Religionsverbot erklärt. Die Älteren unter den Befragten betonen den Erhalt der autokephalen orthodoxen Kirche gegen Infiltrationsversuche des griechischen Klerus. Einige der Befragten bedauern den mangelnden Einfluss der Glaubensgemeinschaften auf das Alltagsleben und die Sorgen der Menschen. Vereinzelt klingt an, dass in Albanien (im Unterschied zu den traditionellen islamischen Praktiken im Kosovo bzw. Makedonien) Einflüsse aus islamischen Ländern sowohl beim Bau von Moscheen oder in der Kleidung der Gläubigen traditionelle albanische Bräuche verdränge.

14. Wie steht die jüngere Generation zur Identität?
Die jüngere Generation denkt wenig über Identität nach. Sie will Arbeit haben und an den Vorteilen des internationalen Austausches partizipieren. Westliche Muster werden von ihr unkritischer angenommen. Für die längere Zeit im Ausland lebenden jungen Albaner ist die Wiedereingliederung in der Heimat nicht nur im sozialen, sondern auch im mentalen Verständnis problematisch. Der Prozess der Entfremdung von den eigenen familiären und gesellschaftlichen Wurzeln ist unübersehbar.

15. Positive bzw. negative Seiten der albanischen Identität aus Sicht der Befragten
Die Befragten äußern sich mehr oder weniger dezidiert, dass negative Aspekte wie Konfliktbereitschaft, Fremdenfeindlichkeit, Misstrauen, aber auch Besserwisserei und Ethnozentrismus vor allem Folge der konfliktreichen Vergangenheit und fremder Vorherrschaft seien. Das schürte Uneinigkeit auch im Inneren und finde seine Reflektion in der machtorientierten Polarisierung und Intoleranz heutiger albanischer Politik. Zu den positiven Eigenheiten werden – allerdings ohne Abgrenzung von anderen Völkern – Gastfreundschaft, Offenheit, Anpassungsfähigkeit und Dynamik gezählt. (Bemerkenswert ist, dass in keiner der Antworten Zukunftsoptimismus mitklang – P. Sch.)

Ergänzungsstudien albanischer Partner

Ethno-politische Identität der Albaner Makedoniens
(Teuta Arifi, Skopje 2001)

1. Einführung

Über Identität der Albaner Makedoniens zu sprechen heißt, über die Identität einer Bevölkerung zu befinden, die Teil der gemeinsamen albanischen nationalen Identität unter ethnisch-kulturellem Aspekt ist, sich jedoch im Verlaufe des letzten Dezenniums im Rahmen einer besonderen ethnisch-politischen Identität profiliert.

Ausgehend von der Tatsache, dass nach Ausrufung der Unabhängigkeit des albanischen Staates (1912) ein beachtlicher Teil der albanischen Bevölkerung außerhalb der Staatsgrenzen Albaniens verblieb, kam diesem Teil der Bevölkerung ein völlig anderer Weg der Formierung der eigenen ethnisch-politischen Identität zu. Die Identität der Albaner außerhalb Albaniens erfolgte unter schwierigen Bedingungen, die sich hauptsächlich aus der Diskriminierung der albanischen Bevölkerung im Namen der politischen serbischen Entwürfe ergaben und nach der Proklamierung des serbisch-kroatisch-slowenischen Königreichs im Dezember 1918 an Intensität zunahm. Was diese Periode, also den Zeitrum 1918-1945 anbelangt, kann unbefangen von einer gemeinsamen ethnisch-politischen Identität der Albaner gesprochen werden, die im Königreich Serbien-Kroatien-Slowenien und später im Königreich Jugoslawien lebten. Es kann somit keine Differenzierung hinsichtlich besonderer politischer Identitäten für die Albaner Makedoniens oder des Kosovo vorgenommen werden. Das umso mehr, als die Jurisdiktion des jugoslawischen Königreiches über Makedonien nicht einmal die Existenz der makedonischen Nation als gesondertes konstitutives Volk des Königreiches Jugoslawien akzeptierte. Ein Teil der Autoren geht davon aus, dass Kosovo als Territorium nicht auf legale Weise dem serbischen Staat einverleibt wurde, da die nationale jugoslawische Assemblée während des Jahres 1918 nie zusammenkam, um konform der serbischen Verfassung die Erweiterung der

Grenzen Serbiens mit dem Ziel der Einbeziehung Kosovos und Makedoniens zu ratifizieren.[1]

Indem sie Akteur einer gewaltsamen Integration im Rahmen des Königreiches Jugoslawien war, formierte die albanische Bevölkerung vor allem eine aufständische Identität – immer bereit, gegen das politische jugoslawische System zu kämpfen, das mit Gewalt, Diskriminierung und politischer Marginalisierung der Albaner einherging. Deshalb müssen in diesen Bewegungen und politischen Entwicklungen des Beginns des 20. Jh. die Gründe für die albanische Unversöhnlichkeit mit dem Status einer politischen Minderheit gesucht werden. Das ist auch dem so genannten Konzept der geopolitischen Chirurgie zuzuschreiben, wonach mit der territorialen Veräußerung Minderheiten geschaffen werden, die keine Bereitschaft zeigen, sich mit einem Minderheiten-Status zufrieden zu geben.[2]

Der Beginn der Differenzierung einer politischen Identität der Albaner Makedoniens kann auf die Zeit nach 1945 angesetzt werden, d.h. mit der Bildung der SFRJ, als Makedonien als gesonderte sozialistische Republik im Rahmen der jugoslawischen Föderation entstand. Dennoch war diese albanische politische Identität in Makedonien im Zeitraum 1945-1990 nicht so stark, sich selbst zu definieren. Das war in erster Linie der Tatsache geschuldet, dass in Makedonien nicht ausreichende albanische kulturelle Einrichtungen und Bildungsinstitutionen geschaffen wurden, die eine Schlüsselrolle hinsichtlich der Formierung und Stärkung der albanischen nationalen Identität hätten spielen können. Im Gegenteil, Prishtina spielte die Rolle eines kulturellen Zentrums für alle Albaner der ehemaligen jugoslawischen Föderation, ein Aspekt, der nach der Eröffnung der Universität von Prishtina 1970 nachhaltig bestärkt wurde.

Die Bildung und Festigung der ethno-politischen Identität der Albaner Makedoniens erfuhr mit dem Zerfall der jugoslawischen Föderation nach 1990 größte Intensität. Es ist dies die Zeit, als die Albaner Makedoniens klarer ihre politischen Konzepte und Ziele im Rahmen des Staates Makedonien, der sich in Herausbildung befand, definierten. Man kann demnach feststellen, dass es der Zerfall der ehemaligen jugoslawischen Föderation war, der eine Differenzierung albanischer Identitäten herausforderte, die während des Bestehens der ehemaligen Sozialistischen Jugoslawischen Föderation als gemeinsame Identität funktioniert hatten.

Für ein ganzes Dezennium von 1991-2001 begründeten die Albaner Makedoniens ihre politische Identität auf der Grundlage der politischen Forderungen nach einem gleichen juristisch-politischen Status im Rahmen Makedoniens. Die

---

1 Malcolm, Noel: Kosovo: a short history, London u.a. 1998, S. 14.
2 Roux, Michel: Les Albanais en Yougoslavie: Minorité nationale, territoire et développement, Editions de la Maison de Sciences de l'Homme, Paris 1992, S. 185.

politischen Hauptforderungen der Albaner Makedoniens bestanden in der ethnischen Gleichstellung bei der Definition des makedonischen Staates, der offiziellen Anwendung der albanischen Sprache, dem Recht auf staatlich gesicherten Universitätsunterricht in albanischer Sprache, dem Schutz der albanischen Abgeordneten vor dem Phänomen der Überstimmung durch die makedonische Parlamentsmehrheit, der proportionalen Vertretung der Albaner in der staatlichen Verwaltung, den Strukturen der Sicherheit (Polizei und Armee) und im System der Justiz wie auch beim Aufbau stärkerer staatlicher Mechanismen zur Überprüfung der ethnischen Rechte und der Menschenrechte insgesamt.

Trotz der Teilnahme albanischer Parteien an den Regierungen Makedoniens (1992-2001) fehlte außer kleinen Veränderungen bei den makedonischen politischen Parteien der Wille, sich direkt den albanischen politischen Forderungen zuzuwenden, sie offen zu erörtern, die im Prinzip politische Forderungen für einen anderen Status der Albaner innerhalb Makedoniens waren. Das Fehlen des politischen Willens, sich ernsthaft mit der Erörterung der erwähnten politischen Forderungen zu befassen, kann als eine der Hauptursachen für den Konflikt gelten, der zu Beginn des Jahres 2001 in Makedonien ausbrach und das ganze Jahr begleitete. Es bedarf der Betonung, dass die internationalen Organisationen über ein Dezennium gegenüber den makedonischen Behörden die Frage der Menschenrechte aufgeworfen und eine ernsthaftere Behandlung der Problematik der Menschenrechte im Lichte der ethnischen Rechte eingefordert haben. Die Erfahrung lehrte, dass eine Nichtwahrnehmung spürbarer Aspekte, die mit dem Gewicht der menschlichen Rechte und Freiheiten einerseits und der Verleugnung der korrekten politischen Forderungen einer vitalen ethnischen Gemeinschaft wie der der Albaner in Makedonien auf der anderen Seite verbunden sind, eine ständige Bedrohung für den Frieden und die Stabilität des Landes und der Region darstellt.

Ausgehend von den erwähnten Aspekten kann festgestellt werden, dass sich die albanische Identität in Makedonien auch fürderhin hauptsächlich als ethnopolitische Identität herausbilden wird, während das politische Hauptaugenmerk der albanischen Körperschaften auf die Umsetzung des Friedensdokuments von Ohrid gerichtet sein wird, das als ein Dokument gelten kann, das den Krieg in Makedonien beendet und den Weg zur Veränderung der inneren legislativen Grundbestimmungen im makedonischen Staat eröffnet hat.

Weitere Grundlage der Formierung der Identität der Albaner in Makedonien werden sein: einerseits die Herstellung offener Beziehungen zu Albanien und Kosovo als zwei Ländern, die die gleiche kulturelle Identität wie die Albaner Makedoniens besitzen und andererseits die Intensivierung gesunder politischer Beziehungen mit der ethnisch-makedonischen Seite in Richtung eines gemeinsamen politischen Konzeptes, das über die ethnischen Identitäten hinaus als gemeinsame Identität und gemeinsames politisches Interesse funktioniert.

2. Demographisch-ethnische Aspekte

Die Albaner Makedoniens stellen nach den offiziellen Angaben aus der Volkszählung von 1994 22,9 % der Gesamtzahl der Bevölkerung Makedoniens. Dennoch, diese Zahl bleibt auch weiterhin für die Albaner, die diese Angaben anfechten, diskussionswürdig. Die politischen albanischen Vertreter haben diese statistischen Angaben nach den Quellen ihrer politischen Parteien hinsichtlich der Zahl der albanischen Wähler in den Wohngebieten mit albanischer Bevölkerungsmehrheit angezweifelt.[3]

Es muss betont werden, dass es bezüglich der Anzahl ethnischer Gruppen spürbare politische Debatten nicht nur in Makedonien, sondern im gesamten postjugoslawischen Raum gibt. Das Hauptproblem hat mit der Tatsache zu tun, dass die Zahlen direkten Einfluss auf den juristisch-politischen Status der jeweiligen ethnischen Gruppe unter den neuen politischen Verhältnissen der aus der ehemaligen jugoslawischen Föderation ausscherenden Staaten hatte. So geschah es, dass die albanische Seite in einer äußerst konfusen Situation nach 1991 den makedonischen diametral entgegengesetzte Zahlen hinsichtlich der Anzahl der Albaner in Makedonien vorwies. Die EU und der Europarat boten daraufhin die Finanzierung einer außerordentlichen Volkszählung in Makedonien im Jahr 1994 an, die von den Vertretern des Europarates zu beobachten war.

Dennoch, auch nach Abschluss der Registrierung und Veröffentlichung der Angaben durch das statistische Republiksamt, wonach die Albaner in Makedonien 22,9 % der allgemeinen Bevölkerung ausmachen, blieben Zweifel. Diese beruhen darauf, dass die Angaben im statistischen Republiksamt aufbereitet wurden, in dem kein einflussreicher ethnischer Albaner vertreten war. Es gab auch keine ethnischen Albaner, die an den Projekten zum Training der Verantwortlichen für die Statistik in den Büros von EUROSTAT in Luxemburg einbezogen wurden.[4]

---

3 Perry, Duncan M.: The Republic of Macedonia: finding its way, in: Dawisha, Karen/Parrott, Bruce (eds.): Politics, power and the struggle for democracy in South-East Europe, Democratization and Authoritarianism in Postcommunist Societies: 2, Cambridge University Press, Cambridge 1997, S. 226-281; hier: S. 252.

4 International Crisis Group (ICG) (ed.): Macedonia's Ethnic Albanians: Bridging the Gulf, Balkans Report No. 98, Skopje/Washington/Brussels, 2 August 2000, S. 4; im Internet abrufbar unter: http://www.icg.org//library/documents/report_archive/A400015_02082000.pdf [gesehen am 13.10.2004].

Der zweite Grund, warum die albanische Seite die Ergebnisse anzweifelte, war das Fehlen der makedonischen Staatsbürgerschaft für viele Bürger, hauptsächlich ethnische Albaner. Indem sie über keine Staatsbürgerschaftsdokumente verfügten, konnten sich viele Bürger nicht hinreichend für die Registrierung identifizieren. "Albanischen Vertretern zufolge blieben aufgrund des restriktiven Staatsbürgerschaftsgesetzes etwa 100.000 Personen, hauptsächlich Albaner, außerhalb der Statistiken".[5] Dass die Frage der Staatsbürgerschaft eines der Hauptprobleme mit Einfluss auf genaue Ergebnisse der Volkszählung 1994 hatte, haben die Vertreter der Beobachtermission des Europarates selbst unterstrichen. Sie stellten fest, dass in einem Großteil des Landes die Staatsbürgerschaftszertifikate die Bürger nicht erreichten, obwohl das vom Innenminister den internationalen Vertretern zugesagt worden war.[6]

Ausgehend von den erwähnten Tatsachen ist für Frühjahr 2002 eine weitere Volkszählung vorgesehen, die von den Strukturen der internationalen Gemeinschaft durchgeführt und beobachtet werden soll. Dies resultiert auch aus dem Ohrid-Abkommen und aus den für 2002 vorgesehenen Parlamentswahlen. Damit soll auch eine Entmythologisierung erreicht werden, indem hinsichtlich der Zahlenangaben im letzten Jahrzehnt verschiedene Klischees numerischer und demographischer Gefahren geschaffen worden waren.

Was die territoriale Ausbreitung anbelangt, so stellen die Albaner in Makedonien eine ethnisch homogene und territorial konzentrierte Gemeinschaft dar. Die ethnischen Albaner sind hauptsächlich im westlichen und nordwestlichen Teil Makedoniens entlang der Grenzen zu Albanien und Kosovo konzentriert. Sie machen die Bevölkerungsmehrheit in den drei westmakedonischen Städten Tetovo, Gostivar und Diber aus. Alle drei Städte sind durch eine breite rurale Umgebung mit vornehmlich albanischer Bevölkerung charakterisiert. Zu den neuen ruralen Gemeinden, die aus diesen Städten hervorgegangen sind, gehören Shipkovica, Tearca, Xhepcishti, Zhelina, Negotina e Pollogut und Cekrani mit absoluter albanischer Bevölkerungsmehrheit (90 %).

In den südwestlichen Städten Makedoniens leben beträchtliche albanische Bevölkerungsanteile in Kercova (48,97 %)[7] und Struga (43,03 %). In Kumanovo an der Grenzlinie zu Serbien und dem Preshevo-Tal machen die Albaner 36,65 % aus.

Die Albaner stellen 20,78 % der Einwohner der makedonischen Hauptstadt Skopje. Die albanische Gemeinschaft lebt konzentriert in drei von fünf Bezirken

---

5 Ebd., S. 4 f.
6 Interview des Chefs der Mission des Europarates, Werner Hoenck, in: 'Nova Makedonija' (Skopje), 7.7.1994.
7 Statistical Yearbook of the Republic of Macedonia, Skopje 1998.

der Stadt. Da der Wahlprozess völlig nach ethnischen Linien fragmentiert ist, hat ein ethnischer Albaner minimale Chancen, zum Präfekten einer der Bezirke von Skopje gewählt zu werden. In den drei Landgemeinden des Kreises Skopje stellen die Albaner die absolute Mehrheit. In den Gebieten Südmakedoniens und im zentralen Teil stellen die Albaner eine Minderheit (4 %) dar.

Dass der größte Teil der albanischen Bevölkerung Makedoniens im ländlichen Bereich lebt, ist der Tatsache geschuldet, dass die Landflucht der Albaner aufgrund der nicht ausbalancierten Beschäftigungspolitik nicht so ausgeprägt war wie bei den Makedoniern. Über viele Jahre sind den ethnischen Makedoniern Arbeitsplätze in den sozialistischen Industriebereichen zugewiesen worden. Die Realität einer sich hauptsächlich im ländlichen Umfeld vollziehenden Entwicklung birgt die Gefahr in sich, dass sich die albanische Gesellschaft aufgrund des Fehlens einer korrekten Urbanisierung der ruralen Wohnorte konservativer gibt. Die Tatsache, dass die ländlichen Wohnorte nicht urbanisiert sind und nicht über die Institutionen mittlerer Schulbildung oder kulturelle Objekte usw. verfügen, macht es schwer, ein Leben nach modernen Standards zu führen. Ein weiterer Aspekt, der negativen Einfluss auf die sozio-dynamische Entwicklung der albanischen Bevölkerung in Makedonien hat, ist die Tatsache, dass die ländlichen Gemeinden nur über begrenzte Kapazitäten verfügen, um die kommunalen Funktionen und Verpflichtungen wahrzunehmen. Deshalb ist die Dezentralisierung der Verwaltung in Makedonien und die Änderung der Gemeindegrenzen zur Ausbalancierung der Wirtschaftskraft der Gemeinden eine vorrangige Aufgabe im Dienste der Konzepte für eine positive Entwicklung der albanischen Gemeinschaft in Makedonien.

3. Kulturelle Aspekte

Aus der Sicht der Dialekte der albanischen Sprache gehören die Albaner Makedoniens größtenteils zum Sprachgebiet des Gegischen und da wiederum zur Untergruppe des Südgegischen. Dieser Dialekt wird auf dem größten Teil des Territoriums gesprochen, in dem die Albaner leben: von Likova bis Struga. Zum toskischen Dialekt gehören territorial fünf Dörfer des Gebietes um Struga und ein Teil der Dörfer des Kreises von Manastir (Bitola). Der Prespa mit Umgebung stellt insgesamt ein Gebiet mit toskischem Dialekt dar. Das in Makedonien gebräuchliche Toskische ist Teil des Nordtoskischen.

Unter dem Aspekt der historisch-sprachlichen Entwicklung stellt für die Albaner Makedoniens und die Albaner insgesamt der Kongress von Manastir 1908 (heute Bitola) ein Ereignis von besonderer Bedeutung dar. Dort wurde die Vereinheitlichung des albanischen Alphabets beschlossen. Es ist hervorzuheben, dass die Albaner Makedoniens in allen kulturellen und Bildungseinrichtungen und Veröffentlichungen die auf dem Kongress zur Rechtschreibreform 1972 in Tirana standardisierte albanische Literatursprache benutzen, an dem auch albanische Sprachwissenschaftler aus Makedonien teilgenommen hatten.

Mit ihren ethno-kulturellen und sprachlichen Werten repräsentieren die Albaner Makedoniens einen bedeutenden Aspekt des ethnischen albanischen Stammes und bilden einen Raum, in dem zwei kulturelle Flügel der Nation, der gegische und der toskische, zusammenleben.

Was das Gewohnheitsrecht als ethno-kulturellen albanischen Wert, definiert durch den Kanun des Lek Dukagjini und den Kanun des Skanderbeg, anbetrifft, muss betont werden, dass nach den Überlieferungen der Einfluss dieses Gewohnheitsrechtes bei den Albanern Makedoniens geringer war. Ein Argument zugunsten dieser Auffassung ist die geringe Prozentzahl der Anwendung der Tradition der Blutrache bei den Albanern Makedoniens.

Dennoch, wenn von der albanischen Ethnokultur und der sprachlichen Tradition die Rede ist, so ist wesentlich, dass die kulturellen Traditionen Bestandteil der allgemeinen Werte sind, die von den staatlichen Institutionen, die sich mit kulturellen Fragen in Makedonien befassen, gefördert und entwickelt werden müssen. Es bedarf aber der Hervorhebung, dass einer der negativen Aspekte bei der Entwicklung staatlicher Kulturpolitik die fehlende Einbeziehung der albanischen kulturellen Werte ist, die im Prinzip marginalisiert bleiben.

Dieser negative Aspekt der Ausgrenzung der albanischen kulturellen Werte aus den allgemeinen kulturellen Errungenschaften in Makedonien datiert aus den Jahren des ehemaligen Jugoslawien, aber in der Sozialistischen Republik Makedonien erhielt er seinen Höhepunkt in der Periode von 1984-1990, als u.a. die Bibliotheken in Makedonien von Titeln vieler bedeutender albanischer Schriftsteller – darunter auch von den Werken Ismail Kadarés – mit der Begründung gesäubert wurden, dass sie den albanischen Nationalismus unterstützen.

Die Nichteinbeziehung der albanischen Kultur in das System allgemeiner kultureller Werte in Makedonien beschwört eine negative Situation herauf, wonach die ethnisch-kulturellen makedonischen Werte identifiziert und als kulturelle Werte des Staates durch staatliche Fonds subventioniert werden, während nichtmakedonische kulturelle Werte (in diesem Fall albanische) nicht subventioniert oder unterstützt und als außerinstitutionelle Werte mit Elementen einer Subkultur betrachtet werden.

Eines der Schlüsselprobleme, mit denen die Entwicklung der albanischen Kultur in Makedonien konfrontiert ist, stellt das Fehlen kultureller Institutionen in Örtlichkeiten dar, in denen hauptsächlich Albaner leben. Als Illustration: in Makedonien gibt es neun Theater in makedonischer Sprache, drei davon in Skopje und je eines in Strumice, Veles, Shtip, Manastir, Prilep und Kumanovo, also hauptsächlich in Ost- und Südmakedonien, wo die Konzentration der Albaner gering oder gleich Null ist. Der albanischen Sprache bedient sich nur die Hälfte des Nationalitätentheaters in Skopje, ein Theater sowohl für albanische als auch türkische Dramen.

Als zweites Beispiel kann der Fakt unterstrichen werden, dass es in den Städten Makedoniens mit albanischer Bevölkerungsmehrheit keinerlei Kunstgalerie gibt.

Die Philharmonie, das Ballett und die Oper sind Bestandteil des Makedonischen Nationaltheaters und völlig außerhalb der Wahrnehmung albanischer Kultur.

Die Verlagstätigkeit in albanischer Sprache entwickelt sich nur auf privater Basis, d.h. Bücher in albanischer Sprache werden hauptsächlich von privaten Verlegern mit Unterstützung des Kulturministeriums veröffentlicht.

Wenn man einen Blick auf die Jahresprogramme des makedonischen Kulturministeriums wirft, so werden vorrangig die Veröffentlichungen in albanischer Sprache gefördert, die sich mit albanischer Folklore befassen. Eine bescheidene finanzielle Unterstützung erfuhr das Festival des Volksliedes in Struga im vergangenen Jahr.

Man kann abschließend sagen, dass die Vernachlässigung der Institutionalisierung albanischer kultureller Werte seitens der staatlichen Kulturpolitik die Pflege der albanischen kulturellen Werte hauptsächlich auf privater Basis zur Folge hat. Die Albaner bilden ihre Organisationen, die sich mit Kultur oder Veröffentlichungen befassen. Diese werden hauptsächlich durch private finanzielle Quellen gestützt und fristen ein Schattendasein, indem sie nicht die kulturellen Werte erreichen, mit denen sich das allgemeine kulturelle Konzept eines Staates identifiziert. Allein der Enthusiasmus und private Finanzierung reichen nicht aus, um die authentischen kulturellen Werte zu erhalten. Auf diese Weise läuft die albanische Kultur in Makedonien Gefahr, zu einer Subkultur zu verkommen.

Wenn es nicht gelingt, in Zukunft die staatliche Kulturpolitik gegenüber den albanischen kulturellen Werten und Aktivitäten in Makedonien zu verändern, besteht die Gefahr, dass sich der Graben zwischen den albanischen und makedonischen Gemeinschaften vertieft, während die Kultur, anstatt eine integrierende Rolle zu spielen, die innergesellschaftliche Differenzierung verstärkt.

4. Wirtschaftliche Identität

Insgesamt kommt dem wirtschaftlichen Aspekt bei der Formierung der albanischen Identität in Makedonien besondere Bedeutung zu. Von Interesse sind in diesem Zusammenhang die Analysen, in denen von Bindungen der niederen wirtschaftlichen Entwicklung unter den albanischen Wohnorten im ehemaligen Jugoslawien die Rede ist, definiert als Bindungen einer wirtschaftlichen Subentwicklung.[8]

Den Untersuchungen zufolge besteht eine starke Trennlinie zwischen dem entwickelten Norden und dem unterentwickelten Süden Jugoslawiens. Die zweite Trennlinie hat mit den in der Mehrzahl von Albanern bewohnten Territorien (Kosovo und Westmakedonien) zu tun, die als Gebiete schwacher wirtschaftlicher Entwicklung gelten.[9]

Die Albaner Makedoniens haben eine gesonderte wirtschaftliche Identität herausgebildet, nicht, weil sie es vermocht hätten, ihre kollektiven wirtschaftlichen Entwicklungsformen zu entscheiden oder zu lösen, sondern weil sie unter den Bedingungen einer aufgezwungenen staatlichen Wirtschaft mit starkem politischen Hintergrund gezwungen waren, verschiedene alternative Formen zu finden.

Ihre wirtschaftliche Identität wird durch einige wichtige Aspekte bestimmt:

Erstens ist über einige Jahrzehnte in Makedonien hauptsächlich eine disproportionale Investitionspolitik verfolgt worden, indem dort, wo mehrheitlich Albaner wohnen, weniger investiert wurde. Es ist festzustellen, dass industrielle Schlüsselobjekte oder wirtschaftliche Primärzweige wie die Schwarz- und Buntmetallurgie, die chemische und Metallindustrie in den Gebieten, wo Albaner leben, nicht entwickelt wurden.[10] Somit blieben diese Gebiete im Prinzip rurale Regionen mit hauptsächlicher Orientierung auf den Agrarsektor und den Handel.

Ein zweiter wichtiger Aspekt ist das Fehlen von Investitionen in qualifizierte Kader im Bereich der Industrie. In Makedonien gibt es zwei Staatsuniversitäten (Skopje und Bitola) sowie Fakultäten und Hochschulen in den östlichen und südlichen Teilen (Prilep, Shtip, Veles und Ohrid), während es in 60 Jahren keine staatliche Initiative gab, irgendeine Fakultät oder Hochschule in einer von Albanern bewohnten Stadt wie z.B. Tetovo, Diber, Gostivar oder Struga zu eröffnen. Somit hat der Staat eine Politik verfolgt, die die von Albanern bewohnten Gebiete massiv außerhalb staatlicher universitärer Qualifizierung beließ.

Der dritte Aspekt hat mit der Beschäftigungsfrage zu tun. Jahrzehnte hintereinander ist in Makedonien eine diskriminierende Beschäftigungspolitik gegenüber den Albanern betrieben worden. Die Statistik weist aus, dass die Beschäftigung nach ethnischen Kriterien erfolgt und dass selbst in staatlichen Industriebetrieben in den mehrheitlich von Albanern besiedelten Gebieten vorrangig

---

8 Roux, Michel: Les Albanais ..., a.a.O., S.123.
9 Ebd., S.126.
10 Zeqiri, Izet: Disporcione të shumta në strukturën ekonomike rajonale, in: 'Fakti' (Skopje), 2001, S. 37.

ethnische Makedonier beschäftigt sind. Gleiches trifft auf die staatliche Verwaltung zu. Indem sie von der Beschäftigung in staatlichen Betrieben ausgeschlossen sind, stehen die Albaner auch außerhalb des Prozesses der Privatisierung staatlicher Produktionsstätten.[11]

Folge der unausgewogenen staatlichen Wirtschaftspolitik ist die Orientierung der Albaner auf die Privatwirtschaft, insbesondere das Kleinunternehmen, die Hotellerie und den Handel. Der Ausschluss von der staatlichen Wirtschaft stärkte bei den Albanern das Gespür für unabhängige wirtschaftliche Organisation und größere Bereitschaft, die Marktwirtschaft und Konkurrenz als alleinige Form wirtschaftlicher Entwicklung wahrzunehmen. Unter diesen Umständen entstand das Image einer initiativen Gemeinschaft unter wirtschaftlichem Aspekt, und einige Studien belegen, dass die ethnischen Makedonier trotz wirtschaftlicher Privilegierung in der sozialistischen Vergangenheit heute ernsthafte Probleme haben, sich der wirtschaftlichen Transformation zu stellen und sich den neuen wirtschaftlichen Bedingungen anzupassen, während bei den Albanern eine lineare Entwicklung der nichtformalen Wirtschaft auf privater Initiative zu verzeichnen ist.[12]

Dennoch ist aus der aktuellen Perspektive heraus die Frage von besonderer Bedeutung, wie sich die unausgeglichene staatliche Wirtschaftspolitik auf die Krisen- und Konfliktsituation ausgewirkt hat. Die Erfahrung Makedoniens bezeugt, dass eine organisierte Ausgrenzung einer einflussreichen ethnischen Gemeinschaft (in diesem Fall der albanischen) von staatlichen Wirtschaftsinvestitionen Vorbedingungen dafür schafft, dass die Angehörigen dieser Gemeinschaft zu potenziellen Unterstützern bewaffneter Aufstände werden. Wenn nicht aus anderen Gründen, dann deshalb, weil sie nichts zu verlieren haben: sie arbeiten nicht in den staatlichen Betrieben, sie kommen nicht in den Genuss der staatlichen Vergünstigungen und sind mehr Zahler denn Nutzer der staatlichen Steuern. Die Erfahrung des Konflikts in Makedonien besagt, dass der Kampf von den relativ jungen, arbeitsfähigen und vitalen Menschen sowie von der ländlichen Bevölkerung in Gebieten, für die es nie ein staatliches Wirtschaftsförderprogramm gegeben hat, unterstützt wurde. Die Lehre aus dem Konflikt in Makedonien muss sein, dass der Staat, der aus den eigenen großen Wirtschaftsprojekten eine ganze Gemeinschaft ausklammert, in Rechnung stellen muss, dass diese Gemeinschaft eher dazu neigt, Vorstellungen des Kampfes zu unterstützen, wenn diese die Aussicht auf Veränderung ihres juristisch-politischen Status eröffnen.

---

11 Bexheti, Abdylmenaf: Strategjia e zhvillimit ekonomik të Maqedonisë. (Konferenz zur wirtschaftlich-gesellschaftlichen Entwicklung in albanischen Gebieten) Tirana, Prishtina, Skopje 2000, S. 497.
12 The Norwegian Helsinki Committee Report I/2001, S. 25.

Ein weiterer Aspekt ist die Tendenz, die Albaner Makedoniens mit der Wirtschaftskriminalität und Schattenwirtschaft in Verbindung zu bringen. Solcherart Thesen werden intensiv von den Medien und einem Teil der makedonischen Wissenschaftskreise verbreitet. Eine Antithese besagt, dass jegliches illegale Geschäft in der Region nicht ohne Hilfe korrupter staatlicher Apparate erfolgt. Das Problem Makedoniens besteht darin, dass der Staat in den Sumpf tiefer wirtschaftlicher Korruption gelangt ist, während die an der Macht befindlichen albanischen Führer einen Teil des Freiraumes für das business nutzen, d.h. soweit es die makedonische Staatsmacht zulässt. Deshalb dient die Tendenz, die albanische Gesellschaft in der Region und insbesondere die in Makedonien mit der Korruption in Verbindung zu bringen, nicht dazu, die Korruption als Phänomen zu bekämpfen, sondern die albanischen politischen Forderungen zu diskriminieren. Die Korruption eines Teils der albanischen politischen Subjekte im letzten Jahrzehnt ist nur Teil einer Mikro-Korruption, die von der Makro-Korruption eines Teils der wirtschaftlich-politischen Strukturen des makedonischen Staates gestützt wird.

5. Religion

Was die religiöse Zugehörigkeit anbelangt, so sind die Albaner Makedoniens mehrheitlich der islamischen Konfession zuzurechnen. Ein kleiner Prozentsatz der Albaner in Skopje ist der katholischen Konfession zugehörig. Die Tradition der albanischen katholischen Kirche in Skopje ist sehr lang und reicht bis in das 16. Jh. zurück, als einer der bekanntesten albanischen Intellektuellen, Pjeter Bogdani (1625-1689), Bischof war. Dieser Kirche und der katholischen Gemeinde von Skopje gehörte auch die Friedensnobelpreisträgerin Gonxhe Bojaxhiu (Mutter Teresa) an. Die albanische Tradition weist auch auf einige Dörfer mit orthodoxer albanischer Bevölkerung hin. Sie liegen in der Gegend um Reka (Gostivar) in Westmakedonien. Aus heutiger Perspektive kann festgestellt werden, dass die orthodoxe albanische Gemeinschaft Makedoniens völlig assimiliert ist und nur minimalen Einfluss auf die Formierung der politischen Identität der Albaner Makedoniens ausübt.

Bezüglich der Religion spielt der Islam eine wesentliche Rolle, aber viele Beobachter sind der Auffassung, dass dem Islam keine Schlüsselrolle in der Selbstidentifizierung der Albaner im ehemaligen Jugoslawien zukommt.[13] Das umso mehr, als die Albaner der Verbesserung ihres ethnischen Status und nicht dem

---

13 Poulton, Hugh: The Balkans. Minorities and States in Conflict, MRG Publications, London 1993, S. 82.

religiösen Status Vorrang geben und für eine säkulare Identität eintreten. Im Vergleich mit Albanien und dem Kosovo kann dennoch festgestellt werden, dass die Religionsausübung bei den Albanern Makedoniens ausgeprägter ist.[14]

Von Interesse ist, die dafür maßgeblichen Gründe zu erörtern. Erstens ist das dem Fehlen von Institutionen zur Pflege und Entwicklung der albanischen Kultur in Makedonien in den Jahren 1945-1990 geschuldet. Der Religion und den Kultureinrichtungen kam somit die Rolle der wenigen Institutionen zu, die für die Probleme der albanischen Bevölkerung islamischer Konfession offen und zugänglich waren. Zweitens ist die Erscheinung der Monokonfessionalität der Albaner zu erwähnen. Indem sich die orthodoxen Albaner assimilierten und die katholischen Albaner aus Skopje nach Kroatien umsiedelten, blieb die albanische Gemeinschaft in Makedonien fast monokonfessionell. Auf diese Weise gewann die Religionsausübung eine breitere Basis. Drittens ist die staatliche Politik gegenüber dem Islam anzuführen. Auch wenn nach 1991 die makedonischen Medien eine Kampagne im Stil der "islamischen Gefahr für Makedonien"[15] auslösten, haben die staatlichen Autoritäten nie eine besondere Härte gegen den islamischen Unterricht an den Tag gelegt – im Unterschied zu den Schritten in der kommunistischen Periode, um damit die politischen Forderungen oder kulturellen Aktivitäten der Albaner zu bekämpfen. Während in der sozialistischen Vergangenheit die Aktivisten ideologischer Auseinandersetzung um die albanische nationale Frage Zielobjekt von Verfolgungen waren, galt die religiöse Betätigung als weniger gefährlich und daher annehmbarer.

Betrachtet aus der Perspektive heutiger Entwicklungen und der Formierung der ethno-politischen Identität ist es wichtig, das Verhältnis der albanischen politischen Subjekte gegenüber der Islamischen Gemeinschaft in Makedonien zu untersuchen.

Die bisherigen politischen Aktivitäten besagen, dass die albanischen Parteien in Makedonien ein säkulares Image in strikter Trennung politischer Tätigkeit von den Aktivitäten der Islamischen Gemeinschaft geschaffen haben. Nach Beginn des Konflikts in Makedonien im Februar 2001 wurde jedoch das Prinzip des Säkularismus durch die machtausübenden makedonischen Führer verletzt. Ein beachtlicher Teil der makedonischen politischen Führung verstand den Konflikt als Religionskrieg. Am lautstärksten dabei erwies sich die Politik des makedonischen Premiers Georgievski, die von einer intensiven Zusammenarbeit mit der orthodoxen Kirche Makedoniens geprägt ist und ihr viel Spielraum zur Einflussnahme

---

14 Bieber, Florian: Comparing ethnic conflicts in Kosovo and Turkish Kurdistan, Alternative Information Media Network (AIM), Athen 22.2.1998, S. 1; im Internet abrufbar unter: http://www.greekhelsinki.gr/english/articles/AIM22-4-98.html [gesehen am 13.9.2004].

15 Poulton, Hugh: The Balkans ..., a.a.O., S. 83.

auf politische Entscheidungen überlässt. Diese Aspekte wurden deutlich sichtbar in der Parlamentsdiskussion zur Veränderung der Verfassung, was die Festlegung zur konfessionellen Gleichstellung anbelangt. In der Verfassung von 1991 war als gesondertes Subjekt lediglich die orthodoxe Kirche Makedoniens benannt. Die Kirchenoberen stemmten sich erfolglos gegen die Veränderung des Paragraphen 19 der Verfassung, in dem auch die anderen bestehenden Religionsgemeinschaften benannt werden sollten. Das Argument der orthodoxen Kirche war, dass die Exklusivität der orthodoxen Kirche Makedoniens verfassungsmäßig gewahrt bleiben muss, um die Existenz des souveränen Staates und der staatsbildenden makedonischen Nation zu gewährleisten.[16]

Diese Konzepte des Zusammenwirkens der makedonischen Kirche mit der politischen Macht kulminierten in der Zeremonie der Vereidigung der Generale in den polizeilichen Sondereinheiten, als der orthodoxe Bischof die Sonderpolizei mit der Botschaft ihrer Ausbildung "zum Kampf gegen den Feind" weihte, worunter die konfessionell unterschiedlichen, also nichtmakedonischen Kräfte zu verstehen waren. Diese Zeremonie wurde von den internationalen Vertretern in Skopje als geschmacklos und im Gegensatz zum Prinzip einer zivilen und multikonfessionellen Polizei betrachtet.

Andererseits stellten die albanischen politischen Parteien unter Beweis, dass der Säkularismus bei der Formierung der albanischen politischen Identität in Makedonien respektiert wird. Deshalb beharren auch die Albaner Makedoniens auf der Errichtung eines säkularen staatlichen Konzepts ohne religiöse Prioritäten und basierend auf religiöser Toleranz, die einen multikonfessionellen Staat wie Makedonien charakterisieren muss.

Die Erfahrung aus den Konflikten und der zehnjährigen Transformation in Südosteuropa bezeugt, dass die religiöse Zuordnung oft für Ziele politischer Machenschaften missbraucht werden kann. Der Fall Makedoniens ist dabei keine Ausnahme. Nach dem 11. September gab es eine starke Tendenz der führenden makedonischen Politiker, die albanischen Aufständischen in Makedonien mit dem internationalen Terrorismus bzw. die Führer der UÇK mit Osama Bin Laden gleichzusetzen. Es fehlte nicht an Botschaften des makedonischen Staatsoberhauptes an den amerikanischen Präsidenten, in denen die Notwendigkeit des gemeinsamen Kampfes gegen den globalen internationalen Terrorismus und den "albanischen Terrorismus in Makedonien"[17] hervorgehoben wurde.

Dennoch betonten autorisierte internationale Analytiker, dass sie keinen Zusammenhang des albanischen Kampfes in Makedonien mit dem internationalen

---

16 Interview des Metropoliten Kiril von Pollogu-Kumanovo, in: 'Utrinski Vesnik', 6.1.2002.
17 'Dnevnik', 20.9.2001.

Terrorismus erkennen. Sie stellen in ihren Untersuchungen fest, dass, obwohl die Mehrheit der Bevölkerung der ländlichen Gebiete, in denen bewaffnete Kräfte operierten, moslemisch ist, keinerlei Anzeichen einer Nähe zu islamischen Gruppen oder zur Al Qaida feststellbar waren. "Es ist eine verständliche Annahme, dass ein Mensch, der Whisky trinkt, ehemaliger Marxist-Leninist und albanischer Nationalist ist, sich selbst nicht als Teil einer moslemischen Internationale betrachtet",[18] heißt es in einem Text, in dem nach dem 11. September ehemalige Führer der UÇK in Makedonien charakterisiert werden.

Wenn vom Islam und der albanischen Identität in Makedonien die Rede ist, muss man diese Frage im Lichte dessen betrachten, was als Balkan-Moslem identifiziert werden kann, nämlich als etwas Spezifisches, was sich völlig von den asiatischen islamischen Konzepten unterscheidet. Die Erfahrung zeigt, dass die Tendenz, die Albaner Makedoniens als Gefahr für Europa allein aufgrund ihrer religiösen Zugehörigkeit zu stigmatisieren, falsch und politisch unkorrekt ist. In den letzten zehn Jahren sind die verschiedenen ethnischen Säuberungen in Bosnien oder im Kosovo mit dem Schutz vor der "islamischen Gefahr" gerechtfertigt worden. Die Erfahrung der zehn Jahre bezeugt aber auch, dass für Europa nicht die Notwendigkeit bestand, dass es durch das Milošević-Regime vor dem Islam geschützt wird, wenn allein innerhalb eines Tages in Srebenica 6000 Menschen umgebracht wurden. Ebenso bedürfen die USA nicht Makedoniens, um sich vor "albanischem Islam" zu schützen, das zur gleichen Zeit mit Artillerie Minarette und Moscheen zerstört hat. Deshalb trifft auch für die Albaner Makedoniens die Feststellung zu, dass "es keine grüne Linie in der Balkanregion gibt und dass die moslemischen Bevölkerungsgruppen in der Region nicht einen Krisenfaktor bilden, sondern vielmehr Opfer und Akteure wie die anderen Bevölkerungen in dieser breiten regionalen Krise sind."[19]

Es kann geschlussfolgert werden, dass in der politischen Transformation die Religion bedeutender Teil der Identität ist. Im Falle der Albaner Makedoniens bleibt die ethnische Zugehörigkeit jedoch immer der stärkere Aspekt als die religiöse, auch wenn letztere im täglichen albanischen Leben in Makedonien eine bedeutsame Rolle spielt. Aber der von den Albanern in Makedonien praktizierte Islam ist ein konfessionelles Konzept, das sich über die Jahrhunderte unter multikonfessionellen gesellschaftlichen Bedingungen herausgebildet hat und weit von der Gefahr eines Missbrauchs für fundamentalistische Ziele entfernt ist.

---

18 Ash, Timothy Garton: Is there a good Terrorist?, in: The New York Review of Books, 19/2001, S. 30-33; hier: S. 30; im Internet abrufbar unter: http://www.nybooks.com articles/14860 [gesehen am 11.10.2004].
19 Bougarel, Xavier: Islam and politics in Post-Communist Balkans, 1995, S. 10.

6. Politische Identität

Die klare politische Identität der Albaner Makedoniens bildet sich heraus und entwickelte sich intensiv in den Jahren 1990-1991, als auch die demokratischen Veränderungen und pluralistischen Bewegungen einsetzten. Die politische Organisation der Albaner Makedoniens beginnt im Jahr 1990 mit der Formierung der Partei für Demokratische Prosperität (PPD). Zu Beginn gab es in der Organisation dieser Partei mehr Elemente einer Volksbewegung als einer modernen politischen Partei. Diese Aspekte sind der Tatsache geschuldet, dass die Mitglieder und Sympathisanten dieser Partei nicht ein ideologisches, sondern ethnisches Konzept vereinte. Das erklärt sich daraus, dass nach dem Sturz des Kommunismus, der sich für die Albaner Makedoniens als problematisch und besonders diskriminierend erwies (politische Haftstrafen, Differenzierungen und Verfolgungen), die Anfänge der demokratischen Prozesse von den Albanern Makedoniens als reale Möglichkeit zur Veränderung ihrer sozialen und politischen Lage betrachtet wurden. Gerade deshalb war die PPD eine politische Bewegung, die die Albaner um die Idee der Gleichheit der Albaner innerhalb des unabhängigen makedonischen Staates scharte. Kurz nach der PPD gründete sich auch die Demokratische Volkspartei (PDP). In den ersten Parlamentswahlen präsentierten sich beide Parteien als eine Koalition, da im Prinzip von gleichen programmatischen Orientierungen ausgegangen werden konnte. Die albanische Bevölkerung Makedoniens beteiligte sich massiv an den ersten Parlamentswahlen (über 80 % Wahlbeteiligung), weil sie diese als eine Form zur Veränderung des juristisch-politischen Status betrachtete.

Zu Beginn des Pluralismus in Makedonien wurden die PPD und PDP als Sprachrohr der politischen Forderungen und Interessen der Albaner Makedoniens gewertet. Unmittelbar nach ihrer Gründung sahen sich diese Parteien mit den politischen Kräften des rechten makedonischen Blocks konfrontiert, der ihre offizielle Registrierung mit Betonung auf ihre ethnische Provenienz hintertreiben wollte und sie der Verbreitung großalbanischer Ideen bezichtigte.[20]

Die politische Tätigkeit beider Parteien sah sich zu Beginn zwei großen Herausforderungen gegenüber: dem Referendum für ein unabhängiges Makedonien und der Annahme einer Verfassung Makedoniens.

Am 8. September 1991 wurde das Referendum für die Unabhängigkeit Makedoniens von der Jugoslawischen Föderation abgehalten, das von der albanischen Bevölkerung boykottiert wurde. Entsprechend den Erklärungen der albanischen politischen Subjekte war für die albanischen Wähler der zweite Teil der Frage des Referendums problematisch, der die Möglichkeit eines Eintritts Makedoniens

---

20 Vgl. 'Nova Makedonija', 23.5.1991.

in eine neue, evt. jugoslawische Föderation vorsah. Außerdem ist zu betonen, dass das Dilemma der Albaner für die Abstinenz beim Unabhängigkeitsreferendum darin lag, ob sie einer Unabhängigkeit Makedoniens ohne vorherige Garantien zustimmen könnten, dass der neue unabhängige Staat auf korrekte Weise die Forderungen der Albaner nach einem gleichberechtigten politischen Status respektieren würde. Die Albaner waren auch gegen die geringste Möglichkeit, Teil einer wie auch immer gestutzten Föderation mit dem Zentrum Belgrad und unter Führung des jugoslawischen Präsidenten Slobodan Milošević zu werden.

Wegen ihrer Verweigerung wurden die Albaner von makedonischen Kreisen großalbanischer Kalkulationen verdächtigt. Die albanischen Parteien bestritten diese Anschuldigungen und stellten klar, dass sie nicht gegen die Unabhängigkeit Makedoniens sind, sondern dass ihre Abstinenz als Forderung nach gleichberechtigter Teilhabe der Albaner am Aufbau des gemeinsamen makedonischen Staates zu betrachten ist.[21]

Die zweite Herausforderung für die albanischen politischen Parteien war am 17.11.1991 die Abstimmung über die Verfassung Makedoniens im Parlament ohne Stimmen der albanischen Abgeordneten. Die albanischen Abgeordneten verweigerten ihre Zustimmung, weil die albanischen Forderungen nicht im Verfassungstext berücksichtigt waren. Sie fochten einige Schlüsselpunkte der Verfassung an: des Charakters des Staates, der nach der Präambel nur als Staat der makedonischen Nation bezeichnet wurde; hinsichtlich der Sprache, wonach gemäß Paragraph 7 nur die makedonische Sprache und das kyrillische Alphabet als offizielle Sprache ausgewiesen wurde; hinsichtlich des Rechtes auf Universitätsbildung, die nach Paragraph 48 für Teilnehmer der Nationalitäten nur das Recht des Unterrichtes in ihrer Muttersprache auf der Ebene der Grund- und Mittelschulen vorsah.

Ausgehend von der Tatsache, dass im makedonischen Parlament 1991 kein Mechanismus zum Schutz vor Überstimmung durch die Mehrheit bestand, erfolgte die Zustimmung zur Verfassung ohne Stimmen der albanischen Abgeordneten und machte diese Verfassung somit problematisch.

In einem Memorandum an die internationale Jugoslawienkonferenz in Den Haag drückten die albanischen Abgeordneten wenige Tage vor der Abstimmung über die Verfassung ihren "Unmut über die Nichtexistenz von Institutionen in Makedonien aus, die die albanische ethnische Identität schützen könnten und zugleich die Empörung, dass die Albaner nicht in gleichberechtigter Weise in den staatlichen Institutionen vertreten sind".[22]

---

21 Pressekonferenz der PDP, in: 'Nova Makedonija', 15.9.1991.
22 Mémorandum envoyé à la Conférence de paix, La Hague, 22.10.1991.

Die Haager Konferenz unternahm jedoch keinen Schritt einer schnellen Intervention, da der sich in jener Zeit ausbreitende Krieg auf dem Territorium des ehemaligen Jugoslawien den Debatten um Bosnien und Kroatien Vorrang einräumte. So blieb die makedonische Verfassung bis zum Jahr 2001, also bis nach dem Friedensabkommen von Ohrid, unverändert.

Die politische Bühne der Albaner Makedoniens erfuhr im vergangenen Jahrzehnt weitere Veränderungen. Im Jahr 1994 spaltete sich die PPD und daraus ging eine weitere albanische Partei mit dem Namen Partei für Demokratische Prosperität (PPDSH) hervor. Nach ihrem Zusammenschluss mit der PDP figurierte sie unter der Bezeichnung Demokratische Albanische Partei (PDSH). Beide Parteien, die PPD und PDSH, waren für eine Zeit lang Teil der Regierungskoalitionen – die PPD in der Regierung Crvenkovski 1992-1998, die PDSH in der Regierung Georgievski seit 1998. Beiden einflussreichen albanischen Parteien gesellte sich zu Beginn des Jahres 2001 eine neue Partei hinzu, die Demokratische Nationale Partei (PDK).

7. Autonomie: ja oder nein

Wenn über die politische Identität der Albaner Makedoniens gesprochen wird, muss auch die Frage aufgeworfen werden, ob damit das Konzept einer territorialen Autonomie der Albaner innerhalb Makedoniens verfolgt werden oder ob die Variante der Verwirklichung der politischen Forderungen auf dem Weg der parlamentarischen und Regierungsarbeit beschritten werden soll, ohne eine territoriale Neugliederung Makedoniens vorzunehmen.

Da die albanischen Abgeordneten ihre Konzepte zur Verfassung nicht durchsetzen konnten, beschlossen die beiden albanischen Parteien PPD und PDP zu Beginn des Jahres 1993 ein Referendum zur politisch-territorialen Autonomie der Albaner Makedoniens. Nach Angaben beider Parteien sprachen sich 90 % der albanischen Wähler für eine politisch-territoriale Autonomie aus, aber die makedonischen Organe werteten das Referendum als illegal und unterstellten sezessionistische Absichten. Es muss aber hervorgehoben werden, dass die Albaner Makedoniens die praktische Umsetzung des Referendums nicht weiter betrieben. Sie berücksichtigten die politischen Umstände in den Staaten des ehemaligen Jugoslawien, um nicht durch eine Durchsetzung der Autonomie ethnische Enklaven nach dem Modell Bosniens zu schaffen.

Der internationale Faktor übte über die Arbeitsgruppe für das ehemalige Jugoslawien Druck auf die albanischen Führer aus, sodass diese auf die Idee einer politisch-territorialen Autonomie als Form der Lösung des juristisch-politischen

Status der Albaner Makedoniens verzichteten.[23] Nach dreiseitigen Gesprächen unter Leitung des Botschafters Ahrens verzichteten die albanischen Vertreter auf die Autonomie und forderten im Gegenzug die volle Integration der Albaner in die staatlichen makedonischen Institutionen. Währenddessen wurde die Idee Makedoniens als föderativer Staat von zwei Ethnien – der Albaner und Makedonier – im politischen Programm der PDK zu Beginn des Jahres 2001 fixiert.

Es ist hervorzuheben, dass die territorialen Entwürfe als Form der Lösung der politischen Forderungen der Albaner auch nicht von den politischen Vertretern der UÇK übernommen wurden, die ihre politischen Ziele im Kommuniqué Nr. 6 klarmachten. Auch in der Vereinbarung von Prizren beschränkten sich die albanischen politischen und militärischen Führer auf die volle Erfüllung der albanischen Forderungen, aber ohne territoriale Neugliederung Makedoniens. Ein Grund dafür war, dass ausgehend von der bestehenden territorialen Siedlungssituation der Albaner in Makedonien eine ethnisch-territoriale Föderalisierung im Terrain problematisch wäre.

8. Die Universitätsfrage

Aus zwei hauptsächlichen Gründen wurde die Frage der Universitätsbildung zu einer Schlüsselfrage des Engagements der albanischen politischen Parteien in Makedonien: einmal aus dem Fehlen von Universitätseinrichtungen für die albanischen Jugendlichen nach 1991 und zum anderen weil die Vertreter der albanischen politischen Parteien zur Schlussfolgerung gelangten, dass die Hochschulbildung eines der wirksamsten Mittel ist, sich politisch gegenüber dem Wähler zu präsentieren.

Das Problem des Universitätsunterrichts in albanischer Sprache wurde für die Albaner unmittelbar nach der Unabhängigkeit Makedoniens zu einer Lebensfrage. Unter dem Aspekt der höheren Bildung kommt ihr eine Schlüsselrolle zu, zumal die Anzahl diplomierter Albaner an der Universität von Skopje 1945-1990 mit 1,7 %[24] minimal war. Gleichzeitig muss hinzugefügt werden, dass nach Zerfall des ehemaligen Jugoslawien und den gewaltsamen Maßnahmen der jugoslawischen Verwaltung gegen die Universität Prishtina die Albaner Makedoniens ihre Studien in Prishtina nicht fortsetzen konnten.

Als politisches Problem stellte sich nach 1990 die restriktive makedonische Gesetzgebung mit dem Paragraphen 48 der Verfassung dar, in dem die Möglich-

---

23 Ackermann, Alice: Making Peace Prevail: Preventing Violent Conflict in Macedonia, Syracuse University Press, New York 2000, S. 80.
24 Ausarbeitung der Pädagogischen Fakultät Skopje 1992.

keit des Universitätsunterrichts in albanischer Sprache begrenzt wurde. Die makedonische Verwaltung erwies sich damit politisch kurzsichtig, indem sie ein Problem selbstverschuldet ignorierte, das im Verlaufe der Zeit zu eskalieren drohte. Das erklärt sich daraus, dass mit dem Fall des kommunistischen Systems ein effektives Konzept für die Integration ethnischer Gruppen in die neuen Staaten fehlte. Das Fehlen einer demokratischen Tradition hat somit den direkten Ausbruch der Schwierigkeiten bei der Lösung ethnischer Probleme zur Folge gehabt.[25] Diese eskalierende Tendenz bezeugt die Entwicklung der Ereignisse um die Hochschulbildung von 1992-2000.

Als erster albanischer Vorschlag zur Lösung des Hochschulproblems war die Forderung nach Wiedereröffnung der Pädagogischen Fakultät (seit 1986 per Dekret geschlossen) in einer Ausarbeitung einer Gruppe albanischer Professoren und unterstützt von den albanischen politischen Parteien 1992 erhoben worden. Die Regierungsvertreter erklärten sich verbal positiv dazu, unternahmen jedoch keinen konkreten Schritt zur Eröffnung einer Pädagogischen Fakultät, deren Hauptfunktion in der Ausbildung der Lehrkader für Mittelschulen in albanischer Sprache sein sollte.

Aus dem Fehlen konkreter regierungsseitiger Schritte wurde dann im Dezember 1994 die Eröffnung der Universität Tetovo verkündet. Den Beschluss dazu unterschrieben die Führer der wichtigsten albanischen Parteien PPD und PDSH, wobei letztere dieser Initiative die weitaus stärkere und intensivere Unterstützung gewährte, da sie in dieser Zeit in Opposition stand und nicht wie die PPD Teil der Regierung mit eigenen politischen Überlegungen war. Nach inoffiziellen Verlautbarungen ist in der Regierungssitzung Makedoniens vom 12.12.1994 eine "Vorschlag-Idee" zur Eröffnung einer neuen Universität beraten worden, in der der Unterricht in albanischer Sprache stattfinden sollte. Die Regierung habe dies als nicht verfassungskonform gewertet. So war der Beginn des Lehrbetriebes im Februar 1995 vom Einschreiten der Polizei in Tetovo begleitet, bei dem eine Zivilperson ums Leben kam und die Verantwortlichen der Universität verhaftet wurden. Folge der Spannungen und ihrer Identifizierung mit der Idee einer Hochschule war, dass sich die albanische Bevölkerung Makedoniens materiell an dieser Institution beteiligte, die seitens der Staatsmacht nicht legal anerkannt wurde. Im Verlauf des Jahres wurden die Verantwortlichen der Universität wieder auf freien Fuß gesetzt und der Betrieb der Uni stillschweigend geduldet. Die Staatsmacht unternahm keine weiteren Polizeiaktionen, erkannte aber auch die Diplo-

---

25 Ratner, Steven R.: Does International Law Matter in Preventing Ethnic Conflict?, in: New York University Journal of International Law and Politics, 3/2000, S. 591-698; hier: S. 597; im Internet abrufbar unter: http://www.nyu.edu/pubs/jilp/ [gesehen am 11.10.2004].

me und den juristischen Status der Studenten nicht an. Die Verantwortlichen der Universität sprachen in der darauf folgenden Zeit von 13.000 Studenten, die allerdings keinen legalisierten Status hatten.

Mit den Parlamentswahlen 1998 erfolgte auch eine Veränderung der Haltung der albanischen politischen Parteien zur Frage der Universität Tetovo. Die PPD war in die Opposition gelangt, während die PDSH Regierungspartei wurde. Die PPD unterstützte nunmehr kräftig die Universität Tetovo, während sich die PDSH zurückzog und eine reserviertere Haltung bezog.

In diese Zeit fällt die Bereitschaft der EU, Finanzhilfe zu leisten. Der hohe Kommissar für Minderheiten der OSZE Max van der Stoel war geistiger Schöpfer der Universität Südosteuropas, die als dreisprachige Universität offiziell am 20.11.2001 den Betrieb aufnahm. Sie funktionierte auf der Grundlage des Hochschulbildungsgesetzes des Parlaments vom Juli 2000, das die Gründung privater Schuleinrichtungen und damit auch Unterricht in albanischer Sprache ermöglichte. Die albanischen politischen Parteien nahmen dazu eine konträre Position ein. Die Abgeordneten der PPD stellten sich gegen das Gesetz, da die Albaner einer staatlichen und keiner privaten Universität bedürften.[26] Die Vertreter der PDSH wiederum sahen in diesem Projekt eine Möglichkeit, über eine Universitätseinrichtung in albanischer Sprache zu verfügen und damit keine antagonistische Atmosphäre in Makedonien herauf zu beschwören.[27]

Die Hochschulbildung in albanischer Sprache in Makedonien geriet in eine sensitive Situation. Einmal besteht die Universität Südosteuropas als ernsthaftes internationales Projekt zur Unterstützung der Bildung in albanischer Sprache. Zum anderen gibt es die Universität Tetovo, deren juristischer Status nicht gelöst ist. In Skopje besteht eine Pädagogische Fakultät, die Lehrer für die vierjährige Grundschule in albanischer Sprache und für die Vorschulerziehung ausbildet. Desgleichen gibt es in Skopje den Lehrstuhl für albanische Sprache und Literatur im Rahmen der Philologischen Fakultät. Über 800 albanische Studenten Makedoniens sind in Universitäten Albaniens diplomiert worden, aber ihre Diplome sind in Makedonien nicht nostrifiziert worden, weil das Parlament noch nicht die Vereinbarung über gegenseitige Anerkennung von Diplomen zwischen Albanien und Makedonien ratifiziert hat.

Das Problem der Universitätsbildung in Makedonien ist komplex und kann als noch nicht abgeschlossen betrachtet werden. Einer der effektivsten Wege wäre, dass die politischen Parteien von ihrer Einmischung ausgeschlossen werden, so weit sie dabei eigene Interessen verfolgen. So wichtig eine politische Parteinahme auch war, als die makedonische Seite mit politischen Argumenten den U-

---

26 Ramadani, Ismet: Interview in: 'Dnevnik', 2.3.2000.
27 Xhaferi, Arben: Interview in: 'Dnevnik', 19.4.2000.

niversitätsbetrieb in albanischer Sprache behinderte und dabei auf bildungsmäßige Argumente verzichtete, so muss nach so vielen Jahren mehr auf ein professionelles Herangehen und den Einsatz von Experten orientiert werden. Dabei ist das Prinzip der Autonomie der Universitäten zu beachten, die auch kritische Haltungen zur politischen Praxis entwickeln.

Mit dem Abkommen von Ohrid ist die Möglichkeit eröffnet, staatliche Fonds für die Funktion des Universitätsunterrichts in albanischer Sprache zu nutzen. Deshalb bedarf es einer inneralbanischen Vereinbarung, die die Frage der Hochschulbildung als Priorität bei der Emanzipation der albanischen Gesellschaft in Makedonien und als Priorität bei der Stabilisierung des Landes auffasst. Die Erfahrung besagt zugleich, dass ein so notwendiger Schritt der Entpolitisierung des Bildungsprozesses nur mit intensiver Unterstützung des internationalen Faktors vorangehen wird.

9. Der Konflikt und seine Folgen

Das Jahr 2001 kann als Jahr gelten, in dem sich die politischen Abläufe überzeugend veränderten. Der Beginn der Kämpfe zeigte, dass Makedonien nicht aus der Konfliktlinie des Zerfalls der jugoslawischen Föderation ausgeschlossen blieb.

Der Grund für den sechsmonatigen Konflikt in Makedonien ist in den vielen zwischenethnischen Problemen während der letzten zehn Jahre zu suchen. Aus dem bisher Gesagten geht klar hervor, dass gerade die ethnische Fragmentierung der Gesellschaft eine grundlegende Eigenheit der makedonischen Gesellschaft darstellt. Indem sie in ethnisch fragmentierten Lagern und ohne ein integrierendes politisches Programm existiert, bildete die makedonische Gesellschaft die Basis für potenzielle Konflikte. Die Trennlinie der fragmentierten Gesellschaft wurde dabei unter verschiedenen Aspekten deutlich sichtbar:
- Mit Beginn des Konflikts trat die seit Jahren verfolgte Politik der Negierung der Tatsache klar zum Vorschein, dass die Anzahl der in den staatlichen Strukturen der Sicherheit vertretenen Albaner äußerst gering war, was deren Haltung in den Konfliktsituationen problematisierte. (Verschiedenen Untersuchungen vor dem Konflikt zufolge waren in der Polizei weniger als 6 % Albaner, in der militärischen Führungsstruktur weniger als 1 %, die Eliteeinheiten von Armee und Polizei bestanden nur aus ethnischen Makedoniern). Das hatte negative Folgen für Makedonien, da die jungen Albaner somit eher bereit waren, den bewaffneten Aufstand zu unterstützen.
- Mit Beginn des Konflikts wurde deutlich, dass die Angehörigen der Polizei in ihrer professionellen Ausbildung nicht als Hüter der staatlichen und gesellschaftlichen Werte erzogen waren, sondern als Beschützer der Werte der eth-

nischen Makedonier. Die Gewalt, die die Polizeiangehörige gegenüber den zivilen albanischen Einwohnern des Dorfes Luboten (Skopje) an den Tag legten, zeugt davon, dass die makedonischen Polizeikräfte kein Schutzkonzept für den Bürger ohne Unterschied seiner ethnischen Zugehörigkeit besaßen, was Verpflichtung jeder staatlichen Polizei sein muss.
- Die tiefe gesellschaftliche Fragmentierung war in den Medien und deren Informationswiedergabe zum Konflikt spürbar. Die Medien in makedonischer Sprache informierten hauptsächlich über Standpunkte der makedonischen Machthaber und ignorierten Informationen über das Schicksal der zivilen Bevölkerung in den Krisengebieten – die Exekutionen in Luboten, den Tod der Familie Zyberi (in Slupcan) während der Beschießung, den Tod einiger Zivilpersonen in Poroj. Das vertiefte den zwischenethnischen Hass.
- Der Konflikt zeigte schließlich, dass die Logik der Zusammenarbeit der albanischen und makedonischen politischen Eliten auf Regierungsebene nicht ausreichte, um den Konflikt zu verhindern. Die Erfahrung lehrt, dass die politischen Eliten auf effektive Weise bei der Wahrnehmung wirtschaftlicher Privilegien zusammenarbeiteten, dass sie aber kein klares Programm für eine gesellschaftliche Integration aufwiesen. Dort, wo die wirtschaftlichen Interessen der führenden korrupten Cliquen Priorität haben, garantieren sie nicht den stabilen Erhalt einer Gesellschaft.

Die regionalen Erfahrungen besagen, dass wenn in irgendeinem der südosteuropäischen Staaten die bewaffneten Kräfte als staatlich-ethnische Gruppen die Gefahr eines Bürgerkrieges heraufbeschwören, die Staaten der Region nicht über Kapazitäten und Mechanismen verfügen, um die inneren Krisen zu beherrschen. Diese Realität ist dem Fehlen von Rationalismus, Visionen und von Sensibilität gegenüber der Tatsache geschuldet, von welchem Stellenwert die zwischenethnischen Beziehungen sind.

Von dieser Realität ausgehend, war die internationale Gemeinschaft im Falle Makedoniens sehr engagiert, um beim Zustandekommen des Rahmenabkommens von Ohrid zu vermitteln, das auch zugleich das erste albanisch-makedonische Abkommen mit internationaler Hilfe darstellt.

Mit dem Ohrid-Dokument sind die Schlüsselfragen neu verhandelt worden, die die albanisch-makedonischen Beziehungen regeln:
- Die Verfassung erfuhr Veränderungen in der Präambel (Staatsdefinition), dem Gebrauch der Sprache (Anwendung der albanischen Sprache im Parlament), der Gleichheit der verschiedenen religiösen Subjekte, der Herausbildung eines parlamentarischen Mechanismus, der die albanischen Abgeordneten vor einer Überstimmung schützt.
- Das Dokument sieht die Ausbildung albanischer Polizisten zur Verbesserung der Zusammensetzung der Polizei vor.

- Vorgesehen ist die Veränderung von Gesetzen, die die zwischenethnische Sphäre betrifft (Annex B).
- Vorgesehen sind vertrauenbildende Maßnahmen (Annex C).

Untersuchungen belegen, dass die makedonische und die albanische Seite das Ohrid-Dokument auf verschiedene Weise interpretieren. Während die albanische Seite trotz einiger Vorbehalte im Prinzip die Ergebnisse des Friedensprozesses von Ohrid und das Dokument selbst als Beginn neuer Beziehungen in Makedonien gutheißt, reflektiert die makedonische Seite negativer, was einige Beobachter veranlasste, die praktische Anwendung der Vereinbarung anzuzweifeln.[28]

Frieden und Stabilität in Makedonien können nur mit voller Umsetzung des Ohrid-Abkommens möglich werden. Ohne vollständige Realisierung der sich daraus ergebenden Verpflichtungen, ohne Beginn des Prozesses der Aussöhnung beider Gemeinschaften und ohne eine neue Mentalität für Aussöhnung und Frieden wird der Frieden in Makedonien gefährdet bleiben. Gerade deshalb ist die intensive Präsenz der internationalen Gemeinschaft unverzichtbar – militärisch (NATO), politisch (OSZE) und wirtschaftspolitisch integrierend (EU).

10. Abschließend: Herausforderungen für die Zukunft

Die Art und Weise, wie sich die Dinge zukünftig entwickeln, hängt davon ab, wie die inneren Probleme Makedoniens, aber auch wie der regionale Kontext beherrscht werden. Die Albaner Makedoniens werden wichtiger Bestandteil der Entwicklungen bleiben und davon abhängig ihre zukünftige ethnisch-politische Identität herausbilden.

Was die inneren Entwicklungen anbelangt, so wird die größte Herausforderung für die Albaner und Makedonier das Vermögen sein, einen neuen Konflikt, den einige makedonische Führer prophezeien, zu vermeiden. Ausgehend von der Tatsache, dass sich nach dem Konflikt 2001 die zwischenethnischen Beziehungen in der Krise befinden, die Spannungen und der Hass noch andauern, kann eine solche Situation dazu genutzt werden, Inzidente oder Konflikte auszulösen. Das umso mehr, als das Hauptproblem bei der Stabilisierung der Situation der makedonische Premier Lubco Georgievski zu sein scheint. Auch wenn er das Ohrid-Dokument unterzeichnet hat, legt er große Feindseligkeit gegenüber der Vereinbarung an den Tag und unterstützt die Auslösung neuer Kämpfe in Makedonien. Wie es scheint, ist das die hauptsächliche innere Herausforderung in Makedonien, in die der internationale Faktor als Garant des Ohrid-Abkommens involviert ist.

---

28 United States Institute of Peace (ed.): Albanians in the Balkans, November 2000.

Die in Makedonien zu verfolgende Linie müsste die der Förderung des zwischenethnischen Dialogs auf der Basis dieses Abkommens sein. Priorität müsste die Suche nach gemeinsamen Symbolen haben, mit denen sich beide Gemeinschaften identifizieren könnten. Die Bürger Makedoniens bedürfen einer völlig neuen Mentalität zur Überwindung der aktuellen Situation und einer Neuorientierung hinsichtlich europäischer und für beide Gemeinschaften akzeptabler Werte.

Die zukünftige Entwicklung der Identität der Albaner Makedoniens wird untrennbarer Bestandteil der regionalen Entwicklungen sein. Die Turbulenzen, die die Albaner in der Region in den letzten Jahren durchlebten, zeugen davon, dass die albanische Frage eine Schlüsselfrage für die Zukunft und Stabilität der Region ist. In dieser Hinsicht hat die politische Aktivität der makedonischen Albaner ein unabhängiges politisches Image und eine tragfähige Distanz zu den beiden mächtigen albanischen Zentren – Tirana und Prishtina – geschaffen.

Es liegt im politischen und kulturellen Interesse der Albaner Makedoniens, offene Beziehungen und freie Kommunikation mit beiden Zentren zu pflegen. Die freie Kommunikation würde Erscheinungen der Frustration, durch die in der Vergangenheit die inneralbanische Verständigung behindert war, beseitigen. Die Staaten, in denen Albaner leben (außerhalb Albaniens und des Kosovo) haben diesen Aspekt bisher nicht begriffen und tendieren dazu, der inneralbanischen Verständigung Barrieren in den Weg zu stellen. Damit haben sie aber nur deren Energie für ihre Kommunikation intensiviert. Das jüngste Beispiel ist der Beschluss der makedonischen Verantwortlichen, das Visa-Regime für Bürger mit UNMIK-Pässen einzurichten (die Rede ist von Albanern aus dem Kosovo).

Die Region braucht deshalb ein völlig anderes Herangehen an die albanische Frage und gegenüber den elementaren albanischen Erfordernissen für freie kulturelle Kommunikation. Die Tendenzen, diesen Bedarf zu stigmatisieren und mit den Ideen eines "Großalbanien" zu verknüpfen, sind völlig haltlos in einer Situation, wo keine der politisch relevanten Kräfte in Albanien, im Kosovo und Makedonien Forderungen dieser Art auf der Tagesordnung haben. Dennoch werden diese Aspekte der regionalen albanischen Frage auch weiterhin die albanischmakedonischen Beziehungen belasten. Das ist dem Fakt geschuldet, dass fast alle albanischen politischen Forderungen von der makedonischen Seite als großalbanische empfunden werden, selbst wenn es schwierig ist, Argumente dafür zu finden.

Die Philosophie der europäischen Integration als gemeinsame Philosophie kann einer der Lösungswege der verschiedenen Dilemmata Makedoniens sein. Die Integration in die akzeptablen gemeinsamen Werte stimuliert wirtschaftliche und politisch-demokratische Entwicklung. Die bevorstehenden Jahrzehnte müssen Jahrzehnte der Herausbildung einer neuen regionalen Identität sein, die auch der weiteren Ausprägung der Identität der Albaner Makedoniens Raum gewährt.

Teuta Arifi

Der Aufsatz wurde bereits im Herbst 2001 fertiggestellt. Inzwischen sind weitere Schritte in Umsetzung des Ohrid-Abkommens erfolgt.

Teuta Arifi selbst wurde Stellvertretende Vorsitzende der neu gegründeten albanischen Partei der Demokratischen Union für Integration (DUI), die bei den Parlamentswahlen vom Herbst 2002 überraschend viele Stimmen erhielt und in die von der makedonischen Sozialdemokratischen Partei (SDSM) dominierten neuen Regierung eingetreten ist. (P. Sch. – März 2003)

Zur Identität der Albaner in Kosova[1]
(Selajdin Gashi, März 2003)

1. Die Albaner und ihre Symbole

Das 20. Jahrhundert brachte den Albanern eine Aufspaltung der durch sie besiedelten Territorien. Auf dem Papier waren durch die Prizren-Liga[2] der Freiheitswille der Albaner und die Forderung nach nationalem Zusammenhalt besiegelt. Dennoch erfolgte Anfang des 20. Jh. eine Abtrennung albanischer Gebiete. Davon profitierten vor allem Montenegro, Griechenland und Serbien. Im Jahre 1912 gründeten die Albaner in Vlora ihren Staat, indem symbolisch für das Vermächtnis Skanderbegs die albanische Fahne mit dem doppelköpfigen Adler auf rotem Grund gehisst wurde. Symbolisch und faktisch wird diese Fahne auch heute noch überall in albanischen Gebieten verwendet. Sie diente der zweiten Prizren-Liga (1943) als Vorbild für die Beibehaltung der Traditionen im Kampf um einen eigenen Staat. Dieser albanische Staat kommt jedoch erst langsam als ein organisiertes Gebilde zur Geltung.

Der derzeitige Präsident Kosovas Ibrahim Rugova, als einer der bedeutendsten Politiker, hat ein um den doppelköpfigen Adler geschlungenes Band mit der Aufschrift "Dardania" als neues Symbol für Kosova angeregt. Nach seinem Vorschlag soll außerdem ein sechszackiger Stern die albanische Fahne Skanderbegs zieren. Obwohl dies bisher nur einer unter mehreren Vorschlägen ist, hat dieser die besten Chancen angenommen zu werden. Die Bezeichnung "Dardania" für Kosova ist dabei gar nicht neu: sie tradiert eine illyrische Gebietsbezeichnung.

2. Die Geschichte der Kosovaren im letzten Jahrhundert

Ohne tief in die Geschichte einzudringen, reicht allein die Beschreibung der Ereignisse des letzten Jahrhunderts, um die Identität der Kosovaren zu belegen. Nach dem Ersten Weltkrieg von 1914-1918 gerieten große Teile der albanischen Gebiete unter griechische, serbische und montenegrinische Herrschaft. Es waren dies die albanischen Siedlungsgebiete von Kosova, Westmakedonien, Montenegro, Bujanovc und Presheva, die wirtschaftlich am wenigsten entwickelt waren. Vorherrschend war die Landwirtschaft; Industrie bestand nicht, und es erfolgte der Übergang vom Tauschhandel zum Geldverkehr. In den Städten dominierte

---

1 Kosova: albanische Bezeichnung für das Kosovo.
2 "Lidhja Shqiptare e Prizrenit" (Liga von Prizren) 1887.

das Handwerk, auch wenn die Landwirtschaft der wichtigste Wirtschaftszweig der Albaner in den besetzten Gebieten blieb.

Die soziale Frage der Albaner im jugoslawischen Königreich widerspiegelt sich in der schwierigen Lage der albanischen Arbeiter und Bauern. Als vermögend galt in den dreißiger Jahren der Albaner, der viel Land und viele Kinder besaß. Während der 22jährigen Herrschaft des jugoslawischen Königreichs lebte das Arbeitervolk unter schweren politischen und wirtschaftlichen Bedingungen in reiner Abhängigkeit von der serbischen bzw. makedonischen Obrigkeit. Hinsichtlich der Ausbeutung der Albaner hatte das jugoslawische Königreich freie Hand. In den Geschichtsbüchern wird diese Zeit als ein Gefängnis für die Albaner bezeichnet. Das albanische Volk besaß weder die demokratischen noch nationalen Grundrechte, z.B. das Recht auf offiziellen Gebrauch der eigenen Sprache und das Recht auf Erziehung in der Muttersprache. Die Entwicklung der eigenen Kultur, der nationalen Eigenständigkeit sowie Veröffentlichungen in der Muttersprache waren untersagt. Die Verwaltung befand sich überwiegend in serbischer Hand und vollzog sich in serbischer Sprache. Die Obrigkeit bestand aus reaktionären Serben und Montenegrinern, die sich als treue Kämpfer der großserbischen Hegemonie erwiesen. Die geringe Anzahl von Albanern in der staatlichen Verwaltung diente vorrangig der Verwirklichung persönlicher Interessen. Glaubensvorstellungen, Sitten und Bräuche konnten zwar in jener Zeit gewissermaßen frei umgesetzt werden, amtliche Dokumente bestätigen jedoch, dass auch diese gemäßigte Freiheit zum Teil beschränkt wurde. Die Mentalität der Albaner wurde zu dieser Zeit durch die Serben falsch interpretiert: Es sollte der Eindruck vermittelt werden, dass sie für den territorialen Zusammenhalt Jugoslawiens gefährlich seinen und daher assimiliert, umgesiedelt und physisch vernichtet werden müssten. Das jugoslawische Königreich übte einen ständigen Druck aus, was sich in Verhaftungen, Misshandlungen und der Ermordung von Menschen äußerte. Dieser Terror grenzte an die physische Vernichtung der Albaner.

Unterschwellig gedieh jedoch eine bestimme Art des verschlüsselten Umgangs mit der eigenen Geschichte und Kultur. Anekdoten und Mythen, die die Werte des Gewohnheitsrechts, des „Kanun"[3] widerspiegelten, wurden in Erzählungen überliefert, im Gedächtnis bewahrt und als Bereicherung des eigenen Alltags gehütet, der sich jenseits des äußeren Einflusses Durchbruch verschaffte. Nur anhand dieser reichen Tradition an Volksweisheiten, die später vom Albanologen Anton Çetta gesammelt und systematisiert wurden, konnte eine Bewegung ausgelöst werden, die zur einer massenhaften Aussöhnung der im Streit der Blutfehde befindlichen Kosovaren führte. In einer großangelegten Aktion unter Zuhil-

---

3 Im Kosovo, Nordalbanien und Nordwestmakedonien überliefertes Gewohnheitsrecht albanischer Stämme.

fenahme der Volksschlichter (Pleqësia) versöhnten sich im Jahre 1990 Tausende der sich im Zwist befindlichen albanischen Familien in Kosova, um damit die schädliche Wirkung der Blutrache auf die neuere Entwicklung im sozialen wie politischen Leben der Kosovaren zu bannen. Eine ähnliche Aktion ist innerhalb der heutigen Grenzen Albaniens noch nicht von Erfolg gekrönt. Die Blutrache wütet dort nach der Öffnung des Landes im Jahre 1990 mit neuer Dynamik und verheerenden Folgen für das Volk. Wie eine Blutrache im Einzelnen mit der dazugehörigen „Zeremonie" vonstatten geht, hat der albanische Schriftsteller Ismail Kadaré in seinem Roman „Der zerrissene April" geschildert. Sie ist als Brauch, der die Ausübung des Rechts durch Rache innerhalb der eigenen Reihen und ohne Zuhilfenahme des staatlichen Rechts regelt, überholt, aber noch nicht aus den Köpfen der im Norden Albaniens lebenden Albaner gebannt. Ob das Kosova-Modell dort unter Anwendung der gleichen Methode zu ähnlichem Erfolg führen würde, weiß im Moment scheinbar niemand zu sagen, jedoch ist dies angesichts der dramatischen Lage im Land einen Versuch wert.

Doch kehren wir wieder nach Kosova zurück, wo insgeheim eine eigene Kultur gedieh, z.B. wurden Hochzeiten in Großfamilien gefeiert. Es war und ist heute noch nicht ungewöhnlich, dass bei einer Hochzeit oder bei Todesfällen Hunderte Mitglieder einer Familie zum Feiern oder Trauern zusammenkommen. Bei Hochzeiten stimmen Volkssänger verschiedene Lieder an, die durch das Gewohnheitsrecht des „Kanun" vollbrachte Heldentaten besingen und überlieferte Bräuche zum Inhalt haben. Bei alledem blieb immer die Botschaft präsent, wonach die nationale Frage als Zusammenschluss der albanischen Siedlungsgebiete zu einem einheitlichen Ganzen ihrer Lösung harrt.

Ein weiterer Blick in die Vergangenheit verdeutlicht die Gründe einer solchen Einstellung und die Ursachen für einen solchen Anspruch: In der Zeit zwischen den zwei Weltkriegen war der serbische Politiker Nikola Pašić der Meinung, dass, wenn der Frieden zwanzig oder dreißig Jahre dauern würde, Serbien die völlige Einbeziehung Makedoniens und Kosovas in seine Wirtschaft und Verwaltung mit dem Ziel gelingen könnte, die Bevölkerung in nationaler und kultureller Hinsicht zu assimilieren. Durch die Steuerpolitik und den wachsenden wirtschaftlichen Druck anhand einer unrechtmäßigen Agrarreform wurden die Albaner benachteiligt. Dieses Unrecht schlug sich insbesondere auf die Situation der Kosovaren nieder.

Trotz ihres insgesamt negativen Verlaufes barg die Agrarpolitik auch einen positiven Aspekt in sich: die feudalen Verhältnisse lösten sich auf, und in der Landwirtschaft gedieh eine Dynamik, die das türkische Erbe der Trägheit beseitigte. Die Situation der albanischen Landwirtschaft in Kosova wurde aber durch die Agrarreform nicht verbessert, denn die Großgrundbesitzer erhielten große

Ländereien und den kleinen Landbesitzern konnte eine unabhängige Wirtschaft nicht gelingen.

Die großserbische Politik gegenüber den anderen Nationen Jugoslawiens verursachte Konflikte. Der Widerstand der Albaner, die aufgrund ihrer Lage als untergeordnete Nation zu leiden hatten, äußerte sich in verschiedenen Formen: im Auflehnen gegen die ungerechte Agrarpolitik oder als Einflussnahme auf begüterte Albaner, nicht in die Türkei zu flüchten. Gleichzeitig mit der Lösung der kroatischen Frage sollte auch die Autonomiefrage der Albaner gelöst werden. Dieses war eine weitere Forderung, die durch Proteste kundgetan wurde.

Bis 1941 war für die albanische Bevölkerung in Kosova eine kulturelle, bildungsmäßige Benachteiligung und Unterentwicklung im Gesundheitswesen zu verzeichnen. Einerseits war dies die Folge der langjährigen türkischen Herrschaft über die albanischen Gebiete, andererseits Ergebnis der Unterdrückungspolitik Großserbiens. Für die serbische Bevölkerung wurden Schulen eingerichtet, während die zur Zeit des Ersten Weltkrieges existierenden albanischen Schulen mit der Begründung geschlossen wurden, dass die Albaner sie gar nicht besuchen wollten.

3. Die Kosovaren im Zweiten Weltkrieg

Nach der Kapitulation des jugoslawischen Königreichs im Zweiten Weltkrieg wurde Kosova von den Deutschen, Italienern und Bulgaren besetzt. Der größte Teil fiel dabei Italien zu. Per Dekret des italienischen Königs wurde dieser Teil Albanien einverleibt. Per dem gleichem Dekret wurden auch Teile Westmakedoniens an Albanien angeschlossen. Später sprach man deshalb in der Bevölkerung von „Albanischen Tagen" (Në ditët e Shqipërisë).

Nach der Aufspaltung Kosovas in drei Teile setzten die Besatzungsländer Kosova unter eigene Verwaltung. Im italienischen und bulgarischen Teil wurde eine Verwaltung nach in Albanien herrschendem Muster installiert. Die italienischen Faschisten bemühten sich, die albanisch besiedelten Gebiete durch Bildungsmaßnahmen zu protegieren. Aus diesem Grunde förderten sie die Eröffnung von Schulen in ausschließlich albanischer Sprache. In den italienisch besetzten Gebieten waren die wirtschaftlichen Bedingungen besser als in den übrigen Teilen der okkupierten albanischen Gebiete. Die Industrie wurde angekurbelt, es wurden Arbeitsplätze geschaffen und es entstand ein Absatzmarkt für landwirtschaftliche Produkte. Es wurde der Versuch unternommen, die Großgrundbesitzer und die Reichen maßgeblich für die Entwicklung der Wirtschaft zu gewinnen.

Die deutschen Besatzer gründeten gleich nach der Eroberung eine albanische Polizei. Im Jahre 1941 zählte diese etwa 1000 Mann im festen Bestand und 1000 Freiwillige. Der Kommandositz befand sich in Mitrovica. Ebenfalls in Mitrovica war ein deutscher Nachrichtendienst ansässig. Dieser hatte die geheime Militärpolizei unter seinem Kommando, die unabhängig von anderen deutschen Einheiten und Behörden operierte.

Nach der Kapitulation Italiens beherrschten die Deutschen das so genannte „Großalbanien", d.h. außer Albanien das gesamte Kosova und Makedonien. Änderungen an der zivilen Verwaltung wurden nicht vorgenommen; es erfolgte lediglich ein personeller Wechsel in der Führung. Die Deutschen verfolgten von nun an eine andere Taktik: sie erklärten, dass sie das „freie und unabhängige Albanien" respektierten und dass sie gekommen seien, Albanien von den Italienern zu befreien. Sowohl die italienischen als auch die deutschen Besatzer hatten bei einem Teil der Kaufleute, der Adligen und Intellektuellen Kosovas starke Unterstützung gefunden.

4. Die Kosovaren und der Kommunismus

Vom Beginn des bewaffneten Kampfes gegen den Faschismus an forderte die Kommunistische Partei Jugoslawiens auch die albanische Bevölkerung auf, sich am Krieg zu beteiligen. Den so genannten „Nationalen Befreiungskampf" organisierte und führte die Organisation PKJ (Kommunistische Partei Jugoslawiens) mit ihrem Provinzkomitee an der Spitze. Gleich nach der Besetzung setzten die Deutschen Häuser der montenegrinischen und serbischen Kolonisten in Kosova in Brand. Ein Teil der Opfer zog sich nach Montenegro oder Serbien zurück, der andere Teil fand Zuflucht in den Städten Kosovas. Dies schwächte die Position der Kommunisten in Kosova, deren Zahl und Einfluss deswegen gering blieb. Der größte Teil der Bevölkerung befand sich außerhalb des Einflussbereiches der kommunistischen Ideologie. Dies betraf vor allen Dingen die Albaner in Kosova.

Schon in den dreißiger Jahren hatten die klügeren Albaner aus dem „Volksparlament" vor dem Kommunismus gewarnt. Ein Grund für diese Warnung war, dass der Kommunismus in Russland "seine Blüten" trieb. Hatten schon die Albaner keine guten Erfahrungen mit den serbischen Besatzern gemacht, so verwarf die Volksmeinung jegliche Ideologie, die aus dem slawischen Gebiet eindrang. Später sollten sich solche Visionen der nüchternen Voraussicht kühler Köpfe bestätigen. Im Jahre 1948 trennten sich die Wege zwischen Albanien und Jugoslawien. Anders als vorher zwischen Tito und Enver Hoxha abgesprochen, blieben albanische Siedlungsgebiete unter Verwaltung des neuen kommunistischen Jugoslawien. Zahlreiche albanische Kommunisten wurden durch die Serben ermordet. In seinem Buch „Die Titoisten" prangerte Enver Hoxha den „Verrat" durch Tito und seine Genossen an.

Diese Ereignisse begünstigten in der Meinung der Massen die „gute Seite" des Faschismus, den etliche Kosovaren als Befreiung empfanden und auslebten. Auf der anderen Seite hatte der Zweite Weltkrieg eine Spaltung der Gemüter mit sich gebracht. Bis ins Mark der Familien hinein zersetzten die grundverschiedenen Ideologien die Einigkeit, welche im kosovarischen Geist stark durch den „Kanun" und eigene Regeln Jahrhunderte lang bestanden hatte. Zwistigkeiten zwischen Vätern und Söhnen oder Brüdern untereinander, Misstrauen zwischen langjährigen Familienverbänden schlichen sich ein und brachten Zwietracht und Demoralisierung mit sich. Zeitgleich lebte die nationale Geschichte als Erinnerung und Wegweiser bei den Geschichtskundigen wieder auf. Die "Liga von Prizren" wurde als das größte nationale Ereignis seit Skanderbeg sowohl von Intellektuellen als auch von einfachen Bürgern betrachtet und gewürdigt. Die Faschisten hatten durch die Gründung der albanischen Schulen in Kosova Öl auf eine glimmende Flamme gegossen. Dieser Tatsache bewusst, sahen sich die Serben der Gefahr gegenüber, dass ihre Ideologie eines serbischen Großreiches ins Wanken gerät.

5. Die Zeit nach dem Zweiten Weltkrieg

Nach Ende des Zweiten Weltkrieges fühlten sich die Kosovaren betrogen und belohnt zugleich. Hatten doch die albanischen Kommunisten wenigstens die albanischen Schulen gerettet. Nunmehr blieb das Beibehalten ihrer Fahne das nächst zu erreichende Ziel. Der serbische Geheimdienstchef Ranković startete eine Verfolgungskampagne schlimmster Art und vertrieb Tausende von Kosova-Albanern in die Türkei. Brutale Hausdurchsuchungen nach Waffen ließen der Masse der Bevölkerung keinen ruhigen Schlaf. Auf der anderen Seite sonderten die albanischen Kommunisten treulose Genossen aus: Verhaftungen, Misshandlungen oder der Tod ereilten selbst Teilnehmer am Befreiungskrieg gegen die Faschisten. Die überlebenden Opfer gingen zum Gegenangriff über: die Serben wurden zum Erbfeind erklärt; man suchte den Bund mit den Kroaten und Slowenen und beharrte auf der Verwendung der eigenen Fahne. Im Jahre 1968 fanden Demonstrationen statt und wieder gab es Verhaftungen, politische Häftlinge, Verfolgungen und Mordtaten. Aber ein nächstes Ziel war erreicht: 1969 gründeten die Kosovaren ihre eigene Universität. Das war ein Meilenstein in der Nachkriegsgeschichte. Im Jahre 1972 erfolgte die Vereinheitlichung der albanischen Sprache. Kontakte und Austausch mit Albanien wurden möglich. Zwar waren diese ersten Berührungen unter den neuen Voraussetzungen noch vorsichtig, aber sie wirkten durch ihre Symbolik und ihre Visionen für eine gemeinsame Zukunft. Beiderseits der Grenze herrschten zwei Politiker mit dem Familiennamen Hoxha: in Kosova Fadil Hoxha, in Albanien Enver Hoxha. Dieses sollte sich über vierzig Jahre lang nicht ändern. Neben den Ablegern des „Balli Kombëtar" (Nationale Front)[4] in Kosova bestand bei etlichen Kosovaren eine heimliche Verehrung für den albanischen Führer und Diktator Enver Hoxha. Politische Gespräche, die zu diesen Themen geführt wurden, fanden in den albanischen Männerrunden in Kosova immer sehr leise statt. Es war eine illegale Bewegung, denn die Parteigänger sowohl des "Balli Kombëtar" als auch der albanischen Kommunisten wurden als Staatsfeinde Jugoslawiens betrachtet und verfolgt. Markantes Beispiel eines albanischen Häftlings, der seine Ideologie offen vertrat und eingestand, war und ist Adem Demaqi, der 28 Jahre seines Lebens in serbischer Haft verbringen musste. Seine offene Sympathie für das kommunistische Regime Albaniens brachte ihm eine Strafe ein, auf die er zeitlebens stolz bleiben sollte.

Ein Besuch im Vaterland Albanien war und blieb über vierzig Jahre lang ein kompliziertes Unterfangen. Um diese Absicht zu verwirklichen, mussten Anträge mit langen Wartezeiten in Kauf genommen werden. Es war damit zu rechnen, dass die jeweilige Familiengeschichte von serbischen Geheimdienstlern „durchleuchtet" wurde, dass Gesprächsprotokolle angefertigt wurden und Verhaftungen nach der Rückkehr erfolgten. Solche Prozeduren machten die Menschen misstrauisch und trieben sie in die Illegalität.

In Bezug auf die europäische Außenwelt kommt Kosova im Vergleich zu Albanien eine größere Bedeutung zu. Auch wenn die Kosovaren einen Kant, Kafka, Freud, Sartre nicht in albanischer Sprache lesen konnten, so war dies in serbokroatischer Sprache möglich. So gut wie jeder Kosova-Intellektuelle beherrscht die serbokroatische Sprache. In vielerlei Hinsicht stellte sich diese Tatsache als ein großer Vorteil dar. Die kommunistische Ideologie von Marx, Engels und Lenin gehörte zur Pflichtlektüre an den Schulen. Zugleich wurden russische Schriftsteller als Pflichtliteratur dargeboten und interpretiert. Das Modell des sozialistischen Realismus aus Albanien war im Übrigen nicht verboten und wurde genauso gelesen und interpretiert wie auch viele serbische, kroatische oder andere Autoren Jugoslawiens.

Die Bevölkerung aber blieb auch den albanischen Volksepen treu: so werden bis heute Heldentaten des „Muji" und „Halil", die einen immerwährenden Kampf gegen die Serben führten, weiter besungen und gewürdigt. Es gibt Anzeichen dafür, dass die Identifizierung mit diesen Helden präsent ist und bleibt. Von Intellektuellen werden solche Gewohnheiten pejorativ als folkloristisch abgetan. Dennoch, bis in höchste literarische Kreise Kosovas hinein führen diese zwei Helden

---

4 Nationalistische Bewegung in Albanien im Zweiten Weltkrieg.

ein Eigenleben, nunmehr unter den neuen Bedingungen mit dem Inhalt der Jahre unter dem jugoslawischen Kommunismus.

Publizistisches Zentrum Kosovas wurde der Zeitungsverlag „Rilindja" – ein großes Gebäude, in dem alle wichtigen Veröffentlichungen erfolgten und in dem der Boden für den kosovarischen Geist bereitet wurde. Publikationen aus Kosova waren im Mutterland Albanien oft verboten. Albanische Autoren, die Tiranas kommunistische Ideen verbreiteten, waren wiederum in Kosova suspekt. Unter der Hand war das eine oder andere illegale Buch zu lesen. Als besonders gefährlich galten die Werke Enver Hoxhas. Man sprach heimlich über diese Bücher und leitete sie nur an Vertrauenspersonen weiter. Oft reichte eine Augenbewegung, um anzudeuten, dass Gefahr im Verzuge sei. Auf diese Weise entwickelten die intellektuellen Kreise in Kosova eine geheime verschlüsselte Sprache. Man ging bis in die illyrische Geschichte zurück, um den Alltag chiffriert zu beschreiben. Kosova erhielt in der Literatur den alten illyrischen Namen „Dardania" (abgeleitet vom albanischen Wort Dardha = Birne). In den 60er Jahren bekamen Kinder zunehmend alte illyrische Vornamen: Agron, Ardian, Arben, Ilir, Gentian, Afërdita (Aphrodite), Teuta... Aphrodite wurde in der Literatur als Lehrerin verkörpert, Teuta wurde zur Theatergestalt und Agron wurde ein Plis (weiße, filzige Kopfbedeckung albanischer Männer) aufgesetzt.

Skanderbeg blieb im gesamtalbanischen Geist ebenso präsent wie Ismail Qemali, der 1912 die Nationalfahne in Vlora gehisst hatte. Die Kosovaren waren von ihren nationalen Forderungen nicht mehr abzubringen. Sie erhielten 1974 im Rahmen des jugoslawischen Staates ihre Autonomie – ein Startpunkt für den Aufbau eines Staates Kosova.

6. Nach Aufhebung der Autonomie

Die Autonomie ermöglichte es den Kosovaren zunächst, weitgehend unverfälscht und geschichtstreu Erinnerungen wieder aufleben zu lassen. Während sich im Untergrund Wolken der Unzufriedenheit zusammenbrauten, wahrte man an der Oberfläche ein freundliches Lächeln. Bis 1989 war es offiziell möglich und ungefährlich, sich mit einem Serben zusammenzusetzen. Nach Aufhebung der Autonomie änderte sich das. Frühere Freundschaften wurden verleugnet. Erst allmählich wird der Boden für Wahrheiten zu ebnen sein. Es ist dies der Weg, um erneut zum Pantheismus der Gebrüder Frashëri[5] zu gelangen. Hatten sie eine politische Lösung mit friedlichen Mitteln und Gesprächen vorgeschlagen, so setz-

---

5 Gebrüder Frashëri – Schlüsselfiguren der Bewegung der albanischen Nationalen Wiedergeburt (Rilindja Kombëtare) Ende des 19. Jh.

te man weiter einen friedlichen Geist voraus, um das Schlimmste, einen weiteren Krieg, zu vermeiden. Es entstand eine zwiespältige Dynamik: dem Bedürfnis, auch mit Waffen zu antworten, stand eine Mutter Teresa gegenüber, die Frieden auf der Welt predigte. In dieser Zeit war sie international zunächst bekannter als die Albaner selbst. Im Untergrund arbeiteten die Auslands- und Inlandsalbaner an einem Staat Kosova, der schließlich die Unabhängigkeit erhalten sollte. Man beschränke sich auf ein eigenes Verwaltungsgebiet und ging von der Vision zweier Einheiten – Kosova und Albanien – aus, die später zu einem Ganzen mit einem Überparlament führen könnten. Noch aber ist man mit dem Aufbau und der Funktionsweise des eigenen Parlaments beschäftigt. Dem deutschen Diplomaten Michael Steiner ist die Rolle zugewiesen, als letzte Instanz den Gesetzesbestimmungen den nötigen Schliff zu geben.

Die Literatur schweigt sich zunächst aus und findet einen neuen Gegenstand der Betrachtung: die Zeit um die Protestkundgebungen der Jahre 1981-1990 wird inhaltlich beleuchtet, Kollaboration wird durch Isolierung bestraft. Die Kriegsjahre 1998-99 nahmen albanischen Kollaborateuren sprichwörtlich auch das Leben. So sollte sich die Geschichte der dreißiger bis vierziger Jahre wiederholen. Es blieb aber bei einem „Minimum" an Opfern. Die Aussöhnung der 1990er Jahre und die Erklärung der Unabhängigkeit durch das Kosova-Parlament 1991 führte im Vergleich zur serbischen Reaktion auf die ersten „Verräter" zu einer geringeren Opferzahl.

Inzwischen steuert die neue Schriftstellergeneration auf illyrische Zeiten zu: wir betrachten die neuen Inhalte dieser Art in Kosova als eine neu angepeilte Richtung, das gesamte Gebiet auch mit religiösem Geist zu füllen.

Während in Albanien noch der Geist der Blutrache wütet, schlossen sich die Kosovaren gegen einen Feind zusammen. Für sie hatte Serbien einen Namen: Slobodan Milošević. Er verführte die Serben zu einem faschistoiden Gedanken, der in seiner schlimmsten Form ausgeführt werden sollte. Am Beispiel Bosniens sahen die Albaner ihr schreckliches Schicksal auf sich zukommen. Da konnte selbst ein so friedfertiges Wesen wie die Mutter Teresa nicht mehr helfen. Im Jahre 1992 bewaffneten sich die ersten Kosovaren und gründeten die UÇK[6], 1996 veröffentlichten sie ihre Erklärungen, seit 1998 kannte man sie mit Namen. In den Medien brodelte es die ganze Zeit. Manche sprachen schüchtern aus, was sie dachten, andere sammelten Geld für Waffen oder führten Waffen aus Albanien ein. Schließlich kam es im März 1998 zur Explosion, und wir standen vor einem Berg von Leichen: 12.000 Seelen raffte der Krieg hinweg. Fast eine gesamte Familiensippe in Drenica wurde ausgelöscht. Der erste UNO-Verwalter in

---

6 Ushtria Çlirimtare e Kosovës (Befreiungsarmee Kosovos).

Kosova, Kouchner, kniete vor den Gräbern der Familie Jashari und das Haus der Familien wurde in ein nationales Museum verwandelt.

7. Die Religion der Kosovaren im 20. Jahrhundert

Die religiöse Vielfalt Kosovas im 20. Jh. unterschied sich von der in den anderen Republiken in Jugoslawien. Ein seltsamer Ersatz für den Katholizismus in Gestalt des albanisch-muslimischen Glaubens hatte sich verwurzelt und eine eigenartige Mischung zur Folge. Überall erinnerten die albanischen Muslime im April mit Eiern an Ostern. Weihnachten feierte man zusammen, die Gläser klangen und es wurde "Gelobt sei Jesus Christus" (qoftë lavdue Jezukrishti) als Gruß entboten. Der Monotheismus beherrschte das Gebiet, und die Religion konnte frei, sozusagen mit Titos Segen, ausgeübt werden. Den Kindern wurden Symbole des Glaubens bereits in die Wiege gelegt: ein Sonnenzeichen, oft dazu noch ein Adlermotiv. Sie trugen mitunter bestimmte Perlen um den Hals, was auf religiöse Bräuche hindeutete. Der Adler wurde als Symbol der doppeldeutigen Sprache ausgelegt, das Rot der Fahne als Sinnbild für das vergossene Blut. Die Farbe des Blutes, der rote Wein, wurde in den katholischen Häusern und Kirchen weiterhin als das Sinnbild des Blutes Christi angesehen und getrunken. Kein moslemischer Fundamentalismus störte den Frieden zwischen den drei Religionen: Moslems, Katholiken und Orthodoxe. In Ortschaften, wo es eine Moschee gab, beteten die Moslems freitags. Es wurde der Fastenmonat eingehalten. Selten hielt sich ein moslemischer Albaner Kosovas an das Alkoholverbot. Beliebtestes Getränk in den dreißiger Jahren war der Rakija (Traubenschnaps). Man brannte ihn selbst und nutzte ihn zur Meditation oder zu religiösen Feierlichkeiten. Der "Kanun" und die Stammesordnung übten keinen Einfluss auf das religiöse Leben aus, zumindest nicht an der Oberfläche. Ungeachtet der Gottgläubigkeit unterwarf man sich in erster Linie dem Familienältesten (plaku i shtëpisë), dem Dorfältesten (kryeplak) bzw. Stammesführer. Weissagungen für die Zukunft war Sache der alten Frauen und Hellseherinnen. "Të jesh i zoti, të prifte zoti" (gottergeben zu sein, gottgeführt zu werden) waren in Kosova durch das ganze Jahrhundert bis in die heutigen Tage häufig vernehmbare Wünsche.

Während es in Albanien in jener Zeit vordergründig um die nationale Frage ging, verband sich in Kosova die alte mit der neuen Religion zu einem neuen Ganzen und bezog dabei die "Perëndi" (Götter) ein. Sinnbildlich wurde das durch den Ruf des albanischen Dichters und Politikers Pashko Vasa, wonach die Religion des Albaners das Albanertum sei. In seinem Poem: „Moj Shqipëri e mjera Shqipëri" (Mein Albanien, mein elendes Albanien) prangerte er die Untugend der

Albaner an, die eigene Heimat zu vernachlässigen und setzte auf religiöse Toleranz und nationalen Zusammenschluss.

Man besann sich des heiligen Jeronimus und des heiligen Alban. Wesentlicher aber wurden aus der jüngeren Vergangenheit die Botschaft und das Vermächtnis der Mutter Teresa. Sie strahlte den Einfluss der großen Mutter aus und galt den Albanern längst als heilig gesprochen. Ihr Orden umfasst in Kosova einvernehmlich sowohl die katholische als auch die moslemische Religion. Junge Menschen haben Mutter Teresa zuliebe jahrelang ehrenamtlich Dienst geleistet. Sie haben maßgeblich den Kampf um die Freiheit Kosovas unterstützt und wurden dafür von Serben verfolgt und manchmal mit dem Tode bestraft. Die Dichter besingen Mutter Teresa in ihren Werken. Die Politik benannte den Hauptplatz Prishtinas nach ihr, den auch ihre Büste ziert.

Skanderbeg wird als kämpferischer Verteidiger des Christentums geehrt, und so wendet man sich wieder dem Katholizismus zu und bezieht dabei auch illyrische Botschaften mit ein, wodurch eine Art Rückkoppelung zu den ursprünglichen religiösen Wurzeln erfolgt. Dieses Verhaltensmuster nimmt man bei Gesprächen wahr, man erkennt es in der Literatursprache, und schließlich erfährt man es auch aus den Tagesnachrichten. Die Kosovaren sind in religiöser Hinsicht rundum "versorgt". Jugendschriftsteller wie Rifat Kukaj bedienen das Gemüt der entbrannten Neugierde mit dem Satz "ka i zot!" (es gibt einen Gott). Offen geben er und auch andere Schriftsteller zu, dass sie ihre Religiösität ausleben. Man greift gedanklich bis in illyrische Zeiten zurück und verfällt auch emotional in einen das ganze Land erfassenden pantheistischen Rausch.

Kadaré sprach im Frühling in Prishtina davon, dass Skanderbeg "der erste NATO-General auf dem Balkan" gewesen sei, der kosova-albanische Dichter Ali Podrimja argumentiert mit "Sankt Alban" und Mutter Teresa. Auf diese Weise hat sich in Kosova, stärker als in Albanien, ein Umschlagplatz für einen religiösen Kult in Wiederbelebung alter Bräuche etabliert. Aber auch in Albanien sind 40 Prozent der Kirchen der heiligen Mutter Gottes gewidmet, während man in Kosova achteckige Tempel baut und neue katholische Kirchen plant. Die Moslems bleiben nicht untätig: sie beleben die Schulen, moslemische Mädchen beherrschen die Computerschaltkreise genauso gut wie die katholischen, verschleierte Frauen sieht man eher selten, zwischenkonfessionelle Ehen sind möglich.

8. Die Kultur

Man spricht von einem albanischen Geist mit allen seinen Fassetten. Türkische, griechische, ja sogar zeitweise serbische Einflüsse schlichen sich ein. Zum Glück währte das nur eine kurze Zeitspanne von den dreißiger bis zu den sechziger Jahren des 20. Jh. Dem Volk blieb die Folklore erhalten. Albanische Komponisten nutzten für ihre Lieder neue Texte, die unter die Haut gehen, und verwendeten dabei die ursprüngliche Melodie. Wahre Kunst überdauerte bisher alle Zeiten der Nachkriegsjahre und gewann neue Inhalte hinzu. Längst haben sich die Künstler der deutschen Philosophen wie Nietzsche, der Dichter wie Goethe, Hesse, Brecht, Heinrich Böll angenommen. "Seneka, Homer, Sophokles schrieben über die Illyrer", tönte es laut. Der Begriff des Pharao wurde als albanisches Wort ausgelegt, ebenso Homer und Troja. Etruskische Schriften wurden mit Hilfe des Albanischen zu entschlüsseln versucht, während die deutschen Philosophen des 17. und 18. Jh., angeführt von Leibniz, die Verwandtschaft des Albanischen mit dem Deutschen ergründeten.

Die Inhalte des Kulturerbes werden heute erforscht. Aus Hinweisen auf neue Erkenntnisse fühlt man sich in der Gewissheit bestärkt, dass man sich im Schoße Europas befindet. Ziel ist, alle kulturellen Aspekte des albanischen Geistes in eine neue kulturelle Plattform einzubeziehen, die als Quelle der Inspiration dienen soll. Längst sehen sich die Künstler im Geiste vereint und leben das in ihrer Gedankenwelt vor. Nun wird erwartet, dass sich der politische Geist daran entzündet und die Politiker an einen Tisch vereint. Ein europäischer Geist und ein milderes Klima im Umgang untereinander sollen an Wirkung gewinnen. In der Hauptstadt Prishtina bewegt man sich zeitweise auf "leisen Sohlen": die Nachkriegszeit schmerzt noch immer. Der eine oder andere beginnt seinen Tag mit einem klaren Schnaps, viele aber nutzen den Tag und ihre Gespräche für den Schaffensprozess.

9. Die Medien und die Politik

Insgesamt beschäftigen sich die Medien zurzeit mit der Verarbeitung der Nachkriegszeit, um die Traumata des Krieges ohne große seelische Erschütterungen zu überstehen. Zum Teil gelingt dieses Vorhaben, allerdings sind die Arbeitslosigkeit und die noch immer während Armut ein Hemmschuh. Politiker flüchten vor dringenden Aufgaben und verkriechen sich noch immer hinter Parolen, wonach die formale Anerkennung der Unabhängigkeit das wichtigste Problem sei. Die größte Partei, die LDK[7], erweist sich als ein behäbiger Riese, der wie eine Schildkröte zuerst eine Panzerung braucht, um die Reise in die Zukunft anzutreten. Die aus dem Krieg hervorgegangenen PDK[8] und AAK[9] setzen dagegen auf

---

7 Lidhja Demokratike e Kosovës (Demokratische Liga Kosovos).
8 Partia Demokratike e Kosovës (Demokratische Partei Kosovos).
9 Aleanca për Ardhmërinë e Kosovës (Allianz für die Zukunft Kosovos).

Aktionen und scheuen sich nicht, Öl ins Feuer zu gießen, damit die Dinge an Geschwindigkeit gewinnen.

Intellektuelle mischen politisch ihre Karten in der Zeitschrift „Jeta e Re" (Neues Leben). Sie gilt als maßgebliches literarisches Medium und verbreitet Visionen und Erkenntnisse der geistigen Elite. Zahlreiche Verlage stellen jährlich auf der Frankfurter Buchmesse aus und tragen dazu bei, dass auch im Ausland neue albanische Veröffentlichungen bekannt werden. Auf der einen Seite beklagt man den Mangel an Lesern, auf der anderen stellt man fest, dass noch nie in der albanischen Geschichte so viel publiziert und verkauft wurde. Die Vielfalt der Inhalte reicht vom rechten bis in das linke Spektrum. Seit Jahren macht man sich über die Zensur keine Gedanken mehr. Selbst unter Milošević wurde das Tabu der Zensur gebrochen und missachtet. Der jetzige Präsident Kosovas Ibrahim Rugova bezeichnete 1995 die Situation auf dem Büchermarkt als eine verrückte Zeit, wo keiner richtig begreife, was im Gange sei. Politisch gesehen verhält sich die Literatur weitgehend neutral, aber sie behält für alle Fälle "ihren Stachel".

Trotz der Vielfalt in den Werken setzen die kosova-albanischen Schriftsteller immer auf die gleichen Werte: die Freiheit für das Spiel mit Symbolen, die notwendige Aufarbeitung der Vorkriegsgeschichte bzw. Nachkriegsgeschichte. Die Anklage gegen das Morden der Serben in Kosova ist unerschütterlich. Aber gerade darin widerspiegelt sich die Tragik der serbisch-albanischen Feindschaft, die ja doch ein Ende haben sollte, wenn die Wunden erst geheilt sind. Und sie wird erst durch die Erinnerung verblassen, lautet die Botschaft der Sanftmütigen unter den neuen Visionären.

10. Zusammenfassung

Ein albanisches Sprichwort besagt, dass man den guten Freund in schwierigen Tagen schätzen lernt (mikun e mirë e njeh në ditë të vështira). Der Kosovakrieg im Jahre 1999 sollte diese Aussage erneut auf die Probe stellen. Die serbische Kriegsführung nach dem Muster der verbrannten Erde trieb Hunderttausende Kosova-Albaner in die Flucht ins benachbarte Albanien und nach Makedonien. Sowohl in Makedonien als auch in Albanien wurden diese Flüchtlinge freundlich aufgenommen und entsprechend der Möglichkeiten der Gastgeber reichlich bewirtet. Viele Flüchtlinge berichteten, dass häufig in Dreizimmerwohnungen 18 bis 20 Menschen monatelang zusammengepfercht gelebt haben. Nach dieser Erfahrung rückten die durch Grenzen getrennten Albaner näher zusammen. Neue Freundschaften wurden besiegelt. Junge Leute verliebten sich und heirateten. Überall hörte ich Worte der Dankbarkeit für die Brüder und Schwestern hinter der Grenze. Selten hatte jemand Geld für die Unterkunft verlangt. Angesichts der schlechten wirtschaftlichen Lage in Albanien war das ein weiterer Beweis für die noch immer engen Bindungen trotz langjähriger Trennung durch Grenzen und politische Ideologien.

Nach Ende des Krieges 1999 wurde die Grenze zwischen Albanien und Kosova auch für den Straßenverkehr geöffnet. Nach dieser Zeit gab es auch Berichte, wonach aus dem Ausland zurückkehrende Kosovaren überfallen und ausgeraubt wurden. Jedoch blieb die Zahl dieser Fälle gering und führte in den Köpfen der Kosova-Albaner nicht zur totalen Ablehnung Albaniens.

Zu Vorbehalten gegenüber den Kosovaren kam es andererseits in bestimmten Kreisen der albanischen Gesellschaft mit der Wende nach 1991. Zu dieser Zeit besuchten Kosovaren verschiedener gesellschaftlicher Schichten das Mutterland. Manche protzten mit ihrem Geld, wieder andere begannen eine Liebesbeziehung mit einem Mädchen, das sie dann verließen, dritte nutzten die Gunst der Stunde, um sich zu bereichern. 1992 habe ich in Tirana selbst erfahren müssen, dass einige Albaner inzwischen lieber Abstand zu den Kosovaren halten. Trotzdem, im Vergleich zu der Zeit nach dem Zweiten Weltkrieg bis 1990 ist eine ständige Annäherung zwischen den albanisch bewohnten Gebieten auf dem Balkan zu verzeichnen. Die Zeit wird zeigen, ob es in Zukunft zu einheitlichen Werten und einem gemeinsamen Staat kommt. Es gibt viele kleinere politische Parteien, die gerade auf diese Karte setzen. In der Tagespolitik und den Kontakten der Bevölkerung aber ist eher eine langsame, natürliche Entwicklung mit vorsichtiger Annährung zu erkennen. Schließlich sind durch verschiedene Ideologien zustande gekommene Entwicklungen in der Kultur und Mentalität nicht von heute auf morgen zu ändern.

Selajdin Gashi

Der Aufsatz wurde kurzfristig fertiggestellt, nachdem zwei vorherige Vertragspartner aus dem Kosovo ihr Versprechen zur Mitarbeit nicht eingelöst haben.

Selajdin Gashi ist ein im Raum Köln lebender Kosovo-Albaner, der journalistisch und literarisch tätig ist, vorrangig für die im Kosovo erscheinende Literaturzeitschrift ‚Jeta e re' (Neues Leben).

VII. Literaturverzeichnis

Ackermann, Alice: Making Peace Prevail: Preventing Violent Conflict in Macedonia, Syracuse University Press, New York 2000.

Alia, Ramiz: Fjalime e Biseda (Reden und Gespräche), Bd. 1, Tirana 1986.

Altmann, Franz-Lothar: Regionale Kooperation in Südosteuropa: Organisationen, Pläne Erfahrungen, in: Südost-Europa, 4-6/2002, S. 266-287.

Altmann, Franz-Lothar: Regionale Kooperation in Südosteuropa, in: Aus Politik und Zeitgeschichte, 10-11/2003, S. 27-33.

Ash, Timothy Garton: Is there a good Terrorist?, in: The New York Review of Books, 19/2001, S. 30-33; im Internet abrufbar unter: http://www.nybooks.com/articles/14860 [gesehen am 11.10.2004].

Ausarbeitung der Pädagogischen Fakultät Skopje 1992.

Axt, Heinz-Jürgen: Ein Kontinent zwischen nationaler und europäischer Identität – zur politischen Kultur in Europa, in: Gabanyi, Anneli Ute (Hg.): Vom Baltikum zum schwarzen Meer: Transformation im östlichen Europa, Bayerische Landeszentrale für politische Bildungsarbeit, München 2002, S. 63-98.

Bajraktari, Myrteza: Interview in: 'E djathta', 8.7.1994.

Baleta, Abdi, in: 'Republika', 15.12.1995.

Bartl, Peter: Albanien – vom Mittelalter bis zur Gegenwart, Verlag Friedrich Pustet, Regensburg 1995.

Bartl, Peter: Religionsgemeinschaften und Kirchen, in: Grothusen, Klaus-Detlev (Hg.): Südosteuropa-Handbuch VII: Albanien, Göttingen 1993, S. 587-614.

Becker, Jens: Der Balkan – eine Region des Bösen? Der Stabilitätspakt für Südosteuropa als Katalysator für ein tolerantes und multiethnisches Europa, in: Osteuropa in Tradition und Wandel. Leipziger Jahrbücher, Bd. 4, Leipzig 2002, S. 169-178.

Berding, Helmut: Vorwort, in: Berding, Helmut (Hg.): Nationales Bewußtsein und kollektive Identität. Studien zur Entwicklung des kollektiven Bewußtseins in der Neuzeit 2, Suhrkamp Taschenbuch, Frankfurt/M. 1994, S. 9-11.

Berisha, Sali auf dem 6. Nationalkonvent der PDSH, in: 'Rilindja Demokratike', 1.10.1999.

Bexheti, Abdylmenaf: Strategjia e zhvillimit ekonomik të Maqedonisë. (Konferenz zur wirtschaftlich-gesellschaftlichen Entwicklung in albanischen Gebieten) Tirana, Prishtina, Skopje 2000.

Biberaj, Elez: Shqipëria në tranzicion (Albanien im Umbruch), Verlag Ora, Tirana 2001.

Bieber, Florian: Comparing ethnic conflicts in Kosovo and Turkish Kurdistan, Alternative Information Media Network (AIM), Athen 22.2.1998; im Internet abrufbar unter: http://www.greekhelsinki.gr/english/articles/AIM22-4-98.html [gesehen am 13.9.2004].

Bougarel, Xavier: Islam and politics in Post-Communist Balkans, 1995.

Buda, Aleks u.a. (Hg.): Fjalori enciklopedik shqiptar (Enzyklopädisches albanisches Wörterbuch), Tirana 1985.

Bundesagentur für Außenwirtschaft (Hg.): bfai-Info Osteuropa, Köln, Dezember 2002.

Calic, Marie-Janine: Sicherheitsrisiken und Konfliktpotentiale in Südosteuropa. Ein Überblick über Entwicklungen in Bosnien-Herzegowina, der BR Jugoslawien und Makedonien, Stiftung Wissenschaft und Politik (SWP), Ebershausen 2000.

Çaushi, Shpëtim: Diplomacia shqiptare në normalizimin e marrëdhënieve me Gjermaninë (Die albanische Diplomatie zur Normalisierung der Beziehungen mit Deutschland), Verlag Ombra, Tirana 2002.

Çupi, Frrok: Die Politik hat den Weg gebahnt, in: 'Koha Jonë', 17.1.2003 (alban.).

Dako, Kristo: The Albanians, in: 'Ylli i Mëngjesit', 3/1917, S. 67-73.

Daum, Werner (Hg.): Albanien zwischen Kreuz und Halbmond, Staatliches Museum für Völkerkunde München, München, Innsbruck 1998.

Dezhgiu, Muharrem: Shqipëria në luftë 1939-1944 (Albanien im Krieg 1939-1944), Tirana 2001.

Duka, Ferit: Religiöse Vielfalt und nationale Identität der Albaner (nicht veröffentlichter Aufsatz zum vorliegenden Projekt).

Elezi, Mehmet: Die Krise des Nationalismus oder verletzte Identität, in: 'Rilindja Demokratike', 14.1.1995 (alban.).

Elsie, Robert: Handbuch zur albanischen Volkskultur. Mythologie, Religion, Volksglaube, Sitten, Gebräuche und kulturelle Besonderheiten, Balkanologische Veröffentlichungen 36, Verlag Harrassowitz, Wiesbaden 2002.

EU-Kommission (Hg.): Bericht der Kommission über die Möglichkeit der Aushandlung eines Stabilisierungs- und Assoziierungsabkommens mit Albanien, KOM(99)0599, in Brüssel angenommen am 24.11.1999.

Feraj, Hysamedin: Skicë e mendimit politik shqiptar (Skizze des politischen albanischen Denkens), Tirana 1998.

Ferry, Jean-Marc: Die Relevanz des Postnationalen, in: Dewandre, Nicole/Lenoble, Jaques (Hg.): Projekt Europa. Postnationale Identität: Grundlage für eine europäische Demokratie?, Verlag Schelzky & Jeep, Berlin 1994, S. 30-41.

Fischer, Bernd Jürgen: King Zog and the Struggle for Stability in Albania, East European Monographs 159, New York 1984.

Frashëri, Naim: Vepra 1. Lulet e Verësë, Bagëti e Bujqësija, Ëndërrime (Werke 1. Frühlingsblumen, Hirten-und Landleben, Träumereien), Verlag Rilindja, Prishtinë 1978.

Frashëri, Sami: Shqipërija ç'ka qënë, ç'është dhe ç'do të bëhetë (Albanien, was es war, ist und sein wird), in: Lambertz, Maximilian: Albanisches Lesebuch I, Verlag Harrassowitz, Leipzig 1948, S. 122 f.

Gabanyi, Anneli Ute: Neue Wirtschaftseliten in Rumänien: Von der Nomenklatura zur Oligarchie, in: Höpgen, Wolfgang/Sundhausen, Holm (Hg.): Eliten in Südosteuropa – Rolle, Kontinuitäten, Brüche in Zeitgeschichte und Gegenwart, Südosteuropa-Jahrbuch 29, München 1998, S. 289-319.

Geier, Wolfgang: Vergleichende Kulturgeschichte Südost-, Ost- und Ostmitteleuropas. Zwischenergebnisse der Entwicklung und Anwendung eines methodischen Ansatzes für Lehre und Forschung, in: Osteuropa in Tradition und Wandel. Leipziger Jahrbücher, Bd. 4, Leipzig 2002, S. 95-127.

Gephart, Werner: Zur sozialen Konstruktion europäischer Identität. Symbolische Defizite und europäische Realitäten, in: Gephart, Werner/Saurwein, Karl-Heinz (Hg.): Gebrochene Identitäten. Zur Kontroverse um kollektive Identitäten in Deutschland, Israel, Südafrika, Europa und im Identitätswettkampf der Kulturen, Leske und Budrich, Opladen 1999, S. 143-168.

Giesen, Bernhard: Einleitung, in: Giesen, Bernhard (Hg.): Nationale und kulturelle Identität, Suhrkamp Taschenbuch, Frankfurt/M. 1991, S. 9-18.

Glenny, Misha: The Balkans, 1804-1999: Nationalism, War and the Great Powers, Granta Books, London 2000.

Gostentschnigg, Kurt: Die Pyramiden-Affäre Albaniens: Verlauf, Folgen und Lösungen, in: Südost-Europa, 3-4/1998, S. 117-127.

Grothusen, Klaus-Detlev: Außenpolitik, in: Grothusen, Klaus-Detlev (Hg.): Südosteuropa-Handbuch VII: Albanien, Göttingen 1993, S. 86-156.

Habermas, Jürgen: Staatsbürgerschaft und nationale Identität. Überlegungen zur europäischen Zukunft, in: Dewandre, Nicole/Lenoble, Jaques (Hg.): Projekt Europa. Postnationale Identität: Grundlage für eine europäische Demokratie?, Verlag Schelzky & Jeep, Berlin 1994, S. 11-29.

Heckmann, Friedrich: Ethnische Minderheiten, Volk und Nation: Soziologie inter-ethnischer Beziehungen, Ferdinand Enke Verlag, Stuttgart 1992.

Hettlage, Robert: Identität und Integration. Ethno-Mobilisierung zwischen Religion, Nation und Europa – eine Einführung, in: Hettlage, Robert (Hg.): Kollektive Identität in Krisen: Ethnizität in Religion, Nation, Europa, Westdeutscher Verlag, Opladen 1997, S. 12-45.

Historia e popullit shqiptar (Geschichte des albanischen Volkes), Tirana 1994.

Human Development Promotion Center (HDPC) (ed.): Human Development Report: Albania 2002. Challenges of Local Governance and Regional Development, Tirana 2002; im Internet abrufbar unter: http://intra.undp.org.al/ext/elib/down load/?id=434&name=Albania%20NHDR%202002%20(English).pdf [gesehen am 23.8.2004].

International Crisis Group (ICG) (ed.): Albania: State of the Nation 2003, Balkans Report No. 140, Tirana/Brussels, 11 March 2003; im Internet abrufbar unter: http://www.icg.org//library/documents/report_archive/A400917_11032003.pdf [gesehen am 23.8.2004].

International Crisis Group (ICG) (ed.): Macedonia's Ethnic Albanians: Bridging the Gulf, Balkans Report No. 98, Skopje/Washington/Brussels, 2 August 2000; im Internet abrufbar unter: http://www.icg.org//library/documents/report_archive/A400015_02082000.pdf [gesehen am 13.10.2004].

Interview des Chefs der Mission des Europarates, Werner Hoenck, in: 'Nova Makedonija' (Skopje), 7.7.1994.

Interview des Metropoliten Kiril von Pollogu-Kumanovo, in: 'Utrinski Vesnik', 6.1.2002.

Kadaré, Ismail, in: 'Koha Jonë', 21.5.1995.

Kadaré, Ismail: Die albanische Nation an der Schwelle des dritten Jahrtausends, in: Kombi (Die Nation), Tirana 1997.

Kadaré, Ismail, in: 'Shekulli', 30.12.2002.

Kadaré, Ismail: Interview in: 'Koha Ditore', 7.11.2000.

Kalbe, Ernstgert: Historische Aspekte nationaler Identitätssuche und nationaler Konflikte in Südosteuropa, insbesondere im ehemaligen Jugoslawien, in: Osteuropa in Tradition und Wandel. Leipziger Jahrbücher, Bd. 3, Leipzig 1996, S. 37-53.

Kalbe, Ernstgert: Methodologisches und Historisches zu Nationwerdung und nationalen Konflikten in Osteuropa, in: Osteuropa in Tradition und Wandel. Leipziger Jahrbücher, Bd. 4, Leipzig 2002, S. 9-54.

Klosi, Ardian: Identitätsverständnis und konkrete Identität der Albaner (nicht veröffentlichter Aufsatz zum vorliegenden Projekt).

Konica, Faik, in: Zeitschrift 'Albania', März 1997 (alban.).

Konica, Faik: Vepra (Werke), Tirana 1993.

Lamers, Karl: Bemerkungen zu einer Südosteuropäischen Union, in: 'FAZ', 18.7.2001.

Lewin, Erwin: Identitätsstiftende Wurzeln der albanischen Wiedergeburt und des antifaschistischen Widerstandes in Relevanz zu heute (nicht veröffentlichter Aufsatz zum vorliegenden Projekt).

Lewin, Erwin: Nationale Idee und Religion in Albanien aus historischer Sicht, in: Osteuropa in Tradition und Wandel. Leipziger Jahrbücher, Bd. 4, Leipzig 2002, S. 63-83.

Lienau, Cay: Geographische Grundlagen, in: Grothusen, Klaus-Detlev (Hg.): Südosteuropa-Handbuch VII: Albanien, Göttingen 1993, S. 1-25.

Lloshi, Xhevat: Albanisch – eine offene und dynamische Sprache. Rede zum 30. Jahrestag der einheitlichen Schriftsprache, in: 'Drita', 15.12.2002 (alban.).

Lubonja, Fatos: An der Schwelle des Millenniums, in: Zeitschrift 'Përpjekja', 29.12.1998 (alban.).

Lubonja, Fatos: Die albanischen Politiker und der Krieg im Irak, in: 'Shekulli', 18.3.2003 (alban.).

Lubonja, Fatos, in: 'Koha Jonë', 4.6.1995.

Lubonja, Fatos: Referat vor dem Zeitgenössischen Kulturforum in Barcelona, Juni 2001 (alban.).

Lubonja, Fatos: Soziale Schichtungen des Postkommunismus, in: 'Koha Jonë', 31.5.1998 (alban.).

Lubonja, Fatos: Zehn Jahre Pluralismus (Reflexionen zu den Wahlen 2001).

Maćków, Jerzy: Die Voraussetzungen demokratischer Entwicklung in Mittel-, Nordost-, Südost- und Osteuropa, in: Aus Politik und Zeitgeschichte, 3-4/1999, S. 3-18.

Malcolm, Noel: Kosovo: a short history, London u.a. 1998.

Malcolm, Noel: Roli i miteve në historinë e Shqipërisë (Rolle der Mythen in der Geschichte Albaniens), Tirana 1999.

Mappes-Niediek, Norbert: Die paradoxe Modernität der Albaner, in: Blätter für deutsche und internationale Politik, 2/2002, S. 159-162.

Medicott, William Norton: Bismarck, Gladstone, and the Concert of Europe, University of London Historical Studies 4, London 1956.

Meidani, Rexhep: Vortrag in München, 16.10.2001.

Meidani, Rexhep: Vortrag vor der Friedrich-Ebert-Stiftung, Bonn, 14.6.1999, in: 'Süddeutsche Zeitung', 17.6.1999.

Mémorandum envoyé à la Conférence de paix, La Hague, 22.10.1991.

Meyer, Gerd: „Zwischen Haben und Sein". Psychische Aspekte des Transformationsprozesses in postkommunistischen Gesellschaften, in: Aus Politik und Zeitgeschichte, 5/1997, S. 17-28.

Milo, Paskal: The Relations of Albania with its Neighbouring Countries, in: Südosteuropa Mitteilungen, 5-6/2002, S. 12-19.

Moisiu, Alfred: Rede zum 90. Jahrestag der Unabhängigkeit, in: 'Zëri i Popullit', 29.11.2002 (alban.).

Möller, Horst: Erinnerung(en), Geschichte, Identität, in: Aus Politik und Zeitgeschichte, 28/2001, S. 8-14.

Nano, Fatos, in: 'Zëri i Popullit', 22.7.1998.

The Norwegian Helsinki Committee Report I/2001.

Pashko, Gramoz: Woraus resultiert die Entartung des Eigentums?, in: 'Gazeta Shqiptare', 22.5.1998 (alban.).

Perry, Duncan M.: The Republic of Macedonia: finding its way, in: Dawisha, Karen/Parrott, Bruce (eds.): Politics, power and the struggle for democracy in South-East Europe, Democratization and Authoritarianism in Postcommunist Societies: 2, Cambridge University Press, Cambridge 1997, S. 226-281.

Pfetsch, Frank R.: Der politische Identitätsbegriff, in: Weidinger, Dorothea (Hg.): Nation – Nationalismus – Nationale Identität, Bundeszentrale für politische Bildung, Bonn 1998, S. 87 f.

Pfetsch, Frank R.: Die Problematik der europäischen Identität, in: Aus Politik und Zeitgeschichte, 25-26/1998, S. 3-9.

Pickel, Susanne u. Gert: Elitenwandel in Osteuropa. Einstellungsunterschiede zwischen Eliten und Bevölkerung am Beispiel Ungarns, in: Aus Politik und Zeitgeschichte, 8/1998, S. 3-9.

Poulton, Hugh: The Balkans. Minorities and States in Conflict, London 1993.

Pradetto, August: Israel 2000 – Identität, Transformation, Sicherheit, in: Studien zur internationalen Politik, Universität der Bundeswehr Hamburg, 1/2001.

Pradetto, August: Osteuropa und die Erweiterung der NATO – Identitätssuche als Motiv für Sicherheitspolitik, in: Studien zur internationalen Politik, Universität der Bundeswehr Hamburg, 1/1997.

Pressekonferenz der PDP (« Demokratische Volkspartei »), in: 'Nova Makedonija', 15.9.1991.

Qosja, Rexhep: Shqiptarët dhe Evropa dje dhe sot (Die Albaner und Europa gestern und heute), in: 'Rilindja Demokratike', 5.6.1991.

Ramadani, Ismet: Interview in: 'Dnevnik', 2.3.2000.

Ratner, Steven R.: Does International Law Matter in Preventing Ethnic Conflict?, in: New York University Journal of International Law and Politics, 3/2000, S. 591-698; im Internet abrufbar unter: http://www.nyu.edu/pubs/jilp/ [gesehen am 11.10.2004].

Reiter, Norbert: Leibniz'ens Albanerbriefe, in: Zeitschrift für Balkanologie, 16/1980, S. 82-97.

Rocca, Della: Kombësia dhe feja (Nationalität und Religion), Tirana 1994.

Roth, Juliana: Die Intelligenz als „verlorene Elite": Intellektuelle Diskurse in Bulgarien 1990-1996, in: Höpgen, Wolfgang/Sundhausen, Holm (Hg.): Eliten in Südosteuropa – Rolle, Kontinuitäten, Brüche in Zeitgeschichte und Gegenwart, Südosteuropa-Jahrbuch 29, München 1998, S. 261-277.

Roux, Michel: Les Albanais en Yougoslavie: Minorité nationale, territoire et développement, Paris 1992.

Rugova, Ibrahim: Interview in der italienischen Zeitung 'Avenire'; wiedergegeben in: 'Koha Ditore', 24.3.2000 (alban.).

Rugova, Ibrahim: Interview für Radio Free Europe, 29.12.2002, und in: 'Shekulli', 29.12.2002.

Schetter, Conrad: Das Zeitalter der ethnischen Konflikte, in: Blätter für deutsche und internationale Politik, 4/2002, S. 473-481.

Schmidt-Neke, Michael: 555 Jahre und ein halbes: Vorläufige Bilanz des Machtwechsels in Albanien, in: Südost-Europa, 12/1997, S. 627-649.

Schmidt-Neke, Michael: Der Kanun der albanischen Berge: Hintergrund der albanischen Lebensweise, in: Albanische Hefte, 2/1995, S. 6-9.

Schmidt-Neke, Michael: Der Kanun der albanischen Berge: Hintergrund der albanischen Lebensweise (Forts.), in: Albanische Hefte, 3/1995, S. 6-9.

Schmidt-Neke, Michael: Die Normalität als Ereignis: Parlamentswahlen in Albanien 2001, in: Südost-Europa, 7-9/2001, S. 324-345.

Schmidt-Neke, Michael: Geschichtliche Grundlagen, in: Grothusen, Klaus-Detlev (Hg.): Südosteuropa-Handbuch VII: Albanien, Göttingen 1993, S. 26-56.

Schmidt-Neke, Michael: Politisches System, in: Grothusen, Klaus-Detlev (Hg.): Südosteuropa-Handbuch VII: Albanien, Göttingen 1993, S. 169-242.

Schmidt-Neke, Michael: Skanderbeg. in: Staatliches Museum für Völkerkunde München (Hg.): Albanien: Reichtum und Vielfalt alter Kultur, München 2001, S. 52-63.

Schrameyer, Klaus: Makedonien – Hintergründe und Perspektiven, in: Kolbow, Walter/Quaden, Heinrich (Hg.): Krieg und Frieden auf dem Balkan – Makedonien am Scheideweg? Chancen, Herausforderungen und Risiken des Aufbruchs nach Europa, Verlag Nomos, Baden-Baden 2001, S. 70-80.

Schubert, Peter: Zündstoff im Konfliktfeld des Balkan: Die albanische Frage, Verlag Nomos, Baden-Baden 1997.

Smith, Anthony D.: National Identity, Reno, Las Vegas, London 1993.

Statistical Yearbook of the Republic of Macedonia, Skopje 1998.

Südosteuropa Mitteilungen 1/2002: Europa 2030 – Eine futuristische Spurensuche in 14 Ländern Südosteuropas, hg. aus Anlass des 50-jährigen Jubiläums der Südosteuropa-Gesellschaft.

Sundhausen, Holm: Das 20. Jahrhundert als verlorenes Jahrhundert – Der Balkan und Europa, in: Jahrbücher für Geschichte und Kultur Südosteuropas (JGKS), 3/2001, S. 11-26.

Sundhausen, Holm: Kosovo – 'himmlisches' Reich und irdischer Kriegsschauplatz: Kontroversen über Recht, Unrecht und Gerechtigkeit, in: Südost-Europa, 5-6/1999, S. 237-257.

Sundhausen, Holm: Staatsbildung und ethnisch-nationale Gegensätze in Südosteuropa, in: Aus Politik und Zeitgeschichte, 10-11/2003, S. 3-9.

Sundhausen, Holm: Was ist Südosteuropa und warum beschäftigen wir uns (nicht) damit?, in: Südosteuropa Mitteilungen, 5-6/2002, S. 92-105.

Surroi, Veton: Die albanische nationale Frage – ethnische Territorien oder Demokratie?, in: 'Koha Jonë', 17.1.2003 (Nachdruck eines Artikels aus dem Jahre 1994, alban.).

Sutor, Bernhard: Nationalbewusstsein und universale politische Ethik, in: Aus Politik und Zeitgeschichte, 10/1995, S. 3-13.

Thunmann, Johann: Über die Geschichte und Sprache der Albaner und Wlachen, Nachdruck der Ausgabe von 1774, Hamburg 1976.

Todorova, Maria: Die Erfindung des Balkans: Europas bequemes Vorurteil, Primus Verlag, Darmstadt 1999.

Tozaj, Neshat, in: 'Zëri i Popullit', 28.4.1999.

United States Institute of Peace (ed.): Albanians in the Balkans, November 2000.

Vasa, Pashko: Dem geknechteten Albanien, in: Lambertz, Maximilian: Albanisches Lesebuch II, Verlag Harrassowitz, Leipzig 1948, S. 23 f.

Vickers, Miranda/Pettifer, James: Albania – From Anarchy to a Balkan Identity, London 1997.

Wolff-Poweska, Anna: Identitätskrise in der Wendezeit, in: Koszel, Bogdan/Maretzki, Hans (Hg.): Länder Mittel- und Südosteuropas auf der Suche nach neuer Identität, Brandenburgische Landeszentrale für politische Bildung, Internationale Probleme und Perspektiven 8, Potsdam 1998, S. 27-40.

Xhaferi, Arben: Interview in: 'Dnevnik', 19.4.2000

Zakošek, Nenad: Elitenwandel in Kroatien 1989-1995, in: Höpgen, Wolfgang/Sundhausen, Holm (Hg.): Eliten in Südosteuropa – Rolle, Kontinuitäten, Brüche in Zeitgeschichte und Gegenwart, Südosteuropa-Jahrbuch 29, München 1998, S. 279-288.

Zeqiri, Izet: Disproporcione të shumta në strukturën ekonomike rajonale, in: 'Fakti' (Skopje), 2001, S. 37.

Strategische Kultur Europas

Herausgegeben von August Pradetto

Band 1 August Pradetto (Hrsg.): Sicherheit und Verteidigung nach dem 11. September 2001. Akteure – Strategien – Handlungsmuster. 2004.

Band 2 August Pradetto (Hrsg.): Die zweite Runde der NATO-Osterweiterung. Zwischen postbipolarem Institutionalismus und offensivem Realismus. 2004.

Band 3 August Pradetto / Carola Weckmüller: Präsidenten in postkommunistischen Ländern. Ein Handbuch. 2004.

Band 4 Peter Schubert: Albanische Identitätssuche im Spannungsfeld zwischen nationaler Eigenstaatlichkeit und europäischer Integration. 2005.

www.peterlang.de

Peter Jordan / Karl Kaser / Walter Lukan /
Stephanie Schwandner-Sievers / Holm Sundhaussen (Hrsg.)

Albanien

Geographie – Historische Anthropologie – Geschichte – Kultur – Postkommunistische Transformation

Frankfurt am Main, Berlin, Bern, Bruxelles, New York, Oxford, Wien, 2004.
416 S., zahlr. Abb. und Tab.
ISBN 3-631-39416-0 · br. € 48.–*

Hatte sich seit dem Ende des 19. Jahrhunderts als ein Kernproblem des Balkans zunächst die „Makedonische Frage" im Bewußtsein der europäischen Öffentlichkeit etabliert, so trat rund hundert Jahre später im Zuge des jugoslawischen Staatsverfalls noch vehementer die auch vorher schon präsente „Albanische Frage" in den Vordergrund des internationalen Interesses. Grund genug, in die Reihe der Osthefte-Ländersonderbände ehestens auch Albanien aufzunehmen. Dem Grundkonzept der bisher erschienenen Sonderbände über Kroatien, Makedonien und die Ukraine folgend, wird Albanien in Form eines multidisziplinären Gesamtüberblicks vorgestellt, der bisher auch für dieses Land fehlte, wenngleich die geistes- und sozialwissenschaftliche Fachliteratur über Albanien in westlichen Sprachen im letzten Jahrzehnt eine deutlich zunehmende Tendenz aufweist.

Aus dem Inhalt: Dhimitër Doka/Eqerem Yzeiri: Grundzüge der räumlichen Struktur Albaniens · Arqile Bërxholi: Ethnische und konfessionelle Struktur der Bevölkerung Albaniens · Dhimitër Doka: Probleme der Außen- und Binnenmigration Albaniens · Perikli Qiriazi: Environmental Problems of Albania · Peter Jordan: Geopolitische Rollen Albaniens · Robert Pichler: Gewohnheitsrecht und traditionelle Sozialformen in Albanien · Peter Bartl: Albanien in der Vergangenheit: Vom Mittelalter zur osmanischen Herrschaft · Zuzana Finger: Die albanische Nationsbildung · Fatmira Musaj: Die gesellschaftliche Stellung der Frau zu Beginn des 20. Jahrhunderts · Bernd J. Fischer: Albania as Political Laboratory – the Development of the Albanian State during the 20th Century · Stephanie Schwandner-Sievers: Imagologie und „Albanismus" – zu den Identifikationen der Albaner · Wilfried Fiedler: Die albanische Sprache und ihre Standardisierung · Robert Elsie: Albanian Literature – an Overview of its History and Development · Nathalie Clayer: God in the „Land of the Mercedes". The Religious Communities in Albania since 1990 · Fabian Schmidt: Politische Transformation in Albanien · Henriette Riegler: Angst vor Großalbanien – Konstruktionen, Realitäten und Szenarien · Michaela Salamun/Arben Hajrullahu: Verfassung und demokratisch-politische Aspekte der Verfassungswirklichkeit seit 1990 · Michael Kaser: Die Nationalökonomie Albaniens im Transformationsprozeß

Frankfurt am Main · Berlin · Bern · Bruxelles · New York · Oxford · Wien
Auslieferung: Verlag Peter Lang AG
Moosstr. 1, CH-2542 Pieterlen
Telefax 00 41 (0) 32 / 376 17 27

*inklusive der in Deutschland gültigen Mehrwertsteuer
Preisänderungen vorbehalten
Homepage http://www.peterlang.de

www.ingramcontent.com/pod-product-compliance
Ingram Content Group UK Ltd.
Pitfield, Milton Keynes, MK11 3LW, UK
UKHW021836210426
5322IPUK00021B/315